Das Erfordernis einer Neubewertung der Medienwerbemärkte im deutschen und europäischen Kartellrecht

Europäische Hochschulschriften Recht

European University Studies in Law

Publications Universitaires Européennes de Droit

Band/Volume 6115

Sophie Hoffmann

Das Erfordernis einer Neubewertung der Medienwerbemärkte im deutschen und europäischen Kartellrecht

Vor dem Hintergrund zunehmender Medienkonvergenz und crossmedialer Effekte bei konglomeraten Unternehmensfusionen

PETER LANG

Bibliografische Information der Deutschen Nationalbibliothek
Die Deutsche Nationalbibliothek verzeichnet diese Publikation in der Deutschen Nationalbibliografie; detaillierte bibliografische Daten sind im Internet über http://dnb.d-nb.de abrufbar.

Zugl.: Hamburg, Univ., Diss., 2018

D 18
ISSN 0531-7312
ISBN 978-3-631-79159-2 (Print)
E-ISBN 978-3-631-80174-1 (E-PDF)
E-ISBN 978-3-631-80175-8 (EPUB)
E-ISBN 978-3-631-80176-5 (MOBI)
DOI 10.3726/b16119

Diese Publikation wurde begutachtet.

www.peterlang.com

Für Rüdiger

INHALTSVERZEICHNIS

Abkürzungsverzeichnis 15

Einleitung 17

Untersuchungsgegenstand 19

Gang der Untersuchung 20

Teil 1 23

A. Grundlagen der Marktabgrenzung im deutschen und europäischen Kartellrecht 23

I. Die Abgrenzung von relevanten Märkten im deutschen und europäischen Kartellrecht 24

1. Begriffsbestimmungen 24

a) Wettbewerb 24

b) Der Marktbegriff 26

c) Marktbeherrschende Stellung 27

d) Unternehmen 29

2. Relevanz der Marktabgrenzung im deutschen und europäischen Kartellrecht 29

a) Fusionskontrolle nach §§ 35 ff. GWB/Verordnung Nr. 139/2004 vom 20. Januar 2004 über die Kontrolle von Unternehmenszusammenschlüssen 31

b) Missbrauchsaufsicht §§ 19 ff. GWB/Art. 102 AEUV 33

c) Wettbewerbsbeschränkende Vereinbarungen § 1 GWB / Art. 101 AEUV 35

d) Besondere Relevanz der Fusionskontrolle in den Medienwerbemärkten 36

3. Das Marktmachtkonzept 38
a) Funktionsfähiger Wettbewerb 39
b) Marktbeherrschungskriterium in Missbrauchsaufsicht und Fusionskontrolle 41
c) Der SIEC-Test in der deutschen und europäischen Fusionskontrolle 45
4. Unternehmen als Adressaten des deutschen und europäischen Kartellrechts 46
5. Notwendigkeit der Marktabgrenzung 47
a) Zweistufiger Ansatz 47
b) Einstufiger Ansatz 48
c) Kritische Würdigung 50
II. Dimensionen der Marktabgrenzung 53
1. Sachlich relevanter Markt 53
2. Räumlich relevanter Markt 54
3. Zeitlich relevanter Markt 55

B. Kriterien zur Marktabgrenzung im deutschen und europäischen Kartellrecht 57
I. Sachliche Marktabgrenzung 58
1. Bedarfsmarktkonzept 58
2. SSNIP-/ hypothetischer Monopoltest und Analyse der Kreuzpreiselastizität 62
3. Angebotsumstellungsflexibilität / Produktionsflexibilität 64
4. Konzept der Wirtschaftspläne 66
5. Theorie der Substitutionslücke 67
6. Industriekonzept 68
II. Räumliche Marktabgrenzung 69
III. Kritische Würdigung der Anwendung der Modelle zur sachlichen Marktabgrenzung in der Kartellrechtspraxis 72

Teil 2 79

A. Wettbewerb und die Struktur der Medienmärkte 79

I. Wettbewerbsformen im Mediensektor 80

1. Publizistischer Wettbewerb 80

a) Publizistische Konzentrationskontrolle im deutschen Rundfunk 81

b) Publizistische Konzentrationskontrolle auf europäischer Ebene 82

c) Crossmediale Beurteilung der Märkte in der publizistischen Konzentrationskontrolle nach deutschem Recht 83

2. Ökonomischer Wettbewerb 87

3. Das Verhältnis von ökonomischen und publizistischen Wettbewerb 88

II. Wettbewerb und Medien im Wandel der Zeit 90

1. Die strukturelle Entwicklung der Pressemärkte 90

2. Wettbewerb im dualen System des deutschen Rundfunks 92

3. Der Durchbruch publizistischer Onlinemedien 93

4. Europa und die Digitalisierung 98

B. Abgrenzung der Medienmärkte in der aktuellen Kartellrechtspraxis 103

I. Netzwerkeffekte und Marktabgrenzung bei zweiseitigen Medienmärkten 103

1. Einheitliche oder getrennte Marktabgrenzung bei Plattformen 104

2. Annahme eines Marktes bei unentgeltlicher Nutzungsbeziehung 107

II. Rezipientenmärkte – Interdependenz der Nachfragemärkte 108

1. Presse 109

2. Rundfunk 110
a) Fernsehen 110
b) Hörfunk 112
3. Onlinemedien 113
III. Werbemärkte 117
1. Presse 118
2. Rundfunk 119
a) Fernsehen 119
b) Hörfunk 120
3. Onlinemedien 121

Teil 3 125

A. Die Konvergenz der Medien und ihre Auswirkungen auf die Medienmärkte 125
I. Begriff der Konvergenz 125
1. Technologische Konvergenz 125
a) Konvergenz der Übertragungswege 126
b) Konvergenz der Endgeräte 128
2. Inhaltliche Konvergenz medialer Produkte 131
II. Einfluss der Konvergenzentwicklung auf das Nutzungsverhalten der Rezipienten 132
III. Auswirkungen auf die Medienmärkte 135
IV. Konvergenz der Medien in der rechtspolitischen Diskussionen auf europäischer Ebene 138

B. Der Konsum von Bewegtbildern im Internet und seine Bedeutung für die Medienwerbemärkte 143
I. Nutzungsentwicklung von Bewegtbildern seit dem Beginn der Digitalisierung 143
II. Bedeutung für die Medienwerbemärkte 144

C. Crossmediale Effekte bei konglomeraten Unternehmenszusammenschlüssen und ihre Auswirkungen auf die Medienwerbemärkte 149

I. Konglomerate Unternehmenszusammenschlüsse 149

1. Begriffsbestimmung 150
2. Gefahren konglomerater Fusionen 150
   a) Leverage Effects 152
   b) Portfolioeffekte 154
   c) Weitere nicht koordinierte Effekte 156
      aa) Spillover Effekte 156
      bb) Ressourcenzuwachs 156
3. Beurteilungskriterien 158

II. Konglomerate Unternehmenszusammenschlüsse im Mediensektor 161

1. Strategische Erwägungen bei konglomeraten Unternehmensfusionen 161
2. Strategischen Allianzen 163
3. Hintergründe und Ziele konglomerater Zusammenschlüsse im Mediensektor 165

III. Crossmediale Effekte bei konglomeraten Fusionen von Medienunternehmen 167

IV. Die aktuelle Situation in den Medienmärkten 170

1. Konzernstrukturen der größten deutschen Medienunternehmen 171
   a) Bertelsmann SE & Co. KGaA 172
   b) Axel Springer SE 174
   c) ProSiebenSat.1 Media SE 176
   d) Hubert Burda Media KG 178
2. Umdenken in der Medienbranche 179

D. Exemplarische Grenzfälle im deutschen Medienkartellrecht ... 183

I. Der Fall Springer/ProSiebenSat.1 ... 183

1. Das Vorhaben ... 184
2. Sachliche Marktabgrenzung des Bundeskartellamtes ... 185
3. Die kartellrechtliche Beurteilung des Vorhabens ... 185

a) Auswirkungen auf den Fernsehwerbemarkt ... 186
b) Auswirkungen auf dem bundesweiten Lesermarkt für Zeitungen ... 187
c) Möglichkeit der Cross-Promotion ... 188
d) Auswirkungen auf dem bundesweiten Anzeigenmarkt für Zeitungen ... 190

II. Der Fall Amazonas ... 191

1. Das Vorhaben ... 191
2. Sachliche Marktabgrenzung ... 192
3. Die kartellrechtliche Beurteilung des Vorhabens ... 194

III. Kritische Auseinandersetzung mit der vorgenommenen Markabgrenzung und Induktion für zukünftige Verfahren ... 196

1. Der Fall Springer/ProSiebenSat.1 ... 196
2. Das Vorhaben Amazonas ... 199

IV. Bezugnahme des Bundeskartellamtes auf die Konvergenz der Medienwerbemärkte ... 203

Teil 4 ... 207

A. Neubewertung der Medienwerbemärkte vor dem Hintergrund zunehmender Medienkonvergenz und crossmedialer Effekte ... 207

I. Definition der sachlich relevanten Medienwerbemärkte unter Berücksichtigung anerkannter Abgrenzungskriterien ... 208

II. Einfluss der Medienkonvergenz und crossmedialer Effekte bei konglomeraten Unternehmenszusammenschlüssen auf die sachliche Marktabgrenzung 210

III. Empfehlung für die kartellrechtliche Praxis 219

B. Schlussbetrachtung 221

Literaturverzeichnis 225

Abkürzungsverzeichnis

a.A.	andere Auffassung
a.F.	alte Fassung
AG	Aktiengesellschaft
ABl.	Amtsblatt
Abs.	Absatz
AEUV	Vertrag über die Arbeitsweise der Europäischen Union
Art.	Artikel
Bd.	Band
BKartA	Bundeskartellamt
BMWi	Bundesministerium für Wirtschaft und Energy
BVerfG	Bundesverfassungsgericht
BVerwG	Bundesverwaltungsgericht
bzw.	beziehungsweise
d.h.	das heißt
Drs.	Drucksache
EGV	Vertrag zur Gründung der europäischen Gemeinschaft
EU	Europäische Union
EuGH	Europäischer Gerichtshof
ff.	fortfolgende
FKVO	Fusionskontrollverordnung 139/2004
gem.	gemäß
GG	Grundgesetz
GmbH	Gesellschaft mit beschränkter Haftung
GWB	Gesetz gegen Wettbewerbsbeschränkungen
i.S.v.	im Sinne von
KEK	Kommission zur Ermittlung der Konzentration im Medienbereich
KG	Kommanditgesellschaft
lit.	littera
Nr.	Nummer
Rn.	Randnummer(n)
RStV	Rundfunkstaatsvertrag
S.	Seite(n)
SE	Societas Europaea

SE & Co. KGaA	Societas Europaea & Compagnie Kommanditgesellschaft auf Aktien
sog.	sogenannt(e)
u.	und
u.a.	unter anderem
u.Ä.	und Ähnliche(s)
v.	von/vom
vgl.	vergleiche
WuW	Wirtschaft und Wettbewerb
z.B.	zum Beispiel

Einleitung

Die Digitalisierung hat in nur wenigen Jahren neue Realitäten in den Medienmärkten geschaffen. Sich dynamisch wandelnde nationale und internationale Medienmärkte sowie die operative Dynamik und die strukturellen Besonderheiten digitaler Plattformen, vorangetrieben von einer bislang kaum bekannten technischen Kreativität, stellen das Wettbewerbsrecht immer wieder vor neue Herausforderungen. Anfangs noch zurückhaltend, sind sich Gesetzgeber und Rechtspraxis mittlerweile der Notwendigkeit bewusst, für die höchst differenzierten Handlungsräume und -muster der digitalen Wirtschaft Regelungen zu finden, die geeignet erscheinen, wettbewerbsrechtliche Lücken zu schließen und den ordnungspolitischen Rahmen den neuen Realitäten sich wandelnder Medienmärkte anzupassen.

Die Internetökonomie hat sich rasant zu einer bedeutenden Säule der deutschen und europäischen Wirtschaft entwickelt ohne dass stets ein effektiver Schutz der digitalen Ökonomie, auch durch die drei Säulen des Kartellrechts, ausreichend gewährleistet werden konnte. Längst haben auch die digitalen Ableger der klassischen Medien und die von ihnen ausgehenden neuen medialen Angebote ihr Nischendasein aufgegeben. Immer häufiger rücken diese in den Fokus der Wettbewerbshüter. Die Medienlandschaft hat durch die Digitalisierung und die von ihr induzierten neuen Angebote und Vertriebswege in den letzten Jahren einen beinahe revolutionären Wandel vollzogen, der eine bislang eher unterschätze Herausforderung für das deutsche und europäische Kartellrecht darstellt, gerade dann, wenn es um die Abgrenzung der Märkte und die Bewertung von Marktmacht geht. Dabei sind Kartellbehörden und Gerichte besonders gefordert, wenn es um die Beurteilung der speziellen Eigenschaften mehrseitiger Medienmärkte und die Berücksichtigung von Netzwerkeffekten bei Plattformen geht. Zudem führt die zunehmende Konvergenz der Medien immer häufiger zu Verschmelzungen einzelner Mediengattungen. Rezipienten konsumieren Medien vermehrt komplementär, Werbekunden nutzen crossmediale Kampagnen, um ihre Werbebotschaften auf verschiedensten Trägermedien und Plattformen zu verbreiten. Damit einher gehen neue Geschäftsmodelle und sich stets wandelnde marktwirtschaftliche Herausforderungen.

Durch das Zusammenrücken einzelner Medienmärkte ist für die Marktakteure in diesen Märkten die Bereitstellung crossmedialer Angebote, sowohl für die Rezipienten als auch für die strategisch so entscheidenden Werbekunden, von wachsender Relevanz. Vor diesem Hintergrund und den Versuchungen, innovative Märkte möglichst frühzeitig zu erschließen, steigt auch die Zahl strategischer Allianzen und konglomerater Unternehmenszusammenschlüsse im vielschichtigen Kosmos der Medienmärkte.

Wie sich im Laufe der Arbeit zeigen wird, haben die voranschreitende Medienkonvergenz sowie crossmediale Verflechtungen der großen Medienkonzerne in den letzten Jahren zunehmend Einfluss auf die Struktur der Medienwerbemärkte und damit auch auf die Praxis kartellrechtlicher Prüfungen von Vorhaben und Sachverhalten genommen. Eine zentrale Rolle kommt dabei den Onlinewerbemärkten zu, die durch wachsende Akzeptanz der Onlinemedien bei den Rezipienten bereits heute zumindest teilweise in der Lage sind, Substitutionswettbewerbsdruck auf andere Medienwerbemärkte ausüben zu können.

Die rasante Entwicklung verschiedener Indikatoren macht eine Neubewertung der Onlinemedienwerbemärkte im Zusammenhang mit den klassischen Werbemärkten erforderlich ist. Im Rahmen dieser Neubewertung soll die vorliegende Arbeit zeigen, dass die Marktabgrenzungskriterien, die in der deutschen und europäischen Kartellrechtspraxis angewendet werden, durchaus in der Lage sind, die komplexe Realität der sich dynamisch wandelnden Medienmärkte hinreichend zu berücksichtigen, um zu einer differenzierten und belastbaren Marktabgrenzung zu gelangen. Dabei ist jedoch stets zu berücksichtigen, dass Medienkonvergenz und crossmediale Verflechtungen nicht zu einer Vereinheitlichung der klassischen Medien führen, sondern lediglich das Erfordernis einer Neubewertung der Medienwerbemärkte mit Blick auf die Einordnung der Onlinewerbemärkte begründet. In diesem Zusammenhang wird im Verlauf der Arbeit zudem deutlich, dass insbesondere die Abgrenzung des Onlinewerbemarktes als ein einheitlicher Werbemarkt in Anbetracht der Vielschichtigkeit der unterschiedlichen Onlinewerbeformen- und platzierungen nicht differenziert genug ist.

Die Entwicklung der Onlinemedienmärkte führt zu einer zunehmenden Loslösung der Inhalte von Übertragungs- und Darstellungsform. Online geschaltete Werbung kann vor diesem Hintergrund als zusätzlicher Distributionskanal für mediale Werbeaktivitäten angesehen werden. Es wird voraussichtlich in Zukunft nicht mehr relevant sein, wie Werbung dargestellt wird oder über welchen Distributionskanal die Rezipienten erreicht werden, sondern von wem – plattform- und angebotsübergreifend. Für die kartellrechtliche Neubewertung der Medienwerbemärkte bedeutet dies, dass die Onlinemedienwerbemärkte bereits heute nach den Darstellungsformen bzw. Inhalten der jeweiligen Plattform, auf der geworben wird, und nicht nach der Darstellungsform der Werbung abgegrenzt werden sollten. Im Verlauf dieser Arbeit wird sich zeigen, dass es Kartellbehörden und Gerichten auf diesem Wege möglich wird, ungeachtet der

Dynamik der Medienwerbemärkte, den Bereich, auf den sich die wirtschaftlichen Kräfte tatsächlich auswirken, auch unter Berücksichtigung von zunehmendem Rand- und Substitutionswettbewerb, bereits auf der ersten Stufe der kartellrechtlichen Prüfung sachgerecht und belastbar abzustecken.

Untersuchungsgegenstand

Konkreter Untersuchungsgegenstand dieser Arbeit ist die Abgrenzung der sachlich relevanten Medienwerbemärkte im deutschen und europäischen Kartellrecht, wobei der Schwerpunkt auf der Einordnung der Onlinewerbemärkte liegt.

Als erster Schritt bei der kartellrechtlichen Prüfung legt die Definition der relevanten Märkte den Grundstein für den weiteren Verlauf der Prüfung. Somit ist die Marktabgrenzung einer der entscheidenden Faktoren in der kartellrechtlichen Prüfung. Sie hat nicht selten einen wesentlichen Einfluss auf den Ausgang des Verfahrens. Eine zuverlässige Aussage über die Marktmacht eines Unternehmens setzt allerdings eine differenzierte und belastbare Marktabgrenzung anhand nachvollziehbarer und überprüfbarer Kriterien voraus. Dabei sollen im Rahmen der kartellrechtlichen Marktabgrenzung die besonderen Eigenschaften der von der Digitalisierung getriebenen, sich dynamisch wandelnden Medienmärkte berücksichtigt werden.

Im Mittelpunkt dieser wettbewerbsrechtlichen Betrachtung der Medienmärkte stehen die strategisch bedeutsamen Medienwerbemärkte. Das schnell wachsende Angebot an Onlinemedien sowie die immer noch weit verbreitete Gratismentalität der Nutzer medialer Onlinedienste heizen den Wettbewerb in den Medienwerbemärkten zusätzlich an. So sind die Medienwerbemärkten für die privatwirtschaftlich organisierten Marktakteure zu den relevantesten Märkten zur Generierung ihrer Umsätze geworden.

Mit zunehmender Relevanz der Onlinemedien und ihren innovativen Werbemöglichkeiten sowie dem vom technischen Fortschritt beeinflussten Rezipientenverhalten gewinnen die Onlinemedienwerbemärkte auch in diesem Kontext immer mehr an Bedeutung. Kartellbehörden und Gerichte scheinen bislang bei der Einordnung der Onlinemedienwerbemärkte noch keine gefestigte Position gefunden zu haben. Die Arbeit befasst sich vor diesem Hintergrund mit dem Einfluss der Onlinemedien sowohl auf das Rezipientenverhalten, als auch auf die Medienwerbemärkte. Zentrale Fragestellung in diesem Zusammenhang soll die Bewertung und Einordung der Onlinemedienwerbemärkte im Rahmen der kartellrechtlichen Definition des sachlich relevanten Marktes sein. Zu prüfen ist, welche Implikationen mit der Dynamik der Digitalisierung bei der Verbreitung medialer Inhalte und der damit einhergehenden Veränderungen des

Medienkonsums auf die kartellrechtliche Bewertung der Medienwerbemärkte verbunden sind.

Eine Schlüsselfunktion kommt bei der Bewertung der Onlinemedienwerbemärkte neben der Konvergenz der Medien auch den crossmedialen Effekten zu, die durch konglomerate Unternehmensfusionen oder die Bildung strategischer Allianzen entstehen und bewusst zur Absicherung und/oder Verschiebung von Marktmacht genutzt werden können.

Die Eigenständigkeit einzelner Medienwerbemärkte könnte zukünftig insbesondere vor dem Hintergrund des zunehmend intensiver werdenden grenzüberschreitenden Wettbewerbes in den Medienwerbemärkten zur Disposition gestellt werden.

Gang der Untersuchung

Ausgehend von den dargestellten Begriffsbestimmungen werden im ersten Teil der Arbeit die Grundlagen der Marktabgrenzung im deutschen und europäischen Kartellrecht erörtert, um darauf aufbauend ein Verständnis für die dieser Arbeit zugrundeliegende Problematik zu schaffen. Dabei wird neben der Erläuterung der rechtlichen Relevanz der Marktabgrenzung auch die Kritik an der Notwendigkeit der Marktabgrenzung abgebildet. Dieser Diskurs erscheint erforderlich, da in der aktuellen Kartellrechtspraxis vermehrt zu beobachten ist, dass der Fokus auf die Beurteilung der Marktmacht gelegt wird, die in einem zweiten Schritt nach der Abgrenzung des relevanten Marktes vorgenommen wird. Im Rahmen dieser Arbeit soll vor diesem Hintergrund noch einmal die Notwendigkeit einer strukturierten zweistufigen Prüfung betont werden, bei der die Marktabgrenzung als Grundlage für die weitere Prüfung von kartellrechtlichen Verfahren wieder vermehrt in den Vordergrund rücken sollte, um gerade bei crossmedialen Fusionen den tatsächlichen, von beteiligten Unternehmen ausgehenden, Wettbewerbsdruck sachgerecht abbilden zu können.

In diesem Zusammenhang soll der im Zuge der 9. GWB Novelle neu eingefügte § 18 Abs. 2a GWB sowie die damit verbundenen Implikationen für die Kartellrechtspraxis kurz diskutiert werden. Im letzten Teil der Arbeit soll eine abschließende Bewertung der Zusammenhänge vorgenommen werden.

Zunächst werden die wichtigsten Kriterien zur kartellrechtlichen Marktabgrenzung sowie deren Relevanz in der deutschen und europäischen Kartellrechtspraxis erläutert. Die umfangreiche Auseinandersetzung mit den verschiedenen Kriterien zur Marktabgrenzung ist erforderlich, um eben diese

Kriterien im weiteren Verlauf der Arbeit in der praktischen Anwendung im Medienkartellrecht auf den Prüfstand stellen zu können. Zudem ist die in diesem Kapitel vorgenommene erste, kritische Einordnung der unterschiedlichen Kriterien richtungsweisend für die im weiteren Verlauf der Arbeit vorgenommene Bewertung der Marktabgrenzung in der Kartellrechtspraxis.

Der zweite Teil der Arbeit nimmt zunächst Bezug auf die Entwicklung und die Struktur der Medienmärkte aus ökonomischer Sicht. Die Problematik der kartellrechtlichen Neubewertung der Medienwerbemärkte, insbesondere mit Blick auf die Einordung der Onlinewerbemärkte, findet ihre Grundlage in der Struktur der zum Teil stark konzentrierten Medienmärkte. Um diese Struktur besser zu verstehen, ist ein Blick auf die Entwicklung des Wettbewerbes und daraus abgeleiteten Implikationen für das Wettbewerbsrecht erforderlich. Zunächst wird in diesem Kapitel das Verhältnis des publizistischen zum ökonomischen Wettbewerb erläutert. Daran anschließend wird die Entwicklung des Wettbewerbes im deutschen und im europäischen Mediensektor beschrieben, wobei der Fokus auf die Einflüsse der Digitalisierung gelegt werden soll. Diese erscheinen richtungsweisend für die kartellrechtliche Einordnung der Medienwerbemärkte.

Eine Definition der Medienmärkte aus kartellrechtlicher Sicht soll die Grundlage für eine erste Auseinandersetzung mit der Problematik von Netzwerkeffekten bei zweiseitigen Märkten liefern. Dabei bildet die Definition der Märkte die bis dahin erfolgte Abgrenzungspraxis der Kartellbehörden und Gerichte ab.

Als Überleitung zur zentralen Fragestellung dieser Arbeit sollen anschließend die Konvergenz der Medien sowie ihre Auswirkungen auf die Medienwerbemärkte dargestellt werden. Dem folgt eine Skizzierung der Problematik crossmedialer Effekte bei konglomeraten Unternehmensfusionen und den damit verbundenen Auswirkungen auf die Medienwerbemärkte. Neben einer Auseinandersetzung mit möglichen wettbewerbsschädigenden Effekten, die von konglomeraten Unternehmensfusionen ausgehen können, stehen die in der Praxis angewandten Beurteilungskriterien zur Abbildung dieser Effekte im kartellrechtlichen Verfahren auf dem Prüfstand. Dieser Punkt wird im letzten Teil der Arbeit noch eine zentrale Rolle spielen.

Zur Verdeutlichung der praktischen Relevanz von crossmedialen Effekten wird zudem die aktuelle Situation in den Medienmärkten anhand der Konzernstrukturen der wichtigsten deutschen Medienunternehmen dargestellt.

Die Schwierigkeiten, die crossmediale Effekte bei konglomeraten Unternehmensfusionen im Rahmen der kartellrechtlichen Definition des sachlich relevanten Marktes auslösen, werden schließlich exemplarisch an zwei der eindringlichsten Fälle jüngster Vergangenheit, den Entscheidungen *Axel Springer AG/*

ProSiebenSat.1 Media AG[1] und *Amazonas*[2], diskutiert. In diesen Verfahren wird die Problematik der Bewertung und Einordung crossmedialer Effekte bei konglomeraten Unternehmensfusionen in kartellrechtlichen Verfahren eindrucksvoll deutlich. Anhand dieser in der Vergangenheit verorteten Entscheidungen wird der dynamische Wandel zweiseitiger Medienmärkte evident. Mittels einer dezidierten Analyse der Marktabgrenzung beider Verfahren wird im Folgenden dargelegt, wie die nur wenige Jahre zurückliegenden, im Rahmen der Verfahren getroffenen Abgrenzungen der Medienwerbemärkte recht schnell nach den getroffenen Entscheidungen den Realitäten in den Märkten nicht mehr entsprachen. Mittels der in diesen Entscheidungen getroffenen Marktabgrenzung lassen sich exemplarisch solche Unstimmigkeiten aufzeigen, die durch den in dieser Arbeit definierten Ansatz vermieden werden könnten. Somit folgt als Überleitung zum Schlussteil eine kritische Auseinandersetzung mit der in den Beispielfällen vorgenommenen sachlichen Marktabgrenzung unter Berücksichtigung der jüngsten Entwicklungen der Medienwerbemärkte und eine Darstellung des Umgangs des Bundeskartellamtes mit der Problematik in einer jüngst ergangenen Entscheidung.

Schließlich sollen im Schlusssteil die Widersprüche, die in der Abgrenzung der Medienwerbemärkte in der kartellrechtlichen Praxis verankert sind, aufgeklärt werden. Dabei wird auch auf das mögliche Erfordernis eines einheitlichen Medienwerbemarktes im deutschen und europäischen Kartellrecht für eine qualifizierte, den wirtschaftlichen Realitäten entsprechende Marktabgrenzung eingegangen. Zudem wird erörtert, welche Marktabgrenzungskriterien in der deutschen und europäischen Kartellrechtspraxis in der Lage sind, ungeachtet der Komplexität und Dynamik der zweiseitigen Medienwerbemärkte, zu sachgerechten Ergebnissen bei der Definition der relevanten Märkte in diesem Bereich zu gelangen. Dabei werden insbesondere die starken Einflüsse technischer Innovationen für die Entwicklung der Medienmärkte beachtet sowie die Entwicklung hybrider Darstellungsformen und die Herausforderungen, die mit den Angeboten auf Plattformen und deren Bewertung im Rahmen der Marktabgrenzung einhergehen.

Den Abschluss der Arbeit bilden eine Neubewertung der Medienwerbemärkte aus kartellrechtlicher Sicht unter Berücksichtigung der im Verlauf der Arbeit gewonnen Erkenntnisse sowie eine umfangreiche Empfehlung für die kartellrechtliche Praxis.

---

1 BKartA Beschluss v. 19.01.2006 – B6 – 92292 – Fa – 103/05 – „Springer/ProSiebenSat.1". Nachfolgend bezeichnet als Entscheidung *Springer/ProSiebenSat.1*.

2 BKartA Beschluss v. 17.03.2011 – B6 – 91/10 – „Amazonas".

Teil 1

A. Grundlagen der Marktabgrenzung im deutschen und europäischen Kartellrecht

In einer freien Marktwirtschaft existieren unterschiedliche Märkte für Waren und Dienstleistungen. Dem Wesen der freien Marktwirtschaft inhärent ist das Zusammenspiel von Angebot und Nachfrage. Solange dieses freie Spiel gewährleistet ist, regulieren sich Märkte grundsätzlich selbständig. Sowie das freie Spiel konkurrierender Marktteilnehmer durch den Zusammenschluss relevanter Teilnehmer aus dem Gleichgewicht gerät, sind regulierende Maßnahmen des Staates gefragt, um den Wettbewerb zu sichern. Das maßgebliche Merkmal eines funktionierenden Wettbewerbes ist das Fehlen von wettbewerbsschädigender Marktmacht eines oder mehrerer Marktteilnehmer. Um den Eingriff des Staates in die freie Marktwirtschaft im Rahmen des Wettbewerbsrechts rechtfertigen zu können, muss regelmäßig eine marktstarke bzw. marktbeherrschende Stellung bei (mindestens) einem Beteiligten nachgewiesen werden. Die realistische Bewertung von Marktmacht kann jedoch erst erfolgen, wenn zunächst der Bereich abgesteckt worden ist, in dem sich die beteiligten bzw. betroffenen Unternehmen in sachlicher und räumlicher Hinsicht Wettbewerbskräften zu stellen haben.[3] Dieses abzugrenzende Areal wird im deutschen und europäischen Kartellrecht als relevanter Markt bezeichnet. Durch die Abgrenzung des relevanten Marktes wird ein Bezugspunkt für die wettbewerbliche Analyse geschaffen. Als erster Schritt der kartellrechtlichen Prüfung ist die Marktabgrenzung nicht nur von entscheidender Relevanz für den Fortgang eines Verfahrens, sondern hat auch einen entscheidenden Einfluss auf das Endergebnis der wettbewerblichen Untersuchung.[4] Dabei kann die Abgrenzung der Märkte je nach Art des kartellrechtlichen Verfahrens und dem Schutzzweck der anzuwenden Norm unterschiedlichen ausfallen.

---

3 Kehder, Konzepte und Methoden der Marktabgrenzung und ihre Anwendung auf zweiseitige Märkte, S. 19/21.

4 Kehder, Konzepte und Methoden der Marktabgrenzung und ihre Anwendung auf zweiseitige Märkte, S. 23.

I. Die Abgrenzung von relevanten Märkten im deutschen und europäischen Kartellrecht

Im deutschen sowie im europäischen Kartellrecht ist die Abgrenzung relevanter Märkte sowohl für die Beurteilung von Missbrauchstatbeständen und wettbewerbsbeschränkender Vereinbarungen als auch im Rahmen von Fusionskontrollen unerlässlich. Durch eine konkrete Abgrenzung des relevanten Marktes wird der Bereich des effektiven Wettbewerbs abgesteckt, auf den sich die kartellrechtliche Beurteilung zu stützen hat. An diesen Punkt setzt die Kritik der vorliegenden Arbeit an der aktuellen Kartellrechtspraxis an. Somit ist es für die Entwicklung der These und eine Neubewertung der Medienwerbemärkte unerlässlich, sich zunächst mit den Grundlagen der Marktabgrenzung im deutschen und europäischen Kartellrecht auseinanderzusetzen.

1. Begriffsbestimmungen

Die Komplexität der vom Wettbewerbsrecht umfassten Materie macht es nicht möglich, jeden Einzelfall für den es gelten soll, ausdrücklich zu normieren. Deshalb enthält auch das Kartellrecht verschiedene unbestimmte Rechtsbegriffe, die der Auslegung durch die Gerichte und Kartellbehörden bedürfen. Die Verwendung auslegungsbedürftiger Rechtsbegriffe eröffnet den Rechtsanwendern die Möglichkeit, dynamischen Entwicklungen im Einzelfall Rechnung zu tragen und durch die Konkretisierung der Begriffe gleichzeitig für einen ordnungspolitischen Rahmen zu sorgen.[5]

Die vorliegende Arbeit befasst sich eingehend mit der Problematik der Auslegung des Begriffes des kartellrechtlich relevanten Marktes. Allerdings gibt es auch darüber hinaus unbestimmte Rechtsbegriffe, deren Konkretisierung für die detaillierte Darstellung der kartellrechtlichen Marktabgrenzung sowie der dieser Untersuchung zu Grunde liegenden Problematik zunächst erforderlich scheint.

a) Wettbewerb

Das dem Kartellrecht zu Grunde liegende Schutzgut ist der Wettbewerb. Um die Intentionen des Wettbewerbsrechts sowie die über Regulierung verfolgten Ziele zu verstehen, ist es erforderlich, sich zu verdeutlichen, was Wettbewerb in diesem rechtlichen Kontext bedeutet und warum eine starre Definition des

---

5 BMWi, Zentrale Begriffe der Missbrauchsaufsicht, S. 1, abzurufen unter: http://www.bmwi.de/BMWi/Redaktion/PDF/E/erlaeuterung-zentraler-begriffe-missbrauchsaufsicht,property=pdf,bereich=bmwi2012,sprache=de,rwb=true.pdf.

Wettbewerbsbegriffes den unterschiedlichen Herausforderungen, denen sich das Wettbewerbsrecht zu stellen hat, nicht immer gerecht werden kann.

Der Begriff des Wettbewerbes taucht insbesondere im Wettbewerbs- und Kartellrecht in unterschiedlichen Zusammenhängen auf.[6] Er ist eng verknüpft mit den schnell und vielfältig wandelnden Verhältnissen des jeweiligen Marktes, auf den er sich bezieht.[7] Dabei ist der Wettbewerbsbegriff weder im deutschen noch im europäischen Kartellrecht legal definiert. Im Schrifttum sind verschiedene Ansätze zur Definition zu finden, die gleichwohl bislang nicht zu einem Konsens geführt haben.[8] Jede Definition des Wettbewerbsbegriffs birgt unter rechtspolitischen Gesichtspunkten die Gefahr, dass Wettbewerb nicht elastisch genug definiert wird, mit der Folge, dass die Anwendung des Wettbewerbsbegriffs, die nicht selten eine wesentliche Rolle in kartellrechtlichen Verfahren spielt, in der Praxis eine problematische Einengung erfahren würde.[9] Eine genaue Begriffsbestimmung ist vor diesem Hintergrund nach wie vor schwierig und für die Rechtspraxis von geringer Relevanz, was erklären mag, dass der Gesetzgeber eine positive Definition des Rechtsbegriffes *Wettbewerb* bislang vermieden hat, obwohl der Wettbewerbsbegriff im Kartellrecht ein zentraler Terminus ist.[10] Somit lässt, wenig überraschend, die deutsche Rechtspraxis sowie die Praxis des EuGHs erkennen, dass kartellrechtlichen Verfahren kein definierter Wettbewerbsbegriff zu Grunde gelegt wird.[11]

Wegen des Fehlens einer starren Definition des Wettbewerbsbegriffes wird deshalb, sowohl im deutschen, wie auch im europäischen Kartellrecht, der Wettbewerbsbegriff anhand der Zielrichtung der jeweils anzuwenden Norm festgelegt. Bei einer ergebnisoffenen Definition des Wettbewerbsbegriffes spielen zudem die Umstände des Einzelfalls eine Rolle. Dabei werden insbesondere die Auswirkungen von Verhaltensweisen der betroffenen Unternehmen auf die

---

6 z.B. in § 1 GWB, § 19 Abs. 2, 3 und 4 GWB, § 20 GWB, § 21 Abs. 3 Nr. 3 GWB, § 24 Abs. 2.

7 Rittner/Dreher/Kulka, Wettbewerbs- und Kartellrecht, S. 2 Rn. 3.

8 Vgl. Rittner/Dreher/Kulka, Wettbewerbs- und Kartellrecht, S. 1/2. Rn. 3. Unterschiedliche Begriffsdefinitionen vertreten u.a.: Sandrock, Grundbegriffe des Gesetztes gegen Wettbewerbsbestimmungen, S. 123 ff.; Schmidt, Wettbewerbspolitik und Kartellrecht: eine interdisziplinäre Einführung, S. 1.

9 Zimmer in Immenga/Mestmäcker, GWB, § 1 Rn. 112.

10 Zimmer in Immenga/Mestmäcker, GWB, § 1, Rn. 113; Rittner/Dreher/Kulka, Wettbewerbs- und Kartellrecht, S. 1 Rn. 5.

11 Vgl. Zimmer in Immenga/Mestmäcker, GWB, § 1, Rn. 113; Rittner/Dreher/Kulka, Wettbewerbs- und Kartellrecht, S. 2 Rn. 5.

Gestaltungsspielräume anderer Unternehmen mit Bezug zu Geschäftsbedingungen und angestrebten Geschäftsabschlüssen beachtet.[12]

Diesem im deutschen und europäischen Kartellrecht angewandten Ansatz wird auch im Rahmen der vorliegenden gefolgt und der Begriff des Wettbewerbs somit entsprechend dynamisch als Teil eines Tatbestandsmerkmal im Einzelfall festgelegt.

b) Der Marktbegriff

Ebenso wie dem Begriff des Wettbewerbs, kommt auch dem Terminus des Marktes im Kartellrecht eine zentrale Rolle zu. Dabei stehen die beiden Begriffe in einem untrennbaren Zusammenhang. Wettbewerb im ökonomischen Sinne bezieht sich auf Verhaltensspielräume und -weisen von Unternehmen, die zueinander auf einem bestimmten Gebiet in Konkurrenz stehen. Dieses Gebiet muss definiert werden, um die wettbewerblichen Kräfte bestimmen zu können, die auf die betroffenen Unternehmen einwirken bzw. von ihnen ausgehen. In der Volkswirtschaftslehre wird der Markt in funktioneller Hinsicht vor diesem Hintergrund gemeinhin definiert als das Zusammentreffen von Angebot und Nachfrage, aus dem sich ein Preis bildet. Ein ökonomischer Markt kann demnach überall dort entstehen, wo mindestens ein Tauschobjekt sowie ein Anbieter und ein Nachfrager zusammentreffen.[13] Dieses Begriffsverständnis weist darauf hin, dass der Markt ein zentraler Grundpfeiler der Volkswirtschaftslehre ist. Die Relevanz des Begriffes gilt für das Wettbewerbsrecht gleichermaßen, dennoch ist der Marktbegriff in diesem Bereich bis heute gesetzlich nicht definiert.[14]

In der Kartellrechtspraxis wird Markt überwiegend als Ort bezeichnet, an dem Angebot und Nachfrage für konkrete Wirtschaftsgüter mit einer räumlichen, sachlichen und mitunter zeitlichen Dimension zusammentreffen.[15] Dabei wird der Markt als ökonomischer Ort verstanden, der die Gesamtheit an Austauschbeziehungen zwischen anbietenden und nachfragenden Wirtschaftseinheiten darstellt, „die hinsichtlich ihrer Absatz- bzw. Bezugsmöglichkeiten in einem so

---

12 Vgl. Leistner in Gloy/Loschelder/Erdmann, Handbuch des Wettbewerbsrechts, 2. Kapitel, § 4 III Rn. 20.

13 Zum ökonomischen Marktbegriff: Gabler Wirtschaftslexikon, Stichwort: Markt, abzurufen unter: http://wirtschaftslexikon.gabler.de/Archiv/4487/markt-v14.html.

14 Der Begriff „Markt" wird jedoch z.B. in § 3, § 18 Abs. 1, § 21 Abs. 3 Nr. 3 GWB sowie Art. 101 Abs. 1, Art. 102c AEUV, Art. 2 und 9 FKVO verwendet, an einer Definition fehlt es jedoch.

15 Emmerich, Kartellrecht, S. 340 Rn. 11.

engen Verhältnis gegenseitiger Abhängigkeit stehen, dass das Zustandekommen der Angebots- und Nachfrageentscheidungen jeder Wirtschaftseinheit nur aus dem Zusammenhang der Tauschgruppe erklärt werden kann."[16].

Wettbewerbsrechtlich wird der Begriff des Marktes, unabhängig von dem Fehlen einer gesetzlichen Definition, in drei Dimensionen aufgeteilt: sachlich, räumlich, sowie mitunter zeitlich. Unter Berücksichtigung dieser Trias fasst das wettbewerbsrechtliche Begriffsverständnis unter Markt die Gesamtheit aller, eine bestimmte Produkt- oder Dienstleistungsgruppe betreffende Kauf- sowie Verkaufsakte innerhalb eines definierten Gebietes und gegebenenfalls auch Zeitraumes zusammen.[17]

In der kartellrechtlichen Fallbearbeitung werden Produkt- oder Dienstleistungsmärkte deshalb in einem ersten Schritt sachlich, räumlich sowie gegebenenfalls zeitlich definiert, um festzustellen, welchen wirtschaftlichen Kräften sich Unternehmen, deren Marktposition zu ermitteln ist, zu stellen haben.[18] Mittels dieser Marktabgrenzung wird der Rahmen festgelegt, innerhalb dessen deutsche und/oder europäische Kartellbehörden und Gerichte das Wettbewerbsrecht anwenden.[19]

c) Marktbeherrschende Stellung

Ein weiterer wesentlicher Terminus des Kartellrechts ist die sog. marktbeherrschende Stellung. Im Gegensatz zur Definition des Wettbewerbsbegriffes sowie des Marktbegriffes kann für das Begriffsverständnis der marktbeherrschenden Stellung auf wettbewerbsrechtliche Normen zurückgegriffen werden.

In der Kartellrechtspraxis wird, ausgehend von einer zuvor vorgenommenen Definition der relevanten Märkte, die Stellung der beteiligten Unternehmen in den betroffenen Märkten ermittelt. In diesem, sich an die Marktabgrenzung anschließenden zweiten Schritt der Prüfung von Vorhaben bzw. Sachverhalten, ist das Bestehen oder die durch eine Fusion bedingte Entstehung oder Verstärkung einer marktbeherrschenden Stellung zu prüfen.[20] Im deutschen Recht

---

16 Schmidt „Gibt es einen Fernsehzuschauermarkt im Sinne des Gesetztes gegen Wettbewerbsbeschränkungen" in ZUM 1997, 472 (473).

17 Knauss, Die räumliche Marktabgrenzung in der Fusionskontrolle und Missbrauchsaufsicht S. 2.

18 Schröter in Groeben, von der/Schwarze, EGV Art. 82 Rn. 131.

19 Bekanntmachung der Kommission über die Definition des relevanten Marktes im Sinne des Wettbewerbsrechts der Gemeinschaft, 97/C 372/ 03.

20 Bekanntmachung der Kommission über die Definition des relevanten Marktes im Sinne des Wettbewerbsrechts der Gemeinschaft, 97/C 372/ 03.

ist eine marktbeherrschende Stellung im Rahmen der Missbrauchsaufsicht legal definiert: Gemäß § 19 Abs. 2 GWB kann sich eine marktbeherrschende Stellung aus dem Fehlen von generellem Wettbewerb, wesentlichem Wettbewerb (§ 19 Abs. 2 Nr. 1 GWB) oder aus einer überragenden Marktstellung (§ 19 Abs. 2 Nr. 3 GWB) ergeben. Diese Begriffsbestimmung wird auch auf die Fusionskontrolle übertragen.[21] Allerdings verbietet sich aufgrund der unterschiedlichen Intentionen der Eingriffsnormen sowohl im deutschen als auch im europäischen Kartellrecht eine einheitliche Bestimmung einer marktbeherrschenden Stellung. Vielmehr sind die jeweiligen Besonderheiten der Tatbestände der Eingriffsnormen zu berücksichtigen. Dabei ist insbesondere auf den Gesetzeszweck zu achten, der die Auslegung des Begriffes einer marktbeherrschenden Stellung wesentlich beeinflusst.[22]

Als Ausgangspunkt lässt sich Marktbeherrschung – unabhängig von den relevanten Normen – gemeinhin definieren als wirtschaftliche Machtstellung einzelner Unternehmen oder Unternehmensgruppen, die aufgrund überragender Marktanteile keinem wesentlichen Wettbewerb ausgesetzt sind.[23] Im kartellrechtlichen Verfahren muss an dieser Stelle geprüft werden, ob die wirtschaftliche Machtstellung im Sinne des europäischen und deutschen Kartellrechts ein Unternehmen oder eine Unternehmensgruppe in die Lage versetzt, wirksamen Wettbewerb in dem betroffenen Markt zu blockieren und damit die Möglichkeit hat, sich gegenüber seinen bzw. ihren Wettbewerbern und Nachfragern in diesem Markt unabhängig zu verhalten. Dabei muss eine solche wirtschaftliche Machtstellung einen gewissen Wettbewerb – im Gegensatz zum Monopol – nicht grundsätzlich ausschließen. Vielmehr sind marktbeherrschende Unternehmen auch in der Lage merklich Einfluss auf die Umstände auszuüben, unter denen sich in dem relevanten Markt der Wettbewerb zum Teil aufrechterhält oder sogar weiterentwickelt.[24]

---

21 Becker/Knebel in MüKo, Bd. 2, Gesetz gegen Wettbewerbsbeschränkungen, § 36 Rn. 44

22 Vgl. zur unterschiedlichen Auslegung des Begriffes der marktbeherrschenden Stellung: Becker/Knebel in MüKo, Bd. 2, Gesetz gegen Wettbewerbsbeschränkungen, § 36 Rn. 44.

23 Zimmerlich, Marktmacht in dynamischen Märkten, S. 15.

24 Bulst in Langen/Bunte, Kartellrecht, Bd. 2, Art. 82 Rn. 33/33.

d) Unternehmen

Sowohl dem deutschen als auch dem europäischen Kartellrecht wird bei Prüfung von Sachverhalten der sog. funktionale Unternehmensbegriff zu Grunde gelegt.[25] Demnach ist unter Unternehmen „jede eine wirtschaftliche Tätigkeit ausübende Einheit, unabhängig von ihrer Rechtsform und der Art ihrer Finanzierung“[26] zu verstehen, wobei es nicht auf das Vorliegen einer Gewinnerzielungsabsicht ankommt.[27] Ausgenommen von dem kartellrechtlichen Unternehmensbegriff sind rein hoheitliche Tätigkeiten sowie Tätigkeiten, die ausschließlich dem privaten Verbrauch dienen und weisungsabhängige Arbeitnehmer.[28]

2. Relevanz der Marktabgrenzung im deutschen und europäischen Kartellrecht

Die Feststellung einer marktbeherrschenden Stellung eines oder mehrerer Unternehmen stellt sowohl im deutschen wie auch im europäischen Kartellrecht die Grundlage für das Eingreifen der Kartellbehörden im Rahmen der Missbrauchsaufsicht, der Fusionskontrolle und des Verbotes wettbewerbsbeschränkender Absprachen dar.[29] Nur wenn eine für den Wettbewerb gefährdende, einseitig dominierende Stellung eines oder mehrerer Marktteilnehmer angenommen werden kann, oder durch ein Zusammenschlussvorhaben zu befürchten ist, ist das Einschreiten staatlicher- bzw. europaseits geboten und gerechtfertigt.[30] Der Feststellung von Marktmacht ist jedoch stets die Definition des Marktes vorangestellt, in dem die beteiligten Unternehmen agieren und in dem die Verteilung wirtschaftlicher Macht u.a. in Form von Marktanteilen gemessen wird. Dabei wird die zu prüfende wirtschaftliche Macht immer

---

25 Vgl. Kühling in Streinz, EUV/AEUV, Art. 106 Rn. 6.

26 EuGH, Rs. C-41/90 „Höfner und Elsner“ Slg. 1991, I-1979 Rn. 21.

27 Kühling in Streinz, EUV/AEUV, Art. 106 Rn. 6.

28 BMWI, Zentrale Begriffe der Missbrauchsaufsicht, S. 1, abzurufen unter: http://www.bmwi.de/Redaktion/DE/Downloads/E/erlaeuterung-zentraler-begriffe-missbrauchs-aufsicht.pdf?__blob=publicationFile&v=1.

29 Zum Erfordernis der Marktabgrenzung bei der deutschen Missbrauchsaufsicht vgl.: Götting in Löwenheim/Meessen/Riesenkampff, GWB § 19 Rn. 10; zum Erfordernis bei der deutschen Fusionskontrolle vgl.: Kahlenberg/Peter in Löwenheim/Meessen/Riesenkampff, GWB § [illegible] Rn. [illegible]; zum Erfordernis bei der europäischen Missbrauchsaufsicht vgl.: Fuchs/Möschel in Immenga/Mestmäcker, EU Wettbewerbsrecht, Art. 102 Rn. 42.; zum Erfordernis bei der europäischen Fusionskontrolle vgl.: Schröter in Groeben, von der /Schwarze, EGV, Art. 85 Rn. 154.

30 Zimmerlich, Marktmacht in dynamischen Märkten, S. 15/16.

auf einen definierten Aktionsradius im Markt bezogen. Dieser Aktionsradius wird durch die Abgrenzung des relevanten Marktes festgelegt.[31] Somit steht die Marktabgrenzung bei der Prüfung einer Marktbeherrschung eines oder mehrerer Unternehmen an erster Stelle.[32] Dabei geht es um die Zuweisung von Produkten oder Dienstleistungen in einem bestimmbaren Markt, um ermitteln zu können, welche Unternehmen „tatsächlich in der Lage sind, dem Verhalten der beteiligten Unternehmen Schranken zu setzen und sie daran zu hindern, sich einem wirksamen Wettbewerbsdruck zu entziehen“[33]. Sowohl im deutschen als auch im europäischen Kartellrecht stützen sich die verschiedenen Tatbestände im Rahmen der Fusionskontrolle, der Missbrauchsaufsicht und des Kartellverbotes – direkt oder indirekt – auf den Begriff des Marktes und damit auch auf die vorzunehmende Abgrenzung des relevanten Marktes. Obwohl im Rahmen jedes dieser Tatbestände eine Marktabgrenzung als Ausgangspunkt für die weitere Prüfung vorzunehmen ist, sollte es keine tatbestandsunabhängige Abgrenzungspraxis für die Definition der relevanten Märkte geben. Eine einheitliche Abgrenzung des relevanten Marktes, ungeachtet der verschiedenen Tatbestände, würde die unterschiedlichen Gefahrenlagen, denen das Gesetz mit einzelnen Tatbeständen entgegenwirken will, verkennen.[34] Um den jeweiligen Eingriffsnormen und deren Schutzrichtung gerecht zu werden, ist deswegen bereits bei der Marktabgrenzung der Zweck der jeweiligen Normen zu berücksichtigen.[35] Dies wird im dritten Teil der Arbeit besonders deutlich, wenn es um die kartellrechtliche Beurteilung und Einordnung von crossmedialen Unternehmensfusionen geht.

Auch wenn im Mittelpunkt der Problematik, mit der sich diese Arbeit befasst, die Fusionskontrolle stehen soll, wird im folgenden Abschnitt zur Vervollständigung des rechtlichen Kontextes auch auf die Missbrauchsaufsicht sowie die Untersagung wettbewerbsbeschränkenden Verhaltens eingegangen.

---

31 Bulst in Langen/Bunte, Kartellrecht, Bd. 2, Art. 82 Rn. 37.

32 Bulst in Langen/Bunte, Kartellrecht, Bd. 2, Art. 82 Rn. 37.

33 So die Europäische Kommission, Bekanntmachung der Kommission über die Definition des relevanten Marktes im Sinne des Wettbewerbsrechts der Gemeinschaft (97/C372/03)

34 Vgl. zum Erfordernis der Differenzierung des Begriffes sachlich relevanter Markt im Rahmen der unterschiedlichen Eingriffsnormen: Golz, S. 25 ff.

35 Grundsatz der „normzweckbezogenen Marktabgrenzung“. Vgl. dazu: BGH WuW/E BGH 1685, 1691 – Springer/Elbe Wochenblatt; Bunte „Marktabgrenzung und Marktbeherrschung auf Mobilfunkmärkten“ in MMR-Beil, 2002, S. 1 (2).

a) *Fusionskontrolle nach §§ 35 ff. GWB/Verordnung Nr. 139/2004 vom 20. Januar 2004 über die Kontrolle von Unternehmenszusammenschlüssen*

Die Fusionskontrolle verfolgt sowohl im deutschen als auch im europäischen Recht das Ziel, Gefahren für einen funktionierenden Wettbewerb präventiv entgegenzuwirken, indem Unternehmenszusammenschlüsse untersagt werden, die eine signifikante Veränderung der Marktstruktur zur Folge hätten und durch die eine marktbeherrschende Stellung begründet oder verstärkt werden könnte.[36]

Im Zentrum der Fusionskontrolle, die sich im deutschen Recht nach den §§ 35 ff. GWB und im europäischen Recht nach den Vorschriften der Verordnung Nr. 139/2004 vom 20. Januar 2004 über die Kontrolle von Unternehmenszusammenschlüssen[37] richtet, steht somit die Prüfung, ob durch den angestrebten Zusammenschluss ein Markt (stärker) beherrscht werden würde.[38] Der zur beurteilende Unternehmenszusammenschluss hat – gesetztreues Verhalten der beteiligten Unternehmen vorausgesetzt – noch nicht stattgefunden, somit können die Kartellämter zum Zeitpunkt ihres Einschreitens aus den vorliegenden Marktverhältnissen noch keine Rückschlüsse auf die Auswirkung des Zusammenschlusses ziehen.[39] Zwar ist die zum Zeitpunkt des Einschreitens der Kartellbehörden vorliegende Struktur des Markes die Grundlage für die Beurteilung. Für die Fusionskontrolle ist es allerdings erforderlich, dass künftige Wettbewerbsbeziehungen mit einbezogen werden und somit eine Zeichnung des zukünftigen Marktes, unter Berücksichtigung des angestrebten Zusammenschlusses, erfolgt. Folglich müssen die Kartellbehörden eine Prognoseentscheidung treffen. Dies unterscheidet die Fusionskontrolle maßgeblich von den anderen kartellrechtlichen Eingriffsarten, die grundsätzlich einzelne, gegenwärtige oder vergangene missbräuchliche Verhaltensweisen im Fokus haben.[40] Fusionskontrollen sollen verhindern, dass externes Unternehmenswachstum durch Zusammenschlüsse nicht zur Entstehung oder Verstärkung einer marktbeherrschenden Stellung und damit zu einer negativen strukturellen Veränderung des Marktes führen soll.[41]

---

36 Für die deutsche Fusionskontrolle vergleiche: Emmerich, Kartellrecht, S. 424 Rn. 8; für die europäische Fusionskontrolle vergleiche: Schröter in Groeben, von der /Schwarze, EGV Art. 85 Rn. 156.

37 Fortfolgend als „FKVO“ bezeichnet.

38 Golz, Der sachlich relevante Markt bei Verlagserzeugnissen, S. [illegible]

39 Golz, Der sachlich relevante Markt bei Verlagserzeugnissen, S. 27/28.

40 Becker/Knebel in Müko, Bd. 2, Gesetz gegen Wettbewerbsbeschränkungen,§ 36 Rn. 54.

41 Demgegenüber unterliegt internes Wachstum keiner kartellrechtlichen Kontrolle, vgl.: Greiffenberg in Loewenheim/Meesen/Riesenkampff, GWB, § 47 Rn. 9.

Die jeweiligen Eingriffsnormen der Fusionskontrolle knüpfen an den Begriff der Marktbeherrschung an. Marktbeherrschung bezieht sich dabei immer auf einen konkreten Markt.[42] Folglich ist, wie eingangs erwähnt, die Marktabgrenzung der Feststellung der Marktmacht voranzustellen. Sie ist damit der Ausgangspunkt bzw. die Voraussetzung für eine Prognose der zukünftigen Marktverhältnisse sowie für die Einschätzung, inwieweit durch den Zusammenschluss die Funktionsfähigkeit des Wettbewerbs durch negative strukturelle Veränderungen der Wettbewerbsverhältnisse nachhaltig gefährdet wird.[43]

Bezüglich der Zuständigkeitsverteilung ist gemäß Art. 1 Abs. 2 FKVO die Fusionskontrollverordnung und damit das EU-Wettbewerbsrecht anwendbar, sofern die an der geplanten Fusion beteiligten Unternehmen gemeinsam einen weltweiten Umsatz von über 5 Milliarden Euro erreichen und mindestens zwei der beteiligten Unternehmen jeweils für sich genommen nicht mehr als zwei Drittel ihres gemeinschaftsweiten Umsatzes in ein und demselben Mitgliedsstaat erzielen. Sollten diese Umsatzschwellen nicht erreicht sein, besteht unter den Voraussetzungen des Art. 1 Abs. 3 FKVO die Möglichkeit der Anwendung der Fusionskontrollverordnung.[44] Erfüllt ein Zusammenschluss diese Voraussetzungen, so hat dies die Anmeldepflichtigkeit des Zusammenschlusses bei der EU-Kommission sowie die ausschließliche Zuständigkeit der Beurteilung der Zulässigkeit des Vorhabens der Kommission zur Folge.[45] Eine Einschränkung der Anwendbarkeit der europäischen Fusionskontrolle ergibt sich jeweils aus dem letzten Satzteil der Absätze 2 und 3 des Art. 1 der FKVO. Demnach ist trotz der Erreichung der in Art. 1 FKVO genannten Schwellenwerte die Zuständigkeit der Europäischen Kommission nicht gegeben, wenn die beteiligten Unternehmen jeweils mehr als zwei Drittel ihres gemeinschaftsweiten Umsatzes[46] in ein und demselben Mitgliedstaat erzielen. Hintergrund dieser Einschränkung ist, dass Zusammenschlüsse, die ihre Wirkung überwiegend auf nationaler Ebene, also maßgeblich in einem Mitgliedstaat entfalten, in dem Zuständigkeitsbereich

---

42 Becker/Knebel in MüKo, Bd. 2, Gesetz gegen Wettbewerbsbeschränkungen, § 36 Rn. 43.

43 Vgl. dazu auch Golz, Der sachlich relevante Markt bei Verlagserzeugnissen, S. 4 u. 5; Bunte in MMR-Beil, 2002, S. 1 (4).

44 Fink in Spindler/Schuster, Recht der elektronischen Medien, B. Europarecht, Rn. 48.

45 Fink in Spindler/Schuster, Recht der elektronischen Medien, B. Europarecht, Rn. 49.

46 Nicht bezogen auf den weltweiten Gesamtumsatz, vgl. BKartA, Merkblatt zur Europäischen Fusionskontrolle, S. 2, abzurufen unter: http://www.bundeskartellamt.de/SharedDocs/Publikation/DE/Merkbl%C3%A4tter/Merkblatt%20-%20Deutsche%20Fusionskontrolle.pdf?__blob=publicationFile&v=5.

der nationalen Wettbewerbsbehörden verbleiben sollen.[47] Darüber hinaus besteht die Möglichkeit der Verweisung an die nationalen Kartellbehörden der EU-Mitgliedstaaten durch die EU-Kommission gemäß Art. 9 FKVO auf Antrag eines Mitgliedstaates oder gemäß Art. 4 FKVO auf Antrag der beteiligten Unternehmen vor Anmeldung des Zusammenschlusses. Ebenso können die nationalen Kartellbehörden, sofern die Voraussetzungen der Zuständigkeit der EU-Kommission nicht gegeben sind, an selbige auf Antrag gemäß Art. 22 FKVO verweisen. Fehlt es einem Zusammenschluss an gemeinschaftsweiter Bedeutung, haben auch die beteiligten Unternehmen die Möglichkeit eine Verweisung gemäß Art. 4 Abs. 5 FKVO an die EU-Kommission zu beantragen, sofern das Vorhaben nach dem Wettbewerbsrecht mindestens dreier Mitgliedsstaaten geprüft werden könnte.[48]

b) Missbrauchsaufsicht §§ 19 ff. GWB/Art. 102 AEUV

Die europäische und die deutsche Missbrauchsaufsicht haben im Gegensatz zur Fusionskontrolle keinen präventiven, sondern einen reaktiven Charakter, der primär den Wettbewerb schützen soll.[49]

Die Missbrauchsaufsicht ist im Gegensatz zur Fusionskontrolle nicht in der Lage, aktiv Einfluss auf Veränderungen der Marktstruktur und des Wettbewerbs zu nehmen. Sie kann lediglich auf unternehmerische Verhaltensweisen reagieren, die durch eine bestimmte wettbewerbliche Struktur des Marktes ermöglicht werden.

Eine missbräuchliche Ausnutzung der Marktstellung ist dann gegeben, wenn „das Unternehmen die Aufrechterhaltung des in dem Markt noch bestehenden restlichen Wettbewerbs oder dessen Entwicklung durch die Verwendung von Mitteln verhindert, die regelmäßig von den Mitteln eines normalen Produkt- oder Dienstleistungswettbewerbs abweichen."[50].

---

47 BKartA, Merkblatt zur Europäischen Fusionskontrolle; Darüber hinaus enthält Art. 5 Abs. 3a und b FKVO Ausnahmen für Kreditinstitute und Versicherungen.

48 Siehe zu den Verweisungsanträgen: Bundeskartellamt, Merkblatt zum Anwendungsbereich der EU-Fusionskontrolle, S. 3–6, abzurufen unter: http://www.bundeskartellamt.de/SharedDocs/Publikation/DE/Merkbl%C3%A4tter/Merkblatt%20-%20Europ%C3%A4ische%20Fusionskontrolle.pdf;jsessionid=5762C999CB873E08743B7AE21A71DBB8.2_cid387?__blob=publicationFile&v=3.

49 Vgl. zur Möglichkeit eines Individualschutzes der Missbrauchsaufsicht: BKartA B9 – 144/1, S. 16 – DLH/Germania.; Emmerich, Kartellrecht, S. 339 Rn. 8.

50 BMWi, Zentrale Begriffe der kartellrechtlichen Missbrauchsaufsicht, S. 3, abzurufen unter: http://www.bmwi.de/Redaktion/DE/Downloads/E/erlaeuterung-zentraler-begriffe-missbrauchsaufsicht.pdf?__blob=publicationFile&v=1.

Sanktioniert werden einseitig vorgenommene wettbewerbsschädigende Verhaltensweisen von Unternehmen, die durch ihre starke Markposition einen gesteigerten Einfluss auf die betroffenen Märkte haben.[51] Das missbräuchliche Verhalten marktbeherrschender oder marktstarker Unternehmen kann sowohl gegenüber Lieferanten und Abnehmern beim Leistungsaustausch durch nachteilige Bedingungen, als auch gegenüber Konkurrenten seine Wirkung entfalten.[52]

Die Normadressatenschaft wird auch im Rahmen der Missbrauchsaufsicht durch das Einnehmen einer marktbeherrschenden Stellung ausgelöst bzw. an das Vorliegen von „Marktmacht" geknüpft und somit durch die Position des Unternehmens in dem relevanten Markt begründet. Dabei spielt im Gegensatz zur Fusionskontrolle nicht die Prognose der zu erwartenden Marktverhältnisse eine Rolle, sondern die Untersuchung eines in der Vergangenheit oder noch andauernden konkreten Verhaltens der betroffenen Unternehmen.[53] Im Mittelpunkt stehen die Marktverhältnisse zum Zeitpunkt des missbräuchlichen Verhaltens. Dementsprechend müssen die Kartellbehörden im Verwaltungsverfahren die vergangenen oder gegenwärtigen Verhältnisse, die in dem relevanten Markt herrschten oder herrschen, ihrer Beurteilung zugrunde legen.[54] Verfahren nach den §§ 19, 20, 21 GWB oder Art. 102 AEUV knüpfen stets an konkrete unternehmerische Verhaltensweisen an und sind somit immer Einzelfallentscheidungen. Im Rahmen der Missbrauchsaufsicht kann im Gegensatz zur Fusionskontrolle kein Einfluss auf die Struktur des Marktes genommen werden, es besteht lediglich die Möglichkeit auf Verhaltensweisen der Marktteilnehmer zu reagieren. Tendenziell wird man zukünftig vor dem Hintergrund des Normzweckes zu einer engen Marktabgrenzung kommen.

Art. 102 AEUV und § 19 GWB sind von ihrem Regelungsgehalt im Wesentlichen deckungsgleich. Beide Vorschriften enthalten sowohl eine Generalklausel, die im Allgemeinen das missbräuchliche Ausnutzen einer marktbeherrschenden Stellung verbietet, als auch einen nicht abschließenden Katalog an Regelbeispielen. Zudem enthält das deutsche Kartellrecht im Vergleich zur europäischen Missbrauchsaufsicht strengere innerstaatliche Vorschriften, die u.a. auch missbräuchliche Verhaltensweisen von Unternehmen mit relativer oder überlegender Marktmacht umfassen.[55] Bei der Anwendung nationalen Kartellrechts auf einseitige unternehmerische Verhaltensweisen, die potenziell zwischenstaatliche

---

51 Vgl. Fuchs in Immenga/Mestmäcker, GWB, § 19 Rn. 1.

52 Fuchs in Immenga/Mestmäcker, GWB, § 19 Rn. 4.

53 Golz, Der sachlich relevante Markt bei Verlagserzeugnissen, S. 5.

54 Golz, Der sachlich relevante Markt bei Verlagserzeugnissen, S. 46.

55 So enthält § 20 GWB Verbotstatbestände für Unternehmen mit lediglich relativer oder überlegener Marktmacht. Die Zulässigkeit strengerer innerstaatlicher Vorschriften im

Auswirkung entfalten, müssen die nationalen Kartellbehörden und Gerichte gemäß Art. 3 Abs. 1 S. 2 VO Nr. 1/2003 und § 22 Abs. 3 GWB auch das europäische Missbrauchsverbot anwenden.[56]

c) *Wettbewerbsbeschränkende Vereinbarungen § 1 GWB / Art. 101 AEUV*

Das Verbot wettbewerbsbeschränkender Vereinbarungen nach § 1 GWB im deutschen und Art. 101 AUEV im europäischen Kartellrecht, richtete sich gegen sämtliche vergangene, gegenwärtige oder auch zukünftige Verhaltensweisen von einem oder mehreren Unternehmen, die wettbewerbsbeschränkende Wirkung in den betroffenen Märkten entfalten. Durch das Tatbestandsmerkmal der Wettbewerbsbeschränkung weisen die Tatbestände des § 1 GWB und des Art. 101 AEUV ebenfalls einen Marktbezug auf.[57] Auch diese Tatbestände knüpfen somit an mehreren Stellen an die Definition des relevanten Marktes an: Für die Einleitung eines Verfahrens muss zunächst eine Verhaltensabstimmung zwischen miteinander im Wettbewerb stehenden Unternehmen vorliegen. In einem ersten Schritt der Überprüfung bestimmter Verhaltensabstimmung ist der Markt abzugrenzen, in dem die betroffenen Unternehmen tätig sind. Als weiteres, ungeschriebenes Tatbestandmerkmal fordern § 1 GWB und Art. 101 Abs. 1 AUEV die Spürbarkeit der Wettbewerbsbeschränkungen.[58] Zur Feststellung der Spürbarkeit der Wettbewerbsbeschränkung ist nicht auf die einzelnen Beteiligten abzustellen. Vielmehr muss die Einschränkung in dem Markt zu spüren sein, in dem die beteiligten Unternehmen tätig sind. Die Folgen der Absprache müssen zu einer spürbaren Verschiebung der Marktverhältnisse führen. Relevant wird somit der durch die wettbewerbsbeschränkende Absprache betroffene Markt.[59] Weist der Sachverhalt einen zwischenstaatlichen Bezug auf, d.h. die Verhaltensweise könnte den Handel zwischen den Mitgliedsstaaten der Europäischen Union im Sinne des Kartellverbotes beeinträchtigen, ist Art. 101 AUEV gemäß § 22 Abs. 1 GWB neben der nationalen Vorschrift anzuwenden.

Vergleich zur europäischen Missbrauchsaufsicht ergibt sich aus Art. 3 Abs. 2 Satz 2 VO 1/2003, § 22 Abs. 3 Satz 3 GWB.

56 Fuchs in Immenga/Mestmäcker, GWB, § 19 Rn. 69.

57 Rittner/Dreher/Kulka, Wettbewerbs- und Kartellrecht, S. 279 Rn. 730.

58 Golz, Der sachlich relevante Markt bei Verlagserzeugnissen, S. 56.

59 Vgl. zum Tatbestandsmerkmal der Spürbarkeit: Nordemann in Loewenheim/Meessen/Riesenkampff, GWB, § 1 Rn. 142.

Haben die Unternehmen die getroffene Vereinbarung noch nicht in die Tat umgesetzt, ist bei der Marktabgrenzung im Rahmen des § 1 GWB bzw. Art. 101 Abs. 1 AUEV eine Prognoseentscheidung erforderlich. In diesen Fällen sind zukünftige Marktentwicklungen zu berücksichtigen. Die Bewertung der relevanten Märkte bzw. der Entwicklung dieser Märkte ähnelt dann der entsprechenden Vorgehensweise im Rahmen der Fusionskontrolle. Wurde die Vereinbarung bereits umgesetzt, können die Kartellämter nur noch reaktiv tätig werden. In einem solchen Fall sind in der Regel sofortige Maßnahmen erforderlich. Die Möglichkeit der Kartellbehörden auf bereits erfolgtes Handeln mit sofortigen Maßnahmen zu reagieren stellt wiederum eine Gemeinsamkeit mit der Praxis der Missbrauchsaufsicht dar.[60]

Unabhängig davon, ob eine wettbewerbsbeschränkende Vereinbarung noch nicht umgesetzt wurde und somit eine Prognoseentscheidung erforderlich ist oder ob eine wettbewerbsbeschränkende Vereinbarung sich bereits auf den betroffenen Markt auswirkt, wird der relevante Markt vor dem Hintergrund der zu schützenden Wettbewerbsfreiheit tendenziell eng abgrenzt, da Kartelle grundsätzlich einen wettbewerbsschädigenden Charakter haben.

Von der Definition des relevanten Marktes auf Tatbestandsebene kann in der Praxis jedoch abgesehen werden, wenn ein sogenanntes Hardcore Kartell vorliegt, da ein solches stets eine wettbewerbsbeschränkende Wirkung für eine bestimmte Produkt- oder Dienstleistungsgruppe hat.[61] Von Hardcore Kartellen spricht man, wenn einziger Zweck einer Kollusion von Unternehmen ist, den Wettbewerb zu beschränken und dadurch die Marktmacht der beteiligten Unternehmen zu verstärken.[62]

d) Besondere Relevanz der Fusionskontrolle in den Medienwerbemärkten

Die rechtliche Relevanz der Marktabgrenzung im deutschen und europäischen Kartellrecht bei der Fusionskontrolle, der Missbrauchsaufsicht und bei der Beurteilung wettbewerbsbeschränkender Vereinbarungen kann nicht hoch genug eingeschätzt werden. Ihr kommt bei jeder Prüfung eine zentrale Funktion zu.

Findet eine weite Marktabgrenzung statt, so steigt damit potenziell die Zahl der sich in diesem Markt befindenden Wettbewerber. Die Marktanteile des zu

---

60 Golz, Der sachlich relevante Markt bei Verlagserzeugnissen, S. 56/57.

61 Rittner/Dreher/Kulka, Wettbewerbs- und Kartellrecht, S. 279 Rn. 730.

62 Zur ausführlichen Definition von Hardcore Kartelle siehe: Ewald in Wiedemann, Handbuch des Kartellrechts, § 7 Rn. 94.

beurteilenden Unternehmens sinken, was den Nachweis einer marktbeherrschenden Stellung erschwert. Wird ein Markt hingegen eng abgegrenzt, ist eine marktbeherrschende Stellung eines oder mehrerer Unternehmen eher nachweisbar. Damit sind die Voraussetzungen, eine geplante Fusion zu untersagen oder konkrete Verhaltensweisen eines Unternehmens zu sanktionieren, zwingender gegeben. Der Abgrenzung des relevanten Marktes durch die Kartellbehörden kommt somit eine richtungsweisende Funktion in den kartellrechtlichen Verfahren zu. Dabei bestehen, wie oben dargestellt, grundsätzliche Unterschiede zwischen den Regelungszwecken der Missbrauchsaufsicht und der Fusionskontrolle. Obwohl strukturelle Unterschiede der Eingriffsnormen bei der Abgrenzung des relevanten Marktes durch unterschiedliche Gewichtung der einzelnen Abgrenzungskriterien zu berücksichtigen sind und es somit zu einer tendenziell engen oder weiten Marktabgrenzung kommen kann, bleiben die Grundsätze für die Definition der Marktabgrenzung sowohl bei der Missbrauchsaufsicht als auch bei der Fusionskontrolle gleich.[63]

Ohne Beachtung des wettbewerbsrechtlichen Zwecks der einschlägigen Norm sowie aller im Einzelfall vorliegenden Umstände ist eine sachgerechte Marktabgrenzung nicht möglich. Zwar sind die wesentlichen Grenzen für die Marktabgrenzung normübergreifenden akzeptiert, die Nuancierung hingegen obliegt dem jeweiligen Rechtsanwender im Einzelfall. Erst durch die Auslegung der Kartellbehörden und Gerichte gewinnt der unbestimmte Rechtsbegriff des relevanten Marktes an Schärfe.[64]

Dabei spielt die Fusionskontrolle im Bereich der Medienwerbemärkte eine besondere Rolle, da durch sie in Unterscheidung zur Missbrauchsaufsicht aktiv Einfluss auf die Struktur eine Marktes genommen werden kann, indem geplante Vorhaben vorab untersagt werden. Die in dem Fusionskontrollverfahren verankerte Prognoseentscheidung birgt jedoch gleichzeitig die Gefahr, dass Marktentwicklungen seitens der Kartellbehörden und Gerichte falsch eingeschätzt werden und es so zu Ergebnissen bei der sachlichen Marktabgrenzung kommt, die nur kurzfristig die Marktgegebenheiten realistisch widerspiegeln.

Diese Problematik wird insbesondere bei sich dynamisch entwickelnden Märkten wie den Medienwerbemärkten sichtbar. Sie legt den Grundstein

63 So auch: Knauss, Die räumliche Marktabgrenzung in der Fusionskontrolle und Missbrauchsaufsicht, S. 17.

64 Vgl. zur Auslegungsbedürftigkeit des Rechtsbegriffes „relevanter Markt": BMWi, Erläuterung zentraler Begriffe: Missbrauchsaufsicht, S. 1, abzurufen unter: http://www.bmwi.de/Redaktion/DE/Downloads/E/erlaeuterung-zentraler-begriffe-missbrauchsaufsicht.pdf?__blob=publicationFile&v=1.

für die These dieser Arbeit: die vor wenigen Jahren vorgenommene sachliche Marktabgrenzungen und die damit einhergehenden Prognosen hinsichtlich der Entwicklung des Medienwerbemarktes sind heute nicht mehr belastbar.[65] Die Konvergenz der Medien und eine zunehmende crossmediale Verflechtung der Marktakteure macht es – wie im Verlauf der Arbeit zu zeigen ist – erforderlich, die Medienwerbemärkte so zu definieren, dass diese Beurteilung der Marktentwicklung auch die besondere Dynamik der Onlinewerbemärkte hinreichend abdeckt.

3. Das Marktmachtkonzept

Zentraler Grundsatz der in der EU bestehenden offenen Marktwirtschaft mit freiem Wettbewerb ist die Freiheit der Akteure, ihr Handeln in den Märkten selbst zu bestimmen. Dieser Grundsatz gilt unabhängig von der konkreten Ausgestaltung der Wirtschaftsordnungen auch innerhalb der einzelnen Mitgliedstaaten.[66] Durchbrochen wird diese für alle geltende Handlungsfreiheit durch partielle Regulierungen von staatlicher Seite. Die Kartellbehörden sowie die zuständigen Gerichte sind allerdings nur dann legitimiert in wirtschaftliche Prozesse einzugreifen, wenn der Markt die ihm zugewiesenen Aufgaben nicht erfüllt.[67] Liegt ein funktionierender Markt vor, ist das Eingreifen Dritter in wirtschaftliche Prozesse nicht erforderlich.

Die zentrale Fragestellung für die Rechtfertigung eines Eingreifens in die freie Marktwirtschaft ist somit, ob ein Marktversagen gegeben ist, das eine Regulierung von staatlicher oder europäischer Seite erforderlich macht. Um diese Frage zu beantworten, ist es zunächst erforderlich festzulegen, was einen funktionierenden Markt ausmacht. Das zentrale Eingriffskriterium für die deutsche und europäische Missbrauchsaufsicht nach §§ 18 ff. GWB bzw. Art. 102 AEUV ist das Vorliegen einer marktbeherrschenden bzw. marktstarken Stellung beteiligter Unternehmen. In der deutschen Fusionskontrolle stellt § 36 Abs. 1 GWB seit der 8. GWB Novelle vornehmlich darauf ab, die Frage zu klären, ob ein Zusammenschluss zu einer erheblichen Behinderung wirksamen Wettbewerbes führt.[68] Dieser Prüfungsmaßstab wurde aus dem europäischen Kartellrecht übernommen: Bereits seit der Neufassung der FKVO Nr. 139/2004 im Mai 2004 ist im

---

65 Siehe Teil 3, D.

66 Vgl. Theilmann, Der Begriff des relevanten Marktes im deutschen und europäischen Medienkartellrecht, S. 35/36.

67 Cárdenas, Rolle Kriterien und Methodik der kartellrechtlichen Marktabgrenzung, S. 7.

68 Fuchs/Möschel in Immenga/Mestmäcker, GWB, § 18 Rn. 17.

europäischen Wettbewerbsrecht für die Fusionskontrolle gemäß Art. 2 FKVO die erhebliche Behinderung wirksamen Wettbewerbs alleiniges Untersagungskriterium.[69] Die Begründung oder Verstärkung einer marktbeherrschenden Stellung bleibt als Regelbeispiel eines Falles erheblicher Behinderung wirksamen Wettbewerbs von maßgeblicher Relevanz. Die Neufassungen der Vorschriften des GWB und die Neufassung der FKVO verdeutlichen, dass der Begriff der Marktbeherrschung in unmittelbarem Zusammenhang mit der Frage nach dem Bestehen eines funktionsfähigen Wettbewerbs steht.[70]

a) *Funktionsfähiger Wettbewerb*

Wettbewerb ist das zentrale Element der freien Marktwirtschaft, dennoch sind alle Versuche, eine allgemeingültige Definition des Wettbewerbsbegriffes zu finden, bislang gescheitert. Dies mag auch daran liegen, dass es kaum möglich erscheint, das Idealmodell eines funktionsfähigen Wettbewerbs zu finden, das nicht durch einzelne Märkte oder Wirtschaftszweige falsifiziert werden kann.[71] Angesicht der Vielschichtigkeit von Wettbewerbsprozessen in der modernen Wirtschaft scheint eine verbindliche Definition des Wettbewerbsbegriffes – wie bereits angesprochen – nicht nur wenig sinnvoll, sondern im Rahmen des Kartellrechts auch nicht notwendig zu sein.[72] Das Wettbewerbsrecht schützt vor allem die wettbewerbliche Handlungsfreiheit der einzelnen Akteure und nicht nur bestimmte gesamtwirtschaftliche Zielvorstellungen und Ergebnisse.[73]

Wirtschaftliche Handlungsfreiheit bestimmt sich nach der jeweilig einschlägigen Wirtschaftsordnung.[74] In der freien Marktwirtschaft steht das Streben von Unternehmen auf Anbieter oder Nachfrageseite nach Geschäftsabschlüssen mit Dritten, seien es Kunden oder Lieferanten, zur Förderung des eigenen Unternehmens im Mittelpunkt.[75] Wirksamer Wettbewerb wird dann erheblich erschwert, wenn ein Markt durch die Marktmacht Einzelner ineffizient wird und somit ein oder mehrere Unternehmen in der Lage sind, die zentralen Faktoren eines Marktes, wie beispielsweise den Preis der angebotenen Güter oder Dienstleistungen,

69 Riesenkampff/Leer in Loewenheim/Meessen/Riesenkampff, EWG VO 139/2004, Art. 2 Rn. 53; Fuchs/Möschel in Immenga/Mestmäcker, GWB, § 18 Rn. 17.

70 Zimmerlich, Marktmacht in dynamischen Märkten, S. 37.

71 Nordemann in Löwenheim/Meessen/Riesenkampff, GWB, § 1 Rn. 79.

72 Vgl. Gloy in Gloy/Loschelder/Erdmann, Handbuch des Wettbewerbsrechts, S. 128, Rn. 3.

73 Vgl. Nordemann in Löwenheim/Meessen/Riesenkampff, GWB, § 1 Rn. 79.

74 Vgl. Emmericht, Kartellecht, S. 2, Rn. 2/3.

75 Gloy in Gloy/Loschelder/Erdmann, Handbuch des Wettbewerbsrechts, S. 128 Rn. 2.

einseitig zu bestimmen.[76] Zwar haben Wirtschaftswissenschaftler mehrere Konzepte und Leitbilder zur konkreten Ermittlung und Feststellung von Wettbewerb entwickelt, die weit über die oben getroffenen Aussagen hinausgehen,[77] weder im deutschen noch im europäischen Recht ist jedoch eine verbindliche Festlegung auf ein Konzept oder Leitbild für das, was einen funktionierenden Wettbewerb in einer freien Marktwirtschaft ausmacht, erfolgt.[78] Zwar könnte bei der Definition des Wettbewerbsbegriffes im Wettbewerbsrecht auch auf wirtschaftswissenschaftliche Erkenntnisse und Fakten zurückgegriffen werden, jedoch unterliegt jeder Wettbewerb einem dynamischen Prozess. Daraus ergibt sich, dass jedwede Festschreibung eines ganzheitlichen Konzeptes für das Wettbewerbsrecht die Gefahr bergen könnte, den Anwendungsbereich der Normen bzw. die Eingriffslegitimation der Kartellbehörden und zuständigen Gerichte zum Nachteil des Allgemeinwohls zu beschneiden.[79] Unter Heranziehung der jeweiligen Aspekte des Einzelfalls und der Berücksichtigung der Faktoren Marktstruktur, Marktverhalten und Marktergebnis, ist deshalb von dem jeweiligen Rechtsanwender eine Gesamtschau zur Beurteilung der Wettbewerbslage vorzunehmen.[80] Dies ermöglicht es, einen ordnungspolitischen Rahmen zu setzen und zeitgleich der Dynamik der Wirtschaft sowie den einzelnen Normzwecken der Eingriffstatbestände gerecht zu werden.[81] Da auch der Normzweck in diesem Erkenntnisverfahren eine wichtige Rolle spielt, ist nicht auszuschließen, dass die inhaltliche Bestimmung des Wettbewerbes bei den unterschiedlichen Tatbeständen voneinander

---

76 Vgl. zur Ineffizienz eines Marktes: Schwalbe/Zimmer, Kartellrecht und Ökonomie, S. 53 ff.

77 Zu den angesehensten Konzepten gehören insbesondere das vielfach weiterentwickelte „Workable Competition“ Konzept, das zurückgeht auf John M. Clark (Toward a Concept of Workable Competition, The American Economic Review, 30 (2), S. 241 – 256; sowie das darauf basierende „Leitbild der optimalen Wettbewerbsintensität“ von Erhard Kantzenbach (Funktionsfähigkeit des Marktes, 1966).

78 Meessen in Loewenheim/Meessen/Riesenkampff, Kartellrecht, A. II. Rn. 6.

79 Gloy in Gloy/Loschelder/Erdmann, Handbuch des Wettbewerbsrechts, S. 128, Rn. 3/5.

80 Meessen in Loewenheim/Meessen/Riesenkampff, Kartellrecht, A. II. Rn. 7.

81 Vgl. zur Auslegung unbestimmter Rechtsbegriffe in Bezug auf den „relevanten Markt“ und die „marktbeherrschende Stellung“: BMWi, Erläuterung zentraler Begriffe: Missbrauchsaufsicht, S. 1, abzurufen unter: http://www.bmwi.de/Redaktion/DE/Downloads/E/erlaeuterung-zentraler-begriffe-missbrauchsaufsicht.pdf?__blob=publicationFile&v=1.

abweicht. Durch die Auslegung der Kartellbehörden und der Gerichte gewinnt der unbestimmte Rechtsbegriff an Kontur und Schärfe.[82]

b) Marktbeherrschungskriterium in Missbrauchsaufsicht und Fusionskontrolle

Die Marktstruktur ist für den Eingriff der Kartellbehörden von besonderer Relevanz. Sie lässt insbesondere dann auf einen nicht funktionsfähigen Wettbewerb schließen, wenn eines oder mehrere Unternehmen eine marktbeherrschende Stellung in dem in einem ersten Schritt definierten sachlich und räumlich relevanten Markt haben. Bezugspunkt der Marktbeherrschung ist somit der relevante Markt. Das Markbeherrschungskriterium, das im Rahmen der Missbrauchsaufsicht und der Fusionskontrolle der Rechtfertigung eines Eingriffes der Kartellbehörden und Gerichte dient, ist im deutschen Kartellrecht in § 18 Abs. 1 und Abs. 5 GWB legal definiert. Die Konkretisierung des Marktbeherrschungsbegriffes befindet sich im zweiten Abschnitt des Gesetzes und findet sowohl bei der Missbrauchsaufsicht als auch bei der Zusammenschlusskontrolle Anwendung. Zunächst ist zwischen Einzel- und Oligopolmarktbeherrschung zu unterscheiden.[83] Kennzeichnend für die Marktbeherrschung eines einzelnen Unternehmens ist gemäß § 18 Abs. 1 GWB, dass das jeweilige Unternehmen auf dem sachlich oder räumlich relevanten Markt ohne Wettbewerb ist (Nr. 1), keinem wesentlichen Wettbewerb ausgesetzt ist (Nr. 2) oder eine im Verhältnis zu den Wettbewerber überragende Marktstellung hat (Nr. 3). § 18 Abs. 3 GWB enthält einen Katalog an beispielhaft aufgelisteten Kriterien, die bei der Beurteilung einer überragenden Marktstellung im speziellen zu berücksichtigen sind. Im Rahmen der 9. GWB Novelle wurden durch die Einführung des § 18 Abs. 3a GWB Kriterien normiert, mittels derer sich der Ordnungsrahmen des Wettbewerbsrechts auch den Entwicklungen der digitalen Wirtschaft anpasst. Die in § 18 Abs. 3a GWB aufgeführten Kriterien zielen speziell auf die Marktmachtbewertung von Plattformen und Netzwerken ab.

---

82 Vgl. zur Auslegungsbedürftigkeit unbestimmter Rechtsbegriffe in Bezug auf den „relevanten Markt“ und die „marktbeherrschende Stellung“: BMWi, Erläuterung zentraler Begriffe: Missbrauchsaufsicht, S. 1, abzurufen unter: http://www.bmwi.de/Redaktion/DE/Downloads/E/erlaeuterung-zentraler-begriffe-missbrauchsaufsicht.pdf?__blob=publicationFile&v=1.

83 Vgl. dazu auch: Fuchs/Möschel in Immenga/Mestmäcker, GWB, § 18 Rn. 18.

Darüber hinaus enthält § 18 Abs. 4 GWB eine Marktbeherrschungsvermutung, die ab einem Marktanteil von mindestens 40 % greift.[84] Wann eine Oligopolmarktbeherrschung vorliegt, ist in § 18 Abs. 5 GWB geregelt. Demgemäß sind mehrere Unternehmen gemeinsam marktbeherrschend, wenn kein wesentlicher Wettbewerb im Innenverhältnis zwischen den Oligopolisten vorliegt (Nr. 1) oder sie in ihrer Gesamtheit im Außenverhältnis zu den übrigen Wettbewerbern die Voraussetzungen des § 18 Abs. 1 GWB erfüllen. Eine entsprechende Vermutung enthält § 18 Abs. 6 GWB. Demnach gilt eine Gesamtheit von Unternehmen als marktbeherrschend, wenn sie „aus drei oder weniger Unternehmen besteht, die zusammen einen Marktanteil von 50 % erreichen, oder aus fünf oder weniger Unternehmen besteht, die zusammen einen Marktanteil von zwei Drittel erreichen."[85] Diese Vermutung kann jedoch nach den Voraussetzungen des § 18 Abs. 7 GWB widerlegt werden.[86]

Die in § 18 GWB enthaltene Begriffsbestimmung erstreckt ihre Geltung grundsätzlich auf das gesamte GWB und somit auch auf die Fusionskontrolle.[87]

Auch bei der europäischen Missbrauchsaufsicht sowie der Fusionskontrolle ist für das Eingreifen der Kartellbehörden die Feststellung einer marktbeherrschenden Stellung erforderlich. Im Gegensatz zu der korrespondierenden Vorschrift im deutschen Kartellrecht enthält Art. 102 AEUV keine Definition des Begriffes der marktbeherrschenden Stellung. Die genaue Bestimmung dessen entwickelte sich im Rahmen der Rechtsprechung des Europäischen Gerichtshofes sowie der Entscheidungspraxis der Kommission. Über mehrere Entscheidungen hinweg hat sich eine Standarddefinition herausgebildet, die erstmalig in der Rechtssache „United Brands"[88] vorgebracht wurde: eine marktbeherrschende Stellung läge dann vor, wenn ein Unternehmen über eine wirtschaftliche Machtstellung verfüge, die es in die Lage versetze, sich in Bezug auf die betreffende Ware oder Leistung „seinen Konkurrenten, seinen Kunden und letztlich den Verbrauchern gegenüber in nennenswertem Umfang unabhängig

---

84 Fuchs/Möschel in Immenga/Mestmäcker, GWB, § 18 Rn. 18.

85 § 18 Abs. 6 Nr. 1 und Nr. 2 GWB.

86 Fuchs/Möschel in Immenga/Mestmäcker, GWB, § 18 Rn. 19.

87 Wiedemann, Handbuch des Kartellrechts, § 23 Rn. 6. Das BKartA hat 2012 eine Neuauflage des „Leitfaden zur Marktbeherrschung in der Fusionskontrolle" herausgegeben, die für die Konkretisierung des Marktbeherrschungstatbestandes im Rahmen der Fusionskontrolle herangezogen werden kann. Allerdings sind nicht alle Kriterien ohne weiteres auf die Missbrauchsaufsicht übertragbar. Vgl dazu: Fuchs/Möschel in Immenga/Mestmäcker, GWB, § 18 Rn. 19.

88 EuGH, 27/76, Slg. 1978, 207 – United Brands.

zu verhalten“[89].[90] Eine vollständige Ausschaltung des Wettbewerbes in dem betroffenen Markt ist nicht erforderlich.[91]

Zwei Elemente stehen bei der Bestimmung einer marktbeherrschenden Stellung im Mittelpunkt. Zum einen die Fähigkeit des betroffenen Unternehmens seine Mitbewerber zu behindern, zum anderen die Fähigkeit des Unternehmens zur autonomen Gestaltung des Wettbewerbsverhaltens.[92] Strittig ist im Schrifttum, ob die beiden Elemente kumulativ oder alternativ vorliegen müssen. In der Praxis hingegen betont der EuGH, dass es sich bei den beiden Elementen um verschieden Aspekte desselben Verhaltens handle und es sich somit weder um kumulative noch um alternative Bedingungen handle.[93] Wie im deutschen Kartellrecht wird auch im europäischen Kartellrecht im Zusammenhang mit der Feststellung einer marktbeherrschenden Stellung zwischen Einzelmarktbeherrschung und kollektiver Marktbeherrschung unterschieden. Die Marktstruktur ist auch im europäischen Recht Ausgangspunkt sowie maßgeblicher Faktor zur Bestimmung einer marktbeherrschenden Stellung.[94] Einzelmarktbeherrschung ist in jedem Fall gegeben, wenn das betroffene Unternehmen in dem relevanten Markt über eine Monopolstellung verfügt. Liegt ein faktisches oder ein gesetzliches Monopol nicht vor, kann sich die Marktbeherrschung eines einzelnen Unternehmens auch aus dem Besitz erheblicher Marktanteile ergeben.[95] Der EuGH hat dies bislang bei Marktanteilen von mehr als 50 % angenommen.[96] Unterschreitet der Marktanteil 50 % deutlich, so kann eine marktbeherrschende Stellung nur dann angenommen werden, wenn weitere wesentliche Umstände hinzutreten, die eine Marktbeherrschung trotz dessen begründen, wie z.B. das Vorliegen erheblicher Marktzutrittsschranken.[97]

---

89 EuGH, 27/76, Slg. 1978, 207, Rn. 65 – United Brands.

90 Brinker in Schwarze, EU, Art. 102 Rn. 11; Weiß in Calliess/Ruffert, EUV/AEUV, Art. 102 AUEV Rn. 7; So auch zu Art. 82 EG (a.F): Eilmansberger in Müko, Europäisches Wettbewerbsrecht, Art 82 EG Rn. 71; Bulst in Langen/Bunte, Bd. 2, Art. 82 Rn. 33/34.

91 Weiß in Calliess/Ruffert, EUV/AEUV, Art. 102 AEUV Rn. 7.

92 Eilmansberger in Müko, Europäisches Wettbewerbsrecht, Art. 82 EG Rn. 72.

93 Vgl. Weiß in Callies/Ruffert, EUV/AUEV, Art. 102 AEUV Rn. 8: Zum Streit im Schriftum, zu Art. 82 EG (a.F): Eilmansberger in MüKo, Europäisches Wettbewerbsrecht, Art. 82 EG, Rn. 72/73.

94 Frenz, Handbuch Europarecht, Bd. 2, S. 426 Rn. 1200.

95 Brinker in Schwarze, EU, Art. 102 AEUV Rn. 13.

96 EuGH verbs. RS 40/73 u.a., Suiker Unie, Slg 1975, 1663 Rn. 379 ff.; EuGH Rs. C-62/86, AKZO, Slg 1991, I 3359 Rn. 60f.

97 Brinker in Schwarze, EU, Art. 102 AEUV Rn. 13.

Bei der kollektiven Marktbeherrschung begründen mehrere Unternehmen gemeinsam eine marktbeherrschende Stellung.

Im Rahmen der Fusionskontrolle spricht der neugefasste Wortlaut des Art. 2 FKVO von dem Erfordernis einer „erheblichen Behinderung wirksamen Wettbewerbs“[98]. Im Erwägungsgrund 26 zur FKVO wird allerdings betont, dass eine erhebliche Behinderung wirksamen Wettbewerbs „im Allgemeinen aus der Begründung oder Stärkung einer beherrschenden Stellung“[99] resultiert.[100] Auch in den Leitlinien für horizontale Zusammenschlüsse wird festgehalten, dass die wohl wichtigste Form einer eheblichen Behinderung wirksamen Wettbewerbs die Begründung oder Verstärkung einer marktbeherrschenden Stellung sei.[101] Zur Bestimmung dessen können, wie im deutschen Kartellrecht, die Kriterien zur Feststellung der Marktbeherrschung im Rahmen der Missbrauchsaufsicht als Auslegungshilfe herangezogen werden.

In der Praxis kann das Tatbestandsmerkmal der marktbeherrschenden Stellung im Rahmen der Missbrauchsbrauchsaufsicht und der Fusionskontrolle partiell unterschiedlich auszulegen zu sein. Nuancierte Unterscheidungen sind dadurch begründet, dass es sich bei der Fusionskontrolle um ein präventives wettbewerbsrechtliche Instrument handelt, bei dem eine prospektive Analyse erforderlich ist, wohingegen die Missbrauchsaufsicht ein reaktives wettbewerbsrechtliches Instrument darstellt, dass eine retrospektive Analyse bereits existierender Markstrukturen erfordert.[102] Somit sind auch im Rahmen der Feststellung einer marktbeherrschenden Stellung der jeweilige Normzweck sowie die Umstände des Einzelfalls zu berücksichtigen, was zu einer unterschiedlichen Gewichtung der für die Bestimmung relevanten Faktoren im Rahmen der Gesamtbetrachtung führen kann.[103]

Dass es sich im Rahmen der Fusionskontrolle um eine prospektive Analyse einer Markbeherrschung handelt, ist mit Blick auf die Beurteilung der Onlinewerbemärkte von besonderer Bedeutung, wie sich im weiteren Verlauf der Arbeit noch zeigen wird. Neben der Marktabgrenzung ist die Marktbeherrschung ein weiteres Merkmal im kartellrechtlichen Verfahren, das von den Kartellbehörden

---

98 Art. 2 FKVO.

99 Der Rat der Europäischen Union, Erwägungsgründe zur FKVO 139/2004, Erwägungsgrund 26.

100 Montag/v. Bonin in MüKo, EU Wettbewerbsrecht, Art. 2 FKVO Rn. 80.

101 Vgl. Leitlinien für horizontale Zusammenschlüsse, Rn. 2; Montag/v. Bonin in MüKo, Europäisches Wettbewersbrecht, Art. 2 FKVO Rn. 80.

102 Bulst in Langen/Bunte, Bd. 2, Art. 82 EG Rn. 32.

103 Fuchs/Möschel in Immenga/Mestmäcker, GWB, § 18 Rn. 20.

und Gerichten prognostisch zu beurteilen ist. Dies birgt insbesondere bei Märkten, die sich erst in der Entwicklung befinden, verschiedene Erschwernisse, wie sich auch bei der Analyse zweier exemplarischer Verfahren in Teil 3 dieser Arbeit zeigen wird.

c) Der SIEC-Test in der deutschen und europäischen Fusionskontrolle

Das Kartellrecht sieht in der Fusionskontrolle sowohl auf europäischer als auch auf deutscher Ebene neben der Entstehung oder Verstärkung einer marktbeherrschenden Stellung noch eine weitere Eingriffs- bzw. Untersagungslegitimation vor: die erhebliche Behinderung wirksamen Wettbewerbs.

Im Rahmen der Überlegungen, im Kartellrecht verstärkt ökonomische Methoden anzuwenden („more economic approach"), um so den Wettbewerb effizient schützen zu können, wurde bereits 2004 auf europäischer Ebene mit der Reform der FKVO für die Fusionskontrolle das zusätzliche materielle Untersagungskriterium eingeführt, der sog. SIEC-Test („significant impediment of effective competition").[104] Demnach können Zusammenschlüsse, die in bestimmten Fällen zu einer erheblichen Behinderung wirksamen Wettbewerbs im gemeinsamen Markt oder wesentlichen Teilen dessen führen würden, untersagt werden, ohne dass eine Marktbeherrschung der beteiligten Unternehmen vorliegen oder durch den Zusammenschluss begründet werden muss.[105] Mit der 8. GWB Novelle passte sich auch die deutsche Fusionskontrolle dem EU-Recht an und führte den SIEC-Test ein, so dass eine Fusion gemäß § 36 Abs. 1 GWB auch untersagt werden kann, wenn durch sie wirksamer Wettbewerb erheblich behindert würde.[106]

Der SIEC-Test wurde eingeführt, um Schutzlücken, die bei der Anwendung des Marktbeherrschungstestes entstehen können, zu schließen. Er ist weiter gefasst als der Marktbeherrschungstest und soll Untersagungen ermöglichen, die mit dem Marktbeherrschungstest nicht begründet werden können.[107] In der

---

104 BKartA, Marktbeherrschung und SIEC-Test (Hintergrundpapier), S. 1/2, abzurufen unter: http://www.bundeskartellamt.de/SharedDocs/Publikation/DE/Diskussions_Hintergrundpapier/Bundeskartellamt%20-%20Marktbeherrschungs%20und%20SIEC%20Test.pdf?__blob=publicationFile&v=5; der Test entspricht im Wesentlichen auch dem in den USA üblichen SLC-Test („substantial lessening of competition"-Test).

105 Körber in Immenga/Mestmäcker, EU Wettbewerbsrecht, FKVO Art. 2 Rn. 199/202.

106 Beckmann/Müller in Hoeren/Siebert/Holznagel, Multimediarecht, Teil 10 Kartellrecht, C., I., Rn. 61.

107 Thomas in Immenga/Mestmäcker, GWB, § 36 Rn. 43.

Praxis bedeutet dies, dass von den Behörden bzw. Gerichten nicht mehr nur die Marktbeherrschungsregelbeispiele zu prüfen sind, sondern für eine Freigabe auch festgestellt werden muss, dass durch den Zusammenschluss keine sonstigen erheblichen Wettbewerbsbehinderung ermöglicht werden.[108] Im Fokus sind dabei insbesondere horizontale Zusammenschlüsse auf oligopolistisch strukturierteren Märkten.[109] Der SIEC-Test soll die Möglichkeit eröffnen, Wirkungen von Fusionen abzubilden, bei denen die Einzelmarktbeherrschungsschwelle nicht erreicht wird, die aber durch unilaterale Effekte dennoch negative Auswirkungen auf den Wettbewerb haben kann.[110] In der Kartellrechtspraxis scheint sich allerdings heraus zu kristallisieren, dass es bis jetzt kaum *gap-cases* gibt, in denen das Marktbeherrschungskriterium nicht erfüllt ist und es somit im Wesentlichen auf den SIEC-Test ankommt.[111]

4. Unternehmen als Adressaten des deutschen und europäischen Kartellrechts

Sowohl das deutsche als auch das europäische Kartellrecht hat als Normadressaten Unternehmen im Fokus. Zwar gibt es verschiedene Definitionen des Unternehmensbegriffes im Schrifttum, in der Rechtsprechung maßgeblich ist im Rahmen des Wettbewerbsrecht, wie eingangs definiert, allerdings der sog. funktionale Unternehmensbegriff, bei dem die Ausübung einer kommerziellen oder wirtschaftlichen Tätigkeit das entscheidende Kriterium zu Qualifizierung als Unternehmen darstellt.[112] Hintergrund dessen ist die Ausklammerung des privaten Verbrauchers vom Anwendungsbereich der kartellrechtlichen Eingriffsnormen.[113] Dabei ist die Rechtsform für die Qualifizierung als Unternehmen

---

108 Thomas in Immenga/Mestmäcker, GWB, § 36 Rn. 21.

109 BKartA, Marktbeherrschung und SIEC-Test (Hintergrundpapier), S. 4, abzurufen unter: http://www.bundeskartellamt.de/SharedDocs/Publikation/DE/Diskussions_Hintergrundpapier/Bundeskartellamt%20-%20Marktbeherrschungs%20und%20SIEC%20Test.pdf?__blob=publicationFile&v=5.

110 Thomas in Immenga/Mestmäcker, GWB, § 36 Rn. 43.

111 Vgl. BKartA, Marktbeherrschung und SIEC-Test (Hintergrundpapier), S. 5/6, abzurufen unter: http://www.bundeskartellamt.de/SharedDocs/Publikation/DE/Diskussions_Hintergrundpapier/Bundeskartellamt%20-%20Marktbeherrschungs%20und%20SIEC%20Test.pdf?__blob=publicationFile&v=5; Thomas in Immenga/Mestmäcker, GWB, § 36, Rn. 45 u. 46.

112 Emmericht, Kartellrecht, S. 28 Rn. 25; vgl. auch: EuGH Slg, 1984, 2999 (3016); So auch Art. 1 des Protokolls 22 zum EWR-Abkommen; vgl. zum funktionellen Unternehmensbegriff: A.I. 1. d)).

113 Stockmann in Loewenheim/Meessen/Riesenkampff, Kartellrecht, GWB, § 130 Rn. 23.

unerheblich. Entscheidendes Beurteilungskriterium ist, dass eine Einheit, unabhängig von ihrer Finanzierung oder Rechtform, selbständige, nicht rein private oder außerhalb des Erwerbslebens liegende Tätigkeiten ausübt, die in der Erzeugung oder Verteilung gewerblicher Leistungen liegen.[114] Als wirtschaftliche Einheit im vorgenannten Sinne ist jede Personenvereinigung sowie sonstige Einrichtung anzusehen, die sich selbstständig am wirtschaftlichen Verkehr beteiligt.[115] Da eine Gewinnerzielungsabsicht nicht erforderlich ist, unterliegen auch gemeinnützige Unternehmen den Vorschriften des Kartellrechts.[116] Unternehmen, die öffentlich-rechtlich organisiert sind, können ebenfalls vom Normadressatenkreis umfasst sein. Voraussetzung dafür ist entsprechend der Definition des funktionalen Unternehmensbegriffes, dass sie wirtschaftliche Leistungen anbieten oder diese nachfragen.[117]

5. Notwendigkeit der Marktabgrenzung

In der Kartellrechtspraxis wird im Rahmen der kartellrechtlichen Verfahren von der Notwendigkeit der Marktabgrenzung und somit von einem zweistufigen Ansatz der Ermittlung von Marktmacht ausgegangen. Dennoch gibt es vereinzelt Stimmen, welche die Abgrenzung des relevanten Marktes für entbehrlich halten. Es stellt sich somit die Frage, ob die separate, in einem ersten Schritt vorzunehmende Marktabgrenzung tatsächlich erforderlich ist, um die von den beteiligten Unternehmen ausgehende Marktmacht sachgerecht feststellen zu können. Diese Fragestellung ist vorliegend von besondere Bedeutung, da diese Arbeit – zum Teil abweichend von aktuellen Tendenzen in der Kartellrechtpraxis – die Marktabgrenzung bei der Fusionskontrolle im Bereich der Medienwerbemärkte zunächst in den Mittelpunkt des Verfahrens stellt, um darauf aufbauend die Marktbeherrschung oder die erhebliche Behinderung wirksamen Wettbewerbs nachvollziehbarer und konsequenter abbilden zu können.

a) Zweistufiger Ansatz

Die herrschende Meinung sowie die Rechtsprechung der zuständigen Gerichte gehen davon aus, dass zur Ermittlung der konkreten Marktmacht eines oder

114 Stockmann in Loewenheim/Meessen/Riesenkampff, Kartellrecht, GWB, § 130 Rn. 23; Emmerich, Kartellrecht, S. 28 Rn. 24/25.

115 Emmerich, Kartellrecht, S. 28 Rn. 26.

116 Emmerich, Kartellrecht, S. 28 Rn. 24/25; Stockmann in Loewenheim/Meessen/Riesenkampff, Kartellrecht, GWB, § 130 Rn. 23.

117 Stockmann in Loewenheim/Meessen/Riesenkampff, Kartellrecht, GWB, § 130 Rn. 23.

mehrerer Unternehmen eine zweistufige Prüfung erforderlich ist.[118] Dabei ist sowohl im deutschen als auch im europäischen Kartellrecht in einem ersten Schritt der relevante Markt üblicherweise in drei Dimensionen abzugrenzen: sachlich, räumlich sowie gegebenenfalls zeitlich.[119]

Daran anknüpfend werden in einem zweiten Schritt auf dem bereits abgegrenzten Markt die Anteile des Unternehmens, dessen Marktmacht man bestimmen will, ermittelt und beurteilt. Eine genaue Definition des relevanten Marktes wird demnach als Grundlage angesehen, um die Marktmacht eines oder mehrerer Unternehmen sachgerecht beurteilen zu können.[120]

b) Einstufiger Ansatz

Obwohl nach herrschender Meinung die Marktbeherrschung in einem Doppelschritt ermittelt wird,[121] gibt es vereinzelt Vertreter einer einstufigen Vorgehensweise zur Ermittlung von Marktmacht, welche die Existenzberechtigung des relevanten Marktes anzweifeln.[122]

Corwin D. Ewards, ehemaliger Chefökonom der Federal Trade Commission der USA, formulierte erstmalig in den fünfziger und sechziger Jahren Thesen zur

---

118 Fuchs/Möschel in Immenga/Mestmäcker, GWB § 18 Rn. 23; Baur „Der relevante Markt – eine durchaus notwendige Figur des Rechts der Zusammenschlusskontrolle" in Recht und Wirtschaft heute, Festgabe für Kummer, S. 293 (308); Riesenkampff/Lehr in Loewenheim/Meessen/Riesenkampff, EWG VO 139 2004, Art. 2 Rn. 10. EuGH Urteil vom 31. 03. 1998, Rs. C-68/94 und C-30/95 Slg. 1998, I-1375, „Kali + Salz" Tz. 143.

119 Für das deutsche Recht: Emmerich, Kartellrecht, S. 340 Rn. 11; Fuchs/Möschel in Immenga/Mestmäcker, GWB § 18 Rn. 23; Sandrock „Grundprobleme der sachlichen Marktabgrenzung" in Recht und Wirtschaft heute, Festgabe für Kummer, S. 449 (450/451); Für das europäische Recht: Emmerich, Kartellrecht, S. 133 Rn. 8; Riesenkampff/Lehr in Loewenheim/Meessen/Riesenkampff, EWG VO 139 2004, Art. 2 Rn. 10–12.

120 Sandrock, „Grundprobleme der sachlichen Marktabgrenzung" in Recht und Wirtschaft heute, Festgabe für Kummer, S. 449 (451).

121 Fuchs/Möschel in Immenga/Mestmäcker, GWB § 18 Rn. 23; Baur „Der relevante Markt – eine durchaus notwendige Figur des Rechts der Zusammenschlusskontrolle" in Recht und Wirtschaft heute, Festgabe für Kummer, S. 293 (308); Riesenkampff/Lehr in Loewenheim/Meessen/Riesenkampff, EWG VO 139 2004 2 Rn. 10; EuGH Urteil vom 31. 3. 1998, Rs. C-68/94 und C-30/95 Slg. 1998, I-1375 – „Kali + Salz" Tz. 143.

122 Baur „Der relevante Markt – eine durchaus notwendige Figur des Rechts der Zusammenschlusskontrolle" in Recht und Wirtschaft heute, Festgabe für Kummer, S. 293 (309).

Überflüssigkeit bzw. Schädlichkeit der Marktabgrenzung im Rahmen des amerikanischen Antitrustrechts.[123] Diese Kritik am Konzept des *relevanten Marktes* fand auch in Deutschland sowohl im ökonomischen als auch im rechtswissenschaftlichen Lager vereinzelt Anhänger.[124]

Gemäß Edwards sei die sich im Rahmen der amerikanischen Fusionskontrolle am relevanten Markt orientierende Würdigung von Unternehmenszusammenschlüssen außer Stande, die tatsächlich von Unternehmen ausgehende wettbewerbsbeschränkende Macht zu erfassen.[125] Dabei bezieht er seine Kritik insbesondere auf die Beurteilung von konglomeraten Unternehmenszusammenschlüssen und die damit zusammenhängende Erschwernis, im Rahmen der Marktabgrenzung den Einfluss solcher Unternehmen zu beurteilen, die auf einer Vielzahl von Märkten tätig sind und denen es dadurch möglich sei, unternehmensinterne Verlustausgleiche vorzunehmen und Ressourcen von einem in einen anderen Markt zu transferieren. Dies könnte dazu führen, dass kleinere Unternehmen diszipliniert oder sogar vom Markt gedrängt werden.[126] Demnach sage eine auf den relevanten Markt fixierte wettbewerbliche Untersuchung über den tatsächlichen Einfluss eines konglomeraten Zusammenschlusses auf den Wettbewerb nichts aus.[127]

Die Verfechter dieser These bestreiten die Existenzberechtigung des Prinzips des relevanten Marktes, was zu einem einstufigen Ansatz zur Ermittlung der Marktmacht führt, bei dem die Definition des jeweils relevanten Marktes mit der Entscheidung der Frage nach dem zwischen den Anbietern vorhandenen Wettbewerb notwendigerweise zusammenfällt.[128]

---

123 Baur „Der relevante Markt – eine durchaus notwendige Figur des Rechts der Zusammenschlusskontrolle“ in Recht und Wirtschaft heute, Festgabe für Kummer, S. 293 (296).

124 Ökonomisch: Biedenkopf/Coing/Mestmäcker, Das Unternehmen in der Rechtsordnung, S. 237 ff.; Arndt, Die Konzentration in der Wirtschaft, S. 137 ff.; Barnikel, Probleme der wirtschaftlichen Konzentration, S. 219 ff.; Rechtswissenschaftlich: Schmidt, US-amerikanische und deutsche Wettbewerbspolitik gegenüber Marktmacht, S. 84; Veltrup „Ansätze einer ressourcenorientierten Erfassung wirtschaftlicher Macht“ in Gutzler/Herion/Kaiser, Wettbewerb im Wandel, S. 207 (210/211).

125 Edward, Business Concentration and Price Policy, 1955, S. 331 (333).

126 Baur „Der relevante Markt – eine durchaus notwendige Figur des Rechts der Zusammenschlusskontrolle“ in Recht und Wirtschaft heute, Festgabe für Kummer, S. 293 (296/297).

127 Eward, Business Concentration and Price Policy, S. 331 (357).

128 Sandrock „Grundprobleme der sachlichen Marktabgrenzung“ in Recht und Wirtschaft heute, Festgabe für Kummer, S. 449 (460); Klusmann, Marktabgrenzung

c) *Kritische Würdigung*

Die Betrachtung der konkurrierenden Ansätze zur Ermittlung der Kräfte, die auf Märkte einwirken, hat gezeigt, dass das Konzept des zweistufigen Ansatzes den Realitäten des Wettbewerbs gerechter wird, als das Konzept einer einstufigen Prüfung. Es ist nicht von der Hand zu weisen, dass zwischen der Abgrenzung des relevanten Marktes und der Beurteilung von Marktmacht ein enger Zusammenhang besteht.[129] Richtigerweise wird von den Vertretern des einstufigen Ansatzes die Möglichkeit gesehen, durch die Bestimmung des relevanten Marktes bereits Hinweise auf die Wettbewerbsintensität im Aktionsradius der betroffenen Unternehmen finden zu können.[130] Insbesondere bei problematischen Fusionsvorhaben, bei denen die Marktmacht der an einem Zusammenschluss beteiligten Unternehmen nicht nur anhand von Marktanteilen bestimmt werden kann, können die Abgrenzung des relevanten Marktes und die Ermittlung der Marktmacht auf dasselbe hinauslaufen.[131] Dies steht der Anwendung des zweistufigen Ansatzes jedoch nicht entgegen. Auch in diesen Fällen sollte die Frage nach der bestehenden Marktmacht in einem separaten zweiten Schritt geprüft werden. Die Formulierung des § 18 Abs. 1 GWB, wonach ein Unternehmen marktbeherrschenden ist, „soweit es als Anbieter oder Nachfrager einer bestimmten Art von Waren oder gewerblichen Leistungen auf dem sachlich oder räumlich relevanten Markt" die in § 18 Abs. 1 Nr. 1, Nr. 2 oder Nr. 3 GWB normierten Voraussetzungen erfüllt, weist zweifellos darauf hin, dass der relevante Markt als ein gesetzliches Merkmal festgelegt ist.[132] Zudem ergibt sich erst aus

und –Feststellung o, europäischen Kartellrecht am Beispiel des Gastransportes auf der Verbundstufe, S. 39/40.

129 Neveling, Die sachliche Marktabgrenzung bei der Fusionskontrolle im deutschen und europäischen Recht, S. 39.

130 Neveling, Die sachliche Marktabgrenzung bei der Fusionskontrolle im deutschen und europäischen Recht, S. 39/40.

131 Haucap „Abgrenzung des relevanten Marktes – Heilige Kuh oder effizientes Arbeitspferd" in WuW 2012, S. 3 (3). Eine wichtige Ausnahme hiervon sind zweiseitige und verbundene Märkte. In diesen Fällen führen die Marktabgrenzung und die Marktmachtbestimmung nicht zu einheitlichen Resultaten.

132 Vgl. Baur zu § 22 GWB a.F. „Der relevante Markt – eine durchaus notwendige Figur des Rechts der Zusammenschlusskontrolle" in Recht und Wirtschaft heute, Festgabe für Kummer, S. 293 (302); Zwar fehlt es bei der Definition der kollektiven Marktbeherrschung um an einer expliziten Erwähnung des sachlich und räumlich relevanten Marktes, dies ist aber unschädlich, da § 18 Abs. 4 Nr. 2 GWB auf die Voraussetzungen des § 18 Abs. 1 GWB verweist. Vgl. dazu: Fuchs/Möschel in Immenga/Mestmäcker, GWB, § 18 Rn. 22.

der sachlichen Marktabgrenzung die Identifizierung sowie Quantifizierung der Wettbewerber.[133] Für die Feststellung einer Machtkonzentration ist es in jedem Fall zunächst erforderlich, die Gesamtheit festzulegen, auf die sich die Macht im konkreten Fall bezieht.[134] Die Kriterien, die eine marktbeherrschende Stellung konstituieren, wie beispielsweise die Finanzkraft eines Unternehmens sowie Unternehmensverflechtungen oder der Zugang zu Bezugs- und Absatzmärkten, können nur dann Bedeutung erlangen, wenn sie sich auf einen vorab definierten relevanten Markt auswirken.[135] Folglich gibt es eine notwendige Verknüpfung zwischen der Definition des relevanten Marktes und der Feststellung von bestehendem oder zu erwartendem Wettbewerb.[136]

Im kartellrechtlichen Verfahren selbst gewährt die separate, in einem ersten Schritt vorgenommene Abgrenzung des relevanten Marktes auf der Grundlage von darstellbaren Kriterien ein wünschenswertes Maß an Rechtssicherheit für die Verfahrensbeteiligten. Der einstufige Ansatz hingegen würde den Kartellbehörden einen großen Beurteilungsspielraum eröffnen, auf dessen Grundlage sich lediglich ein Einzelfallrecht bilden kann, das vom Ergebnis inhaltlich nicht vorhersehbar ist.[137] Natürlich kommt auch das zweistufige Modell bei der Bewertung der Tatbestandsmerkmale nicht ohne die Auslegung des Rechtsanwenders im Einzelfall aus, die Entscheidungen werden durch die Zweistufigkeit jedoch klarer strukturiert und geben durch die Unterteilung in Marktabgrenzung und Marktbeherrschungsprüfung sowohl für Kartellbehörden und Gerichte, als auch für die Unternehmen ein klareres, nachvollziehbares Konzept vor, an dem sie sich orientieren können. Das damit einhergehende höhere Maß an Rechtssicherheit begründet sich auch damit, dass die im Rahmen der Zweistufigkeit vorgenommene Feststellung einer marktbeherrschenden Stellung vorausgehende Marktabgrenzung sich an den in der Rechtspraxis herausgebildeten Kriterien

133 BGHZ, 67, S. 104 (107).

134 Vgl. Neveling, Die sachliche und räumliche Marktabgrenzung bei der Fusionskontrolle im deutschen und europäischen Recht, S. 40 u. 41.

135 Baur „Der relevante Markt – eine durchaus notwendige Figur des Rechts der Zusammenschlusskontrolle" in Recht und Wirtschaft heute, Festgabe für Kummer, S. 293 (308).

136 Baur „Der relevante Markt – eine durchaus notwendige Figur des Rechts der Zusammenschlusskontrolle" in Recht und Wirtschaft heute, Festgabe für Kummer, S. 293 (303).

137 Vgl. dazu Baur „Der relevante Markt – eine durchaus notwendige Figur des Rechts der Zusammenschlusskontrolle" in Recht und Wirtschaft heute, Festgabe für Kummer, S. 293 (304).

orientiert, die den Unternehmen zumindest als Orientierungsmaßstab dienen können, auch wenn von diesen im Einzelfall abgewichen werden kann. Hinzu kommt, dass die Kommission sowie der Bundesgerichtshof und die Kartellbehörden durch die Veröffentlichungspflicht zusätzlich dem Druck unterliegen, eine möglichst einheitliche Vorgehensweise bei der Marktabgrenzung anzustreben.[138] Das soll allerdings keinesfalls bedeuten, dass eine Bindung an frühere Marktabgrenzungsentscheidungen besteht. In jedem kartellrechtlichen Verfahren ist die Marktabgrenzung von neuem vorzunehmen, da es sich bei dem im Mittelpunkt der Beurteilung stehendem Wettbewerb um einen dynamischen Prozess handelt, der kontinuierlich Änderungen und Schwankungen unterliegt. Nur so ist es möglich, alle tatsächlichen wettbewerblichen Umstände im konkreten Fall sachgerecht zu berücksichtigen.[139]

In diesem Zusammenhang sollte zudem nicht verkannt werden, dass die Feststellung des Bestehens oder der Verstärkung einer marktbeherrschenden Stellung die Rechtfertigung eines staatlichen Eingriffes im Rahmen der Missbrauchsaufsicht und der Fusionskontrolle darstellt. Die bloße Verfügungsmacht über große wirtschaftliche Ressourcen, wie beispielweise Finanzkraft, personelle und sachliche Ausstattung, Verfügbarkeit neuester Technologien u.Ä. kann vor diesem Hintergrund nicht ohne Rücksicht auf die konkreten Marktbedingungen sowie die Beobachtung des Wettbewerbs auf dem konkreten Markt, als Eingriffsrechtfertigung im Kartellrecht ausreichen.[140]

Dem einstufigen Modell als Prüfverfahren ist vor diesem Hintergrund nicht zu folgen. Gerade wenn es sich um schwierig zu bewertende Konstellationen, wie Unternehmenszusammenschlüsse, die verschiedene Märkte betreffen, handelt, ist das zweitstufige Verfahren exakter und einer genaueren Überprüfung zugänglicher. Somit scheint die separate, in einem ersten Schritt vorzunehmende Marktabgrenzung unumgänglich, um die tatsächlich von beteiligten Unternehmen ausgehende Marktmacht sachgerecht feststellen zu können.[141]

---

138 Rösler „Der relevante Markt in der Europäischen Fusionskontrolle“ in NZG 2000, S. 761 (761).

139 Thomas in Immenga/Mestmäcker, GWB, § 36 Rn. 73.

140 Vgl. zum Erfordernis des zweistufigen Vorgehens: Fuchs/Möschel in Immenga/Mestmäcker, GWB, § 18 Rn. 22.

141 Zu dem gleichen Ergebnis kommen auch: Haucap „Abgrenzung des relevanten Marktes – Heilige Kuh oder effizientes Arbeitspferd“ in WuW, 2012, S. 3 (3); Neveling, Die sachliche Marktabgrenzung bei der Fusionskontrolle im deutschen und europäischen Recht, S. 41; Baur „Der relevante Markt – eine durchaus notwendige Figur des Rechts der Zusammenschlusskontrolle“ in Recht und Wirtschaft heute, Festgabe für Kummer, S. 293 (309).

II. Dimensionen der Marktabgrenzung

Bei Marktabgrenzung ist zwischen drei Dimensionen des Marktes im kartellrechtlichen Sinne zu unterscheiden: der sachlichen, räumlichen und mitunter zeitlichen Dimension.[142] Aufgrund der Vielschichtigkeit eines wirtschaftlichen Marktes ist eine Differenzierung der einzelnen Dimensionen erforderlich. Jeder Aspekt beschreibt einen bestimmten Teilbereich des Marktes, aus dem sich ein dezidiertes Gesamtbild als Grundlage der kartellrechtlichen Beurteilung von Vorhaben oder Verhaltensweisen ergibt.[143] Somit ist es unabdingbar, die Abgrenzung des relevanten Marktes nach sachlichen, räumlichen und mitunter zeitlichen Kriterien zu trennen.[144] Trotz der Dreidimensionalität des relevanten Marktes, sollten die einzelnen Dimensionen bei ihrer Bewertung allerdings nicht vollständig isoliert voneinander angesehen werden, da sie sich unter Umständen gegenseitig bedingen.[145]

1. Sachlich relevanter Markt

Die Abgrenzung des sachlich relevanten Marktes dient der Definition solcher Dienstleistungs- oder Produktgruppen, mit denen die betroffenen Unternehmen im Wettbewerb stehen und setzt sich somit mit dem konkreten Objekt des Marktes auseinander.[146] Um einem einheitlichen sachlichen Markt zugeordnet zu werden, müssen sich Güter oder Leistungen aufgrund einer spürbar zwischen ihnen bestehenden Wettbewerbsbeziehung bei der Nachfrage oder im Absatz gegenseitig beeinflussen können.[147] Voraussetzung dafür ist zunächst, dass mehrere Marktteilnehmer hinreichend ähnliche/gleichwertige Produkte herstellen oder Dienstleistungen anbieten, so dass für Nachfrager eine tatsächliche Wahlmöglichkeit besteht, die es ihnen ermöglicht, sich dem Druck einzelner Anbieter zu entziehen.[148] Hintergrund der sachlichen Marktabgrenzung ist die Bestimmung

---

142 Bulst in Langen/Bunte, Kartellrecht, Bd. 2, Art. 82 Rn. 38.

143 Lenßen, Der kartellrechtlich relevante Markt, S. 68.

144 Bulst in Langen/Bunte, Kartellrecht, Bd. 2, Art. 82 Rn. 38.

145 Siehe zum Zusammenhang und der Untrennbarkeit der einzelnen Dimensionen voneinander vgl.: Lenßen, Der kartellrechtlich relevante Markt, S. 361 ff.

146 Jung in Grabitz/Hilf/Nettesheim, Das Recht der Europäischen Union, AEUV Art. 102 Rn. [illegible]; Lenßen, Der kartellrechtlich relevante Markt, S. [illegible]

147 Emmerich, Kartellrecht, S. 341 Rn. 13; vgl. auch Erdmann in Gloy/Loschelder/Erdmann, Handbuch des Wettbewerbsrechts, § 33 Rn. 30.

148 Jung in Grabitz/Hilf/Nettesheim, Das Recht der Europäischen Union, AEUV Art. 102 Rn. 36.

der tatsächlichen wirtschaftlichen Macht des Unternehmens in Bezug auf eine genau definierte Dienstleistung oder Produktgruppe.[149] Da mittels der sachlichen Marktabgrenzung eine Einheit von Waren oder Dienstleistung eingegrenzt wird, auf die sich die mögliche marktbeherrschende Stellung bezieht, steht die sachliche Marktabgrenzung bei der Definition des relevanten Marktes an erster Stelle.[150] Sie ist nicht nur die wichtigste, sondern zugleich auch die mitunter komplexeste Dimension der Marktabgrenzung[151] und soll im Mittelpunkt dieser Untersuchung stehen.

2. Räumlich relevanter Markt

Um eine den tatsächlich Marktverhältnissen entsprechende Marktdefinition zu finden, ist es unumgänglich, die zur Diskussion stehende Wirtschaftsmacht von Unternehmen auch in Ihrer territorialen Ausdehnung zu bestimmen.[152] Die Anbieter eines Produktes oder einer Dienstleistung müssen auch in räumlicher Hinsicht im Wettbewerb miteinander stehen, da das konkrete Zusammentreffen von Angebot und Nachfrage auch durch geografische Faktoren begünstigt oder begrenzt werden kann.[153] Die räumliche Marktabgrenzung definiert vor diesem Hintergrund, in welchem geografischen Gebiet die durch die sachliche Marktabgrenzung ermittelte Produkt- oder Dienstleistungsgruppe tatsächlich miteinander konkurriert.[154] Maßgeblich für die Zuordnung zu demselben räumlich relevanten Markt ist, dass das Produkt oder die Dienstleistung von den Unternehmen in demselben geographischen Gebiet, also in demselben räumlichen Markt oder auf einem dem räumlichen Markt naheliegendem Gebiet angeboten wird.[155] Im deutschen Recht stellt § 18 Abs. 2 GWB dabei klar, dass der räumlich relevante Markt im Sinne des GWB weiter sein kann als der Geltungsbereich des Gesetzes.

---

149 Vgl. EuGH Rs. C-333/94 P, Slg. 1996, I-5951 „Tetra Pack II“, Rn. 10.

150 Vgl. Neveling, Die sachliche Marktabgrenzung bei der Fusionskontrolle im deutschen und europäischen Recht, S. 50.

151 Vgl. dazu auch Beckmann, Die Abgrenzung des relevanten Marktes im Gesetz gegen Wettbewerbsbeschränkungen, S. 136.

152 Jung in Grabitz/Hilf, Das Recht der Europäischen Union, EGV Art. 82 Rn. 41.

153 Knauss, Die räumliche Marktabgrenzung in der Fusionskontrolle und Missbrauchsaufsicht, S. 3.

154 Knauss, Die räumliche Marktabgrenzung in der Fusionskontrolle und Missbrauchsaufsicht, S. 3.

155 Emmerich, Kartellrecht, S. 346, Rn. 24.

Der EuGH bezeichnet den räumlich relevanten Markt als „das Gebiet, in dem die beteiligten Unternehmen die relevanten Produkte oder Dienstleistungen anbieten, in dem die Wettbewerbsbedingungen hinreichend homogen sind und das sich von den benachbarten Gebieten durch spürbar unterschiedliche Wettbewerbsbedingungen unterscheidet"[156]. Je nach den Verhältnissen in dem betroffenen Markt, kann es sich bei einem räumlich relevanten Markt um regionale, nationale, mehrere Länder umfassende, europaweite Märkte oder sogar Weltmärkte handeln.[157] Im Unterschied zur sachlichen Marktabgrenzung, in deren Zusammenhang von mehreren Erzeugnissen und/oder Dienstleistungen[158] die Rede ist, wird bei der Bestimmung des geografischen Marktes von einer Singularität des Gebietes ausgegangen.[159]

3. Zeitlich relevanter Markt

Mitunter besitzt der relevante Markt auch eine zeitliche Komponente.[160] Diese spielt jedoch nur in Ausnahmesituationen eine Rolle, nämlich immer dann, wenn Märkte nur von vorübergehender Dauer sind (wie beispielsweise Messen, Volksfeste, Sportveranstaltungen) oder bei Produkten oder Leistungen die lediglich periodisch angeboten werden.[161] Aufgrund der zeitlich begrenzenden Umstände erlangen die Unternehmen eine nur vorübergehende, auf einen bestimmten Zeitpunkt beschränkte Machtposition.[162] Mit der zeitlichen Abgrenzung des relevanten Marktes wird in diesen Fällen ermittelt, auf welchen Zeitraum es bei der Untersuchung der Wettbewerbsverhältnisse ankommt.[163] Die zeitliche Dimension des Marktes ist bedingt durch die vorangegangene sachliche sowie

---

156 So die Europäische Kommission, Bekanntmachung der Kommission über die Definition des relevanten Marktes im Sinne des Wettbewerbsrechts der Gemeinschaft (97/C372/03).

157 Emmerich, Kartellrecht, S. 346 Rn. 24.

158 So die Europäische Kommission, Bekanntmachung der Kommission über die Definition des relevanten Marktes im Sinne des Wettbewerbsrechts der Gemeinschaft (97/C372/03).

159 Lenßen, Der kartellrechtlich relevante Markt, S. 72.

160 Bulst in Langen/Bunte, Kartellrecht, Bd. 2, Art. 82 Rn. 38.

161 Emmerich in Immenga/Mestmäcker, EU Wettbewerbsrecht, Art. 101 Abs. 1 Rn. 170; Knauss, S. 30; Emmerich, Kartellrecht, S. 349 Rn. 32; Götting in Loewenheim/Meessen/Riesenkampff, GWB § 19 Rn. 24.

162 Emmerich, Kartellrecht, S. 349 Rn. 32; Götting in Loewenheim/Meessen/Riesenkampff, GWB § 19 Rn. 24.

163 Götting in Loewenheim/Meessen/Riesenkampff, GWB § 19 Rn. 24.

räumliche Marktabgrenzung. Sie bildet den Zeitrahmen ab, innerhalb dessen das Interesse der Marktsubjekte an den Marktobjekten besteht.[164] In der Praxis kommt der zeitlichen Marktabgrenzung jedoch nur eine geringfügige Rolle zu.[165] In vielen Fällen ist die zeitliche Markabgrenzung schon deswegen entbehrlich, weil sie in die sachliche Marktabgrenzung einbezogen werden kann.[166] Als Beispiel dafür lassen sich die Printmedien anführen, deren Erscheinungstag/-datum sich nicht etwa in der zeitlichen Abgrenzung des Marktes wiederfindet, sondern bereits maßgeblich für die Einordnung des jeweils sachlich relevanten Marktes ist.[167] Es gibt aufgrund dieses Umstandes Vertreter in der Literatur, welche die Notwendigkeit, den relevanten Markt auch in zeitlicher Hinsicht abzugrenzen, als gänzlich überflüssig ansehen.[168] Dem ist nicht in vollem Umfang zuzustimmen. Solange die Wettbewerbsverhältnisse konstant bleiben, kann von der Abgrenzung des relevanten Marktes in zeitlicher Hinsicht abgesehen werden.[169] In den oben genannten Fällen hingegen, in denen Produkte oder Dienstleistungen nur periodisch angeboten werden, und somit auch die marktbeherrschende Stellung auf einen bestimmten Zeitraum beschränkt wird, ist es zur Ermittlung sachgerechter Ergebnisse unausweichlich, den Markt auch in zeitlicher Hinsicht abzugrenzen.[170]

Für die Bearbeitung der Problematik dieser Arbeit spielt die zeitliche Komponente der Marktabgrenzung hingegen keine Rolle, weswegen im weiteren Verlauf der Arbeit nicht näher auf sie eingegangen werden soll.

---

164 Lenßen, der kartellrechtlich relevante Markt, S. 76/77.

165 Götting in Loewenheim/Meessen/Riesenkampff, GWB § 19 Rn. 24; in der Bekanntmachung der EU_Kommission über die Definition des relevanten Marktes im Sinne des Wettbewerbsrecht der Gemeinschaft (97/C372/03) findet die zeitliche Komponente der Marktabgrenzung ebenfalls keine Erwähnung.

166 Knauss, Die räumliche Marktabgrenzung in der Fusionskontrolle und Missbrauchsaufsicht, S. 3; Bechtold in Bechtold, GWB, § 19 Rn. 19; Lenßen, der kartellrechtlich relevante Markt, S. 80.

167 Götting in Loewenheim/Meessen/Riesenkampff, GWB, § 19 Rn. 21

168 So z.B. Thiesing „Abgrenzung des relevanten Marktes in der Rechtsprechung des Europäischen Gerichtshofs zu Art. 85 und 86 EWGV" in Wettbewerbsordnung im Spannungsfeld von Wirtschafts- und Rechtswissenschaft, S. 370.

169 Vgl. Götting in Löwenheim/Meessen/Riessenkampf, GWB, § 19 Rn. 24.

170 Vgl. Götting in Löwenheim/Meessen/Riessenkampf, GWB, § 19 Rn. 24.

B. Kriterien zur Marktabgrenzung im deutschen und europäischen Kartellrecht

Trotz der erheblichen Relevanz der Marktabgrenzung, insbesondere im Rahmen der Missbrauchsaufsicht und der Fusionskontrolle im deutschen und europäischen Kartellrecht, normieren weder das Primär- noch das Sekundärrecht ein Konzept für die Marktabgrenzung.[171] Aus diesem Grund haben sich in der Literatur sowie in der kartellrechtlichen Praxis der Europäischen Kommission, des Bundeskartellamtes und der zuständigen Gerichte vielfach Kriterien und Konzepte zur Definition des relevanten Marktes herausgebildet und weiterentwickelt.[172] An ihnen wird deutlich, dass es sich bei der Identifizierung des relevanten Marktes nicht nur um einen empirischen Erkenntnisakt handelt, sondern vielmehr um einen juristischen Bewertungsvorgang mit zum Teil erheblichen Folgewirkungen.[173]

Die Marktabgrenzung kann sich sowohl auf Angebots- als auch auf Nachfragemärkte beziehen. Der Angebots- und der Nachfragemarkt sind grundsätzlich nach den gleichen Kriterien abzugrenzen und unterscheiden sich lediglich durch den Blickwinkel: Bei den Angebotsmärkten bilden die Nachfrager die zu beobachtende Marktgegenseite, will man hingegen die Nachfragmärkte untersuchen, ist die Marktgegenseite in Form der Anbieter maßgeblich.[174] Die Darstellung der Abgrenzungskriterien für Angebotsmärkte ist somit spiegelbildlich auf Nachfragemärkte zu übertragen. Dies bedeutet allerdings nicht, dass Angebots- und Nachfragemärkte schematisch gleich zu behandeln sind. Im Gegensatz zum Angebotsmarkt ist nicht jede spürbare Entstehung oder Verstärkung von Nachfragemacht wettbewerbsrechtlich problematisch. Nachfragemacht kann sich in

---

171 Palzer „Marktdefinition im Bereich der audiovisuellen Medien nach dem Wettbewerbsrecht der Europäischen Gemeinschaft“ in ZUM 2004, S. 279 (280).

172 Zwar beinhalten weder das GWB noch der AUEV gesetzliche Vorgaben für die Marktabgrenzung, jedoch dient die Bekanntmachung der Europäischen Kommission über die Definition des relevanten Marktes im Sinne des Wettbewerbsrechts der Gemeinschaft (97/C 372/07) der Erläuterung der Verwendung des Begriffes des sachlich und räumlich relevanten Marktes bei der Durchsetzung des Wettbewerbsrechts der Gemeinschaft und nennt einige Grundsätze für die Definition des sachlich und räumlich relevanten Marktes, die bei der Rechtsanwendung Berücksichtigung finden sollten.

173 Fuchs/Möschel in Immenga/Mestmäcker, GWB, § 18 Rn. 29.

174 Vgl. dazu Emmerich, Kartellrecht, S. 71 Rn. 70.

bestimmten Fällen sogar positiv auf den Wettbewerb in einem Markt auswirken, nämlich immer dann, wenn die Nachfragemacht dazu führt, dass die Kosten eines Angebots auf nachgelagerten Märkten sinken, zeitgleich der Wettbewerb in diesem nachgelagerten Markt nicht beschränkt wird und es im Rahmen dessen auch nicht zu einer Drosselung der Produktion kommt.[175]

In der juristischen Literatur sind mittlerweile eine Vielzahl von Theorien zur Marktabgrenzung entwickelt worden. Nachfolgend soll der Versuch unternommen werden, die Relevantesten darzustellen. Die folgende Darstellung bezieht sich wegen der höheren wettbewerbsrechtlichen Relevanz auf die Abgrenzung von Angebotsmärkten im Rahmen der Fusionskontrolle und Missbrauchsaufsicht im deutschen sowie im europäischen Kartellrecht.

Die umfangreiche Auseinandersetzung mit den verschiedenen Marktabgrenzungsmodellen und Kriterien bildet die Grundlage für die im vierten Teil der Arbeit vorgenommene Neubewertung der Medienwerbemärkte. Dabei ist die in diesem Kapitel vorgenommene erste umfangreiche kritische Einordnung der unterschiedlichen Kriterien bereits richtungsweisend für die im weiteren Verlauf der Arbeit vorgenommene Bewertung der Marktabgrenzung in der Kartellrechtspraxis.

I. Sachliche Marktabgrenzung

Aufgrund der Abhängigkeit der geografischen von der sachlichen Marktabgrenzung, wird die Darstellung der Abgrenzungskriterien der sachlichen Marktabgrenzung der Darstellung der räumlichen Markabgrenzungskriterien vorangestellt.

1. Bedarfsmarktkonzept

Das Bedarfsmarktkonzept – auch Konzept der funktionalen Austauschbarkeit genannt – steht sowohl in der deutschen als auch in der europäischen Kartellrechtspraxis im Mittelpunkt der Marktabgrenzung.[176] Grundgedanke

---

175 Vgl. dazu Thomas in Immenga/Mestmäcker, GWB, § 36 Rn. 69 ff.

176 Emmerich, Kartellrecht, S. 69 Rn. 69; Schwalbe/Zimmer, Kartellrecht und Ökonomie, S. 112; st. Rspr. europäische Recht: EuGH 14.01.1978, Rs. 27/76, Slg. 1978, 207 Rn. 28 ff – „United Brands"; EuGH 13.02.1979, Rs. 85/76, Slg. 1979, 461 – „Hoffmann-La Roche" sowie in der Bekanntmachung der Kommission über die Definition des relevanten Marktes, ABl.EG 1997, C 372/5; St. Rspr. deutsches Recht: BGH 24.06.1980 WuW/E BGH 1711 – „Mannesmann-Brueninghaus"; BGH 03.07.1976 WuW/E BGH 1435 (1440) – „Vitamin B 12"; BGH 25.06.1985 WuW/E BGH 2150 (2153)- „Edelstahlbestecke"; BGH 28.04.1992 WuW/E BGH 2771 (2772) – „Kaufhof/Saturn"; BGH

des Bedarfsmarktkonzeptes ist, dass Güter in Form von Dienstleistungen oder Produkten, die der Befriedigung eines bestimmten Bedürfnisses dienen, einem Markt angehören.[177] Demgemäß sind all diejenigen Produkte und/oder Dienstleistungen demselben sachlich relevanten Markt zuzuordnen, die aus Sicht des Nachfragers aufgrund ihrer Eigenschaften, ihres Preises oder ihres vorhergesehenen Verwendungszweckes als substituierbar angesehen werden.[178] Dabei unterscheiden sich gelegentlich Gerichte und Kartellbehörde in ihrer Schwerpunktsetzung innerhalb der einzelnen Punkte. Stellt z.B. die Europäische Kommission die Intention der Nachfrager in den Vordergrund, so stellen die europäischen Gerichte mehr auf das objektive Kriterium des Bedarfes ab. Ungeachtet dessen ist in jedem Fall maßgeblich, welche Produkte oder Dienstleistungen aus Sicht der Marktgegenseite als funktional austauschbar angesehen werden. Dabei ist eine vollständige Austauschbarkeit nicht erforderlich. Vielmehr ist zur Verhinderung einer zu engen Marktabgrenzung ein hinreichender Grad an Austauschbarkeit im Hinblick auf die gleiche Verwendung ausreichend.[179] Bei dieser festzustellenden, funktionalen Austauschbarkeit von Produkten spielt die physikalische, chemische oder technische Identität keine Rolle.[180] Zwar ist immer eine einzelfallbezogene Differenzierung vorzunehmen, maßgeblich sind bei der Beurteilung der Austauschbarkeit jedoch insbesondere drei Parameter: der vorgesehener Verwendungszweck, die konkreten Eigenschaften sowie der Preis eine Produktes.[181] Dabei ist insbesondere Anhand einer vergleichenden Analyse der konkreten Eigenschaften eines Produktes und des vorgesehenen Verwendungszweckes zu prüfen, ob funktionelle Austauschbarkeit vorliegt. Gibt es für ein Produkt mehrere Verwendungsmöglichkeiten, so ist der für den Fall einschlägige konkrete Verwendungszweck ausschlaggebend. Damit besteht auch die Möglichkeit, dass ein Produkt, das mehrere Verwendungsmöglichkeiten besitzt, verschiedenen Märkten zuzuordnen ist, sofern die Verwendungsmöglichkeiten selbst nicht untereinander austauschbar sind.[182]

24.10.1995 WuW/E BGH 3026 (3028) – „Backofenmarkt"; BGH 05.10.2004 WuW/E DE-R 1355 (1357) – „Staubsaugerbeutelmarkt".

177 Neveling, Die sachliche Marktabgrenzung bei der Fusionskontrolle im deutsche und im europäischen Recht, S. 58.

178 Schwalbe/Zimmer, Kartellrecht und Ökonomie, S. 114.

179 Vgl. Jung in Grabitz/Hilf/Nettesheim, Das Recht der Europäischen Union, Art. 102 AEUV Rn. 30.

180 Götting in Loewenheim/Meessen/Riessenkampf, GWB, § 19 Rn. 12.

181 Thomas in Immenga/Mestmäcker, GWB, § 36 Rn. 78.

182 Vgl. Neveling, Die sachliche Marktabgrenzung bei der Fusionskontrolle im deutschen und europäischen Recht, S. 70.

Dem Preis kommt im Rahmen der Abgrenzung nach dem Bedarfsmarktkonzept hingegen eine eher untergeordnete Rolle zu. Er ist im Regelfall nur dann von Bedeutung, wenn sich in ihm maßgebliche Qualitätsunterschiede ausdrücken, wie beispielsweise bei Luxusgütern, deren Wertschätzung maßgeblich durch den Preis bestimmt wird oder das teurere Produkt aus wirtschaftlichen Gründen für dieselbe Verwendung nicht in Betracht kommt. Dabei ist jedoch zu beachten, dass diese Preisunterschiede in den meisten Fällen die Folge unterschiedlicher Eigenschaften der Produkte darstellen, weswegen die Zurechnung zu einem anderen relevanten Markt schon auf Grund der unterschiedlichen Produkteigenschaft erforderlich sein kann.[183]

Als erster Schritt sind folglich im Rahmen der Marktabgrenzung nach dem Bedarfsmarktkonzept alle in Betracht kommenden Leistungen zu typisieren. Abzustellen ist auf die Sicht der Abnehmer. In den meisten Fällen kann diese Typisierung von den Kartellbeamten oder Richtern des zuständigen Gerichtes vorgenommen werden. In spezielleren, komplexeren Fällen werden die Produkte und/oder Dienstleistungen durch Sachverständige oder durch unmittelbare Befragung der Abnehmer ermittelt.[184] Allerding ist nicht immer der unmittelbare Abnehmer eines Produktes oder einer Dienstleistung auch derjenige, der die Auswahlentscheidung trifft. Nimmt der Abnehmer die Auswahl des Produktes nicht selber vor, sondern überlässt diese einem sog. Verbraucherdisponenten, wie beispielsweise der Patient dem Arzt die Auswahl der zu verschreibenden Arzneimittel, so ist die Sicht des Verbraucherdisponenten maßgeblich.[185] Für die Marktabgrenzung ist einzelfallbezogen festzustellen, von wem die Auswahlentscheidung getroffen wird und auf welche Sichtweise es somit maßgeblich bei Beurteilung der Austauschbarkeit bzw. Substituierbarkeit eines Produktes ankommt.

Sind die Abnehmer aufgrund der Abhängigkeit von einem bestehenden System durch Umstellungskosten im Falle eines Wechsel des Produktes in ihren Wechselmöglichkeiten beschränkt, so kann dies für getrennte Märkte sprechen, obwohl die Produkte möglicherweise funktional miteinander austauschbar sind.[186] Dies ist beispielsweise im Bereich der Wärmeenergie der Fall. Aufgrund der hohen Umstellungskosten, die im Falle eines Wechsels des Heizungssystems

---

183 Thomas in Immenga/Mestmäcker, GWB, § 36 Rn. 78.

184 Vgl. Thomas in Immenga/Mestmäcker, GWB, § 36 Rn. 75.

185 BGH WuW/E 1435, 1440 = BGHZ 67,104 (112) – „Vitamin B 12"; KG WuW/E S. 5549 (5556 ff.) – „Fresenius/Schiwa".

186 Thomas in Immenga/Mestmäcker, GWB, § 36 Rn. 82.

auf den Abnehmer zukommen, kann kein einheitlicher Wärmemarkt angenommen werden.[187]

Bei Dienstleistungen ist zur Typisierung der in Betracht kommenden Konkurrenten zunächst auf die Produktpalette der Unternehmen abzustellen. Bietet diese keine oder nur ungenügende Anhaltspunkte zu Abgrenzung der Leistungen, können ergänzend die Spezialisierung oder Größe der Vertriebseinheit, die Vertriebsleitung sowie das Vorliegen speziellen Know-hows hinzugezogen werden.[188]

Grundsätzlich gilt, dass bei einer größeren Wahlmöglichkeit des Verbrauchers an Produkten oder Dienstleistungen zur Befriedigung eines bestimmten Bedürfnisses eine größere Konkurrenz und damit auch geringere Marktmacht einzelner Anbieter auf dem abgegrenzten Markt vorliegt.[189]

Die Grundaussage des Bedarfsmarktkonzeptes fand bereits 1969 in der „Handpreisauszeichner“ Entscheidung des KG Erwähnung, in der es heißt: „Sämtliche Erzeugnisse, die sich nach ihren Eigenschaften, ihrem wirtschaftlichen Verwendungszweck und ihrer Preislage so nahestehen, dass der verständige Verbraucher sie als für die Deckung eines bestimmten Bedarfs geeignet in berechtigter Weise abwägend miteinander vergleicht und als gegenseitig austauschbar ansieht, sind marktgleichwertig.“[190].[191] Auf europäischer Ebene wurden die Ansätze des Bedarfsmarktkonzepts erstmalig 1973 im Urteil „Europemballage Corporation/ Continental Can“ des Europäischen Gerichtshofes aufgeführt.[192] Die Weiterentwicklungen dieser Aussage sind in etlichen Entscheidungen sowie in Merkblättern bzw. Bekanntmachungen des Bundeskartellamtes und der Europäischen Kommission zu finden.[193]

---

187 BGH 23.06.2009 WuW/E DR-R 2739 – „Entega“.

188 Rössler in NZG 2000, 761 (763).

189 Vgl. Neveling, Die sachliche Marktabgrenzung bei der Fusionskontrolle im deutschen und europäischen Kartellrecht, S. 58.

190 KG 18.02.1969, WuW/E OLG 995 f. – „Handpreisauszeichner“ (unter Verweis auf KG 20.03.1962 WuW/E OLG 461 (463) – „Reifen“.

191 Vgl. Thomas in Immenga/Mestmäcker, GWB, § 36 Rn. 75.

192 Vgl. dazu: EuGH 21.02. 1973, Rs. 6/72, Slg. 1973, 215 – „Europemballage Corporation/ Continental Can“, Rn. 32.

193 Zum Beispiel: BGH 24.06.1980 WuW/E BGH 1711 – „Mannesmann-Brueninghaus“; BGH 03.07.1976 WuW/E BGH 1435 (1440) – „Vitamin B 12“; BGH 25.06.1985 WuW/E BGH 2150 (2153)- „Edelstahlbestecke“; BGH 28.04.1992 WuW/E BGH 2771 (2772) – „Kaufhof/Saturn“; BGH 24.10.1995 WuW/E BGH 3026 (3028) – „Backofenmarkt“; BGH 05.10.2004 WuW/E DE-R 1355 (1357) – „Staubsaugerbeutelmarkt“; Merkblatt des Bundeskartellamtes zur deutschen Fusionskontrolle,

2. SSNIP-/ hypothetischer Monopoltest und Analyse der Kreuzpreiselastizität

Der SSNIP-Test („small but significant non-transitory increase in price“) – auch hypothetischer Monopoltest genannt – hat insbesondere in der europäischen Kartellrechtspraxis im Rahmen der Definition des relevanten Marktes in vielen Fällen erheblich an Bedeutung gewonnen.[194] Grundgedanke des SSNIP-Tests ist, dass der kartellrechtlich relevante Markt im Verhältnis zum gesamten Markt auf den kleinsten Teilbereich reduziert wird, in dem ein hypothetischer Monopolist spürbar Marktmacht ausüben kann.[195] Der SSNIP-Test soll anhand einer hypothetischen Preiserhöhung Anhaltspunkte für die Nachfragsubstituierbarkeit eines Produktes geben und knüpft folglich an das bereits dargestellte Bedarfsmarktkonzept an.[196] Kern des SSNIP-Tests ist die Analyse der Kreuzpreiselastizität.[197] Das Konstrukt der Kreuzpreiselastizität zielt darauf ab, ob die Abnehmer eines Produktes oder einer Dienstleistung als Reaktion auf eine hypothetische kontinuierliche Preissteigerung in Höhe von 5 % bis 10 % auf leicht verfügbare Substitutionsprodukte ausweichen.[198] Besteht eine Substitutionsbeziehung zwischen Gütern oder Dienstleistungen, bewirkt eine Preissteigerung des einen Produktes oder der Dienstleistung eine erhöhte Nachfrage des anderen Produkte oder der Dienstleistung sowie umgekehrt.[199] Die Kommission stellt in ihrer „Bekanntmachung über die Definition des relevanten Marktes“ den SSNIP-Test und die im Rahmen dessen durchgeführte Prüfung der Preiselastizität sogar in den Mittelpunkt der Beurteilung der Nachfragesubstituierbarkeit. Laut dieser Bekanntmachung der Kommission muss danach gefragt werden, ob die Substitution auf Seiten der Abnehmer durch die hypothetische Erhöhung des relativen

---

V., 6., abzurufen unter: http://www.bundeskartellamt.de/SharedDocs/Publikation/DE/Merkbl%C3%A4tter/Merkblatt%20-%20Deutsche%20Fusionskontrolle.pdf?__blob=publicationFile&v=5; EuGH 14.01.1978, Rs. 27/76, Slg. 1978, 207 Rn. 28 ff – „United Brands“; EuGH 13.02.1979, Rs. 85/76, Slg. 1979, 461 – „Hoffmann-La Roche“ sowie in der Bekanntmachung der Kommission über die Definition des relevanten Marktes, ABl.EG 1997, C 372/5.

194 Vgl. dazu Bekanntmachung der Kommission über die Definition des relevanten Marktes, ABl.EG 1997, C 372/5, Ziff. 17; Brinker in Schwarze, EU, AUEV Art. 102 Rn. 8.

195 Lenßen, Der kartellrechtlich relevante Markt, S. 203.

196 Rittner/Dreher/Kulka, Wettbewerbs- und Kartellrecht, § 6A III. 3 Rn. 731.

197 Fuchs/Möschel in Immenga/Mestmäcker, EU Wettbewerbsrecht, AEUV Art. 102 Rn. 50.

198 Vgl. dazu Bekanntmachung der Kommission über die Definition des relevanten Marktes, ABl.EG 1997, C 372/5, Ziff. 17; Brinker in Schwarze, EU, AUEV Art. 102 Rn. 8.

199 Zimmerlich, Marktmacht in dynamischen Märkten, S. 127.

Preises im Bereich von 5 % bis 10 % so hoch ist, dass damit ein Umsatzrückgang einhergeht, aufgrund dessen eine Preiserhöhung nicht mehr einträglich ist. Liegen diese Umstände vor, so werden in den sachlich relevanten Markt fortlaufend weitere Produkte einbezogen, bis die oben genannten geringen Preiserhöhungen im Bereich von 5 % bis 10 % der relativen Preise einen Gewinn einbringen würden.[200] Eine hypothetische Preiserhöhung erweist sich als unprofitabel, wenn die Kunden infolge der Erhöhung des Preises auf andere Produkte ausweichen würden, ihren Bedarf an dem betroffenen Produkt reduzieren würden oder das Produkt, dessen Preis hypothetisch erhöht wurde, durch andere Produkte außerhalb des vorab definierten Marktes substituieren würden. In diesem Fall scheinen die letztgenannten Produkte hinreichende Substitute darzustellen und der vorab definierte Markt muss entsprechend erweitert werden. Danach ist die hypothetische Preiserhöhung erneut vorzunehmen und die Profitabilität zu prüfen. Die Vorgehensweise beim SSNIP-Test ist somit immer gleich: zunächst wird eine eng begrenzte Gruppe von Dienstleistungen oder Produkten definiert, dann wird eine hypothetische Preiserhöhung vorgenommen, um anschließend die Profitabilität dieser Preiserhöhung festzustellen.[201]

Die Aussagekraft dieser Betrachtungsweise liegt in der Annahme begründet, dass lediglich ein Monopolist eine Preiserhöhung profitabel durchsetzen könnte, wohingegen Unternehmen, die nicht über eine spürbare Marktmacht verfügen, hierzu nicht in der Lage wären, da eine Preiserhöhung aufgrund der Konkurrenzsituation in dem betroffenen Markt für sie mit einem Umsatz-/ und Gewinnrückgang verbunden wäre.[202]

Im Ergebnis bedeutet dies, dass eine Abwanderung zu einem anderen Produkt aufgrund einer verhältnismäßig geringen Preiserhöhung ein Indiz für eine funktionelle Austauschbarkeit sein kann. Der SSNIP-Test ist jedoch nur begrenzt aussagekräftig, wenn der Preis nicht das einzige Entscheidungskriterium bzw. der ausschlaggebende Faktor zur Beurteilung eines Produktes oder einer Dienstleistung ist.[203] Zudem kann es in einem Markt zu Konstellationen kommen, in denen das Preisniveau bereits so hoch ist, dass die Abnehmer auf die kleinste Preiserhöhung mit Nichtabnahme und Abwanderung zu anderen Produkten/ Dienstleistungen reagieren. Dies ist immer dann der Fall, wenn der tatsächliche

---

200 Siehe Bekanntmachung der Kommission über die Definition des relevanten Marktes, ABl.EG 1997, C 372/5, Ziff. 15 ff.

201 Vgl. Lenßen, Der kartellrechtlich relevante Markt, S. 206/207.

202 Ähnlich auch: Lenßen, Der kartellrechtlich relevante Markt, S. 204/205.

203 Fuchs/Möschel in Immenga/Mestmäcker, EU Wettbewerbsrecht, AUEV Art. 102 Rn. 50.

Marktpreis den Wettbewerbspreis übersteigt. Dadurch wird fälschlicherweise ein hoher Grad an Substituierbarkeit des Produktes oder der Dienstleistung suggeriert, was wiederum zu einer weiten Marktabgrenzung führt, die die tatsächlichen Marktverhältnisse unzureichend widerspiegelt.[204] Der umgekehrte Fall einer zu engen Marktabgrenzung kann eintreten, wenn der tatsächliche Preis deutlich unter dem Wettbewerbspreis liegt.[205]

Nicht nur aus den dargelegten Gründen, sondern auch auf Grund der willkürlich festgesetzten Höhe sowie der erforderlichen Dauer der Preiserhöhung, die zu einer Ungenauigkeit des Verfahrens führt, und der Existenz weiterer Variablen abgesehen vom Preis, scheint der SSNIP-Test ein tendenziell wirklichkeitsfernes Instrument zur Marktabgrenzung darzustellen.[206] Insofern eignet er sich nicht als eigenständiges Marktabgrenzungsinstrument und sollte lediglich zur Unterstützung der im Rahmen des Bedarfsmarktkonzepts ermittelten Ergebnisse herangezogen werden.[207]

3. Angebotsumstellungsflexibilität / Produktionsflexibilität

Eine weitere Ergänzung des Bedarfsmarktkonzeptes stellt das Konzept der Angebotsumstellungsflexibilität dar, auch Produktionsflexibilität genannt.

Demnach sind bei der Definition des relevanten Marktes auch die Produkte oder Dienstleistungen zu berücksichtigen, die zwar nicht den konkreten Nachfragebedarf des Abnehmers decken, jedoch mittels kurzfristiger und ohne erhebliche Zusatzkosten verursachende Umstellung der Produktion des Unternehmens angeboten werden können.[208] Der so definierte Markt umfasst damit zusätzlich all diejenigen Leistungen, die ein Unternehmen als Reaktion auf eine kleine, dauerhafte Änderung des relativen Preises des ursprünglich angebotenen Produktes oder der ursprünglich angebotenen Dienstleistung kurzfristig produzieren und

---

204 Dieser Irrtum wird auch „cellophane fallacy“ genannt, da er erstmals beim US Supreme Courtauftrat im Rahmen der Missbrauchsaufsicht in der Entscheidung United States/du Pont de Nemours § Co. auftrat (United States v. du Pont de Nemours § Co. 351 U.S. 377 (1956); vgl. dazu auch Bulst in Langen/Bunte, EU, Art. 82 GG Rn. 39; Lenßen, Der kartellrechtlich relevante Markt, S. 226 ff.

205 Lenßen, Der kartellrechtlich relevante Markt, S. 230.

206 Vgl. Rittner/Dreher/Kulka, § 6 A III. 3, Rn. 731; Lenßen, der kartellrechtliche relevante Markt, S. 224; Theilmann, Der Begriff des relevanten Marktes im deutschen und europäischen Kartellrecht, S. 98.

207 Thomas in Immenga/Mestmäcker, GWB, § 36 Rn. 108.

208 Wagemann in Wiedemann, Handbuch des Kartellrechts, § 16 Rn. 30; Thomas in Immenga/Mestmäcker, GWB, § 36 Rn. 118.

auf den Markt bringen kann. Dabei dürfen für das Unternehmen jedoch weder erhöhte Absatzrisiken noch spürbare Zusatzkosten entstehen.[209] Liegt eine solche Angebotsumstellungsflexibilität vor, kann dies zur Annahme eines einheitlichen sachlich relevanten Marktes führen.[210] Es ist jedoch zu beachten, dass zu große Unterschiede bezüglich der technischen Anforderungen, des Know-Hows oder der erforderlichen Maschinen sowie ein hoher zeitlicher Aufwand für die Umstellung der Produktion der Annahme einer hinreichend hohen Flexibilität der Umstellung des Angebots entgegenstehen.[211]

Ein Beispiel für Angebotsumstellungsflexibilität ist die Produktion von Papier. Zwar fehlt es aus Sicht der Abnehmer an einer Substituierbarkeit der Papiere mit unterschiedlichen Papierstärken und auch die Anbieter unterscheiden sich in Stärke und Qualität des Papieres, trotzdem besteht aufgrund der Angebotsumstellungsflexibilität der Hersteller ein einheitlicher Markt für Papier.[212] Noch deutlicher wird das Konzept der Angebotsumstellungsflexibilität am Bespiel des Marktes für wissenschaftliche Literatur und Fachbücher. In diesem Bereich ist eine Abgrenzung, die sich ausschließlich auf die Verbrauchersicht stützt, nicht sinnvoll, da der Verbraucher ein bestimmtes Fachbuch in kaum einem Fall als austauschbar mit einem anderen Fachbuch anerkennen wird. Dies würde zu einer unnatürlich engen Marktabgrenzung führen, die nicht annähernd die tatsächlichen Wettbewerbsverhältnisse widerspiegelt.[213] Aus diesem Grund stütze die Europäische Kommission beispielsweise im Fall Candover/Cinven/Bertelsmann-Springer die Marktabgrenzung auf die Frage nach der Angebotsumstellungsflexibilität der Verlage.[214]

Hintergrund der Feststellung der Flexibilität in der Umstellung des Angebotes ist nicht nur das Zusammenfassen von Produktgruppen, die sich lediglich geringfügig unterscheiden. Vielmehr geht es insbesondere darum, Produkte sowie Dienstleistungen bei der Abgrenzung des relevanten Marktes hinreichend

---

209 Vgl. dazu Europäische Kommission, Bekanntmachung der Europäischen Kommission zur Definition des relevanten Marktes, Rn. 20 ff.

210 Thomas in Immenga/Mestmäcker, GWB, § 36 Rn. 119.

211 Körber in Immenga/Mestmäcker, EU Wettbewerbsrecht, Art 2 FKVO Rn. 61.

212 Europäische Kommission, Bekanntmachung der Kommission zur Definition des relevanten Marktes, Rn. 22.

213 Vgl. dazu BKartA 09.11.1999, B6, 2210, U, 101/99, WuW/E DE V 191 „Book/Nomos".

214 Siehe EU-Kommission v. 29. 07. 2003, M.3197 Tz. 12 ff. „Candover/Cinven/Bertelsmann-Springer"; vgl. dazu Körber in Immenga/Mestmäcker, EU Wettbewerbsrecht, Art. 2 FKVO Rn. 59.

abzubilden, die ein ähnliches Know-How, ähnliche technische Einrichtungs- sowie Herstellungsfazilitäten erfordern, um so eine den tatsächlichen Marktverhältnissen möglichst nahekommende Marktdefinition vornehmen zu können.

4. Konzept der Wirtschaftspläne

Bei der Anwendung des Konzeptes der Wirtschaftspläne steht das eigene Marktverhalten der Unternehmen im Mittelpunkt der Untersuchung. Im Gegensatz zu dem Konzept der Angebotsumstellungsflexibilität und des SSNIP-Tests stellt das Konzept der Wirtschaftspläne ein von der Frage der Nachfragesubstituierbarkeit unabhängiges Konzept dar und betrachtete die Marktverhältnisse aus Sicht des Anbieters.[215] Ausgangspunkt dieser Theorie sind die Wirtschaftspläne der betroffenen Unternehmen, in denen Reaktionen ihrer Mitbewerber sowie der Marktgegenseite auf zukünftiges Verhalten eingeschätzt werden. Auf der Grundlage von Zukunftserwartungen richten Unternehmen ihre Verhaltensweisen in dem Markt bzw. im Wettbewerb aus. Nach dem Konzept der Wirtschaftspläne wird angenommen, dass konkrete Wirtschaftspläne von Unternehmen deswegen zum alleinigen Maßstab für die Marktabgrenzung gemacht werden können, da sie am aufschlussreichsten für die tatsächlichen Marktverhältnisse seien. Unternehmen würden Anbieter nur dann in ihren Wirtschaftsplänen und ihrer wettbewerblichen Ausrichtung berücksichtigen, wenn von ihnen ein gewisser, wenn auch nur geringfügiger aber dennoch spürbarer Konkurrenzdruck ausgeht.[216] Ein gemeinsamer Markt könne demnach immer dann angenommen werden, wenn Anbieter sich in ihren Entscheidungen gegenseitig beeinflussen, da dies für das Vorhandensein eines wettbewerblichen Drucks spricht, der wiederum ein wichtiges Element des Marktes darstellt.[217] Umgekehrt wird nach dieser Theorie ein monopolistisches Unternehmen in seinem Wirtschaftsplan zwar die Marktgegenseite, also die Abnehmer berücksichtigen, die Wettbewerber bleiben jedoch unbeachtet.[218]

Mit dem Konzept der Wirtschaftspläne wird der Versuch unternommen, eine Analyse des Wettbewerbs aus Sicht der am Marktgeschehen Beteiligten

---

215 Ähnlich Fuchs/Möschel in Immenga/Mestmäcker, GWB, § 18 Rn. 49; Zimmerlich, Marktmacht in dynamischen Märkten, S. 128.

216 Vgl. dazu Neveling, Die sachliche Marktabgrenzung bei der Fusionskontrolle im deutschen und europäischen Kartellrecht, S. 57; Fuchs/Möschel in Immenga/Mestmäcker, GWB, § 18 Rn. 49; Zimmerlich, Marktmacht in dynamischen Märkten, S. 128.

217 Lenßen, Der kartellrechtlich relevante Markt, S. 248.

218 Zimmerlich, Marktmacht in dynamischen Märkten, S. 128.

vorzunehmen. Diese ökonomische Betrachtungsweise ermöglicht eine verhältnismäßig realitätsnahe Beurteilung der tatsächlich vorliegenden Wettbewerbsverhältnisse. Der Wirtschaftsplan eines Unternehmens kann deutlich über die Beurteilung der Substituierbarkeit der angebotenen Produkte oder Dienstleistungen hinausgehen. Mitunter zielt der Wirtschaftsplan auch auf die eigenen Möglichkeiten der Umstellung der Produktion ab und analysiert die Chancen im Wettbewerb im Falle einer Angebotsumstellung. Schon aufgrund der hohen Relevanz für das eigene, zu planende zukünftige Marktverhalten wird zumeist eine detaillierte Analyse des Marktes vorgenommen, die eine Prognose der Entwicklung des Wettbewerbes auf dem betroffenen Markt sowie zu erwartende Veränderungen der Marktstruktur enthalten kann. Vor diesem Hintergrund kann die interne Einschätzung eines Marktteilnehmers über die Frage der Nachfragsubstituierbarkeit hinaus wichtige Informationen liefern und somit einen Vorteil bei der Marktabgrenzung darstellen.[219] Allerdings ist zu berücksichtigen, dass die Marktabgrenzung nach dem Konzept der Wirtschaftspläne ausschließlich auf der Grundlage subjektiver unternehmerischer Perspektiven beruht. Dieser einseitige Blickwinkel birgt auch die Gefahr von Fehleinschätzungen.[220]

5. Theorie der Substitutionslücke

Nach der von Joan Robinson begründeten Theorie der Substitutionslücke („gap in the chain of substitution“)[221] geht man davon aus, dass zwischen allen Konsumgütern oder Dienstleistungen untereinander totale Konkurrenz herrscht und die Konsumgüter oder Dienstleistungen somit eine Kette von Substituten bilden.[222] Diese Kette kann jedoch durch Substitutionslücken getrennt werden. Eine Substitutionslücke liegt immer dann vor, wenn die Konkurrenzbeziehung innerhalb einer Anbietergruppe signifikant größer ist, als die Konkurrenzbeziehung dieser Anbietergruppe zu ihrem ökonomischen Umfeld. Überall dort, wo eine Substitutionslücke besteht, befindet sich eine Marktgrenze. Ein Monopol liegt demnach vor, wenn ein Anbieter eines Produktes oder einer Dienstleistung umgeben ist von Substitutionslücken.[223]

---

219 Vgl. Lenßen, der kartellrechtliche relevante Markt, S. 249 ff.

220 Vgl. Zimmerlich, Marktmacht in dynamischen Märkten, S. 120.

221 Robinson, The Economics of Imperfect Competition.

222 Ott, Grundzüge der Preistheorie, S. 45.

223 Vgl. Zimmerlich, Marktmacht in dynamischen Märkten, S. 123; Ott, Grundzüge der Preistheorie, S. 47.

Durch das Auftreten einer Substitutionslücke wird eine Gruppe von Anbietern von einer anderen Anbietergruppe abgetrennt und somit der relevante Markt abgesteckt. Gänzlich unberücksichtigt bleiben bei dieser Theorie jedoch die wettbewerblichen Einflüsse, die von vor- oder nachgelagerten Märkten ausgehen.[224] Aufgrund dieser Eindimensionalität erscheint dieses Konzept nicht geeignet, die Realitäten der Märkte abzubilden.

6. Industriekonzept

Dem Industriekonzept zufolge, das eine der ersten Theorien zur Marktabgrenzung darstellt, sind all die Anbieter einem gemeinsamen sachlich relevanten Markt zuzuordnen, die physikalisch-technisch homogene Produkte herstellen.[225] Die Homogenität der Produkte wird nicht nur anhand des Materials, der Eigenschaft sowie des Verfahrens zur Herstellung des Produktes beurteilt. Entscheidendes Kriterium für die physikalisch-technische Austauschbarkeit eines Produktes ist die Kennziffer der Industrie- und Handelsstatistik, da jede Kennziffer einen separaten Markt beschreibt.[226] Bei der Anwendung des Industriekonzeptes zur Definition des relevanten Marktes bleibt das Kriterium der Substituierbarkeit vollkommen außer Acht.[227] Das Industriekonzept stützt sich lediglich auf die technische Homogenität der Produkte. Für die Feststellung von Wettbewerbsbeziehungen ist hingegen ökonomische Homogenität das entscheidende Kriterium. Durch den einseitig technischen Blickwinkel geht die Marktabgrenzung mittels des Industriekonzeptes an der Realität eines Marktes vorbei und verkennt, dass Produkte, die physikalisch-technisch gleich gestaltet sind nicht zwangsläufig aus Sicht des Abnehmers als austauschbar angesehen werden und somit miteinander im Wettbewerb stehen. Andererseits besteht auch die Möglichkeit, dass Produkte sich zwar in physikalisch-technischer Hinsicht nicht ähneln, sie aber dennoch von den Abnehmern als substituierbar angesehen werden. Aufgrund der Nichtberücksichtigung dieser Umstände kann es im Rahmen der Marktermittlung auf Grundlage des Industriekonzeptes zu einer künstlichen

---

224 Vgl. Ott, Grundzüge der Preistheorie, S. 46

225 Vgl. Pepels, Marketing, S. 1231; Gabler Wirtschaftslexikon, Stichwort: relevanter Markt, Version 9, abzurufen unter: http://wirtschaftslexikon.gabler.de/Archiv/4793/relevanter-markt-v9.html; Zimmerlich, Marktmacht in dynamischen Märkten, S. 122.

226 Cárdena, Rolle Kriterien und Methodik der kartellrechtlichen Marktabgrenzung, S. 35; Zimmerlich, Marktmacht in dynamischen Märkten, S. 122.

227 Vgl. Gabler Wirtschaftslexikon, Stichwort: relevanter Markt, Version 9, abzurufen unter: http://wirtschaftslexikon.gabler.de/Archiv/4793/relevanter-markt-v9.html.

Trennung der Märkte kommen die eine Abbildung der tatsächlich vorliegenden Marktverhältnisse verfehlt.[228]

II. Räumliche Marktabgrenzung

Die räumliche Marktabgrenzung kann grundsätzlich nach den gleichen Kriterien erfolgen, wie die Abgrenzung des sachlich relevanten Marktes. Somit sind die oben dargestellten Theorien und Kriterien zur sachlichen Marktabgrenzung zu großen Teilen auf die räumliche Marktabgrenzung übertragbar.[229]

Ein abschließender Katalog mit Kriterien für die räumliche Marktabgrenzung liegt, wie auch bei der sachlichen Marktabgrenzung, weder im deutschen noch im europäischen Kartellrecht vor.[230] Art. 9 Abs. 7 FKVO legt jedoch eine Definition für nationale Referenzmärkte fest, die in gekürzter Form in der „Bekanntmachung der Kommission über die Definition des relevanten Marktes“ wiederzufinden ist und somit von der Kommission als allgemeine Definition des räumlich relevanten Marktes übertragen wird.[231] Darin heißt es: „Der geographisch relevante Markt umfasst das Gebiet, in dem die beteiligten Unternehmen die relevanten Produkte oder Dienstleistungen anbieten, in dem die Wettbewerbsbedingungen hinreichend homogen sind und das sich von benachbarten Gebieten durch spürbar unterschiedliche Wettbewerbsbedingungen unterscheidet.“[232] Der Sinngehalt dieser Definition wurde auch in der deutschen Kartellrechtspraxis übernommen.[233] Im Mittelpunkt der Kriterien zur räumlichen Marktabgrenzung stehen wie bei der sachlichen Definition des relevanten Marktes die Austauschmöglichkeiten aus Sicht der Marktgegenseite.[234] Es geht darum, festzustellen, welche durch die sachliche Marktabgrenzung festgelegten

228 So auch: Cárdenas, Rolle Kriterien und Methodik der kartellrechtlichen Marktabgrenzung, S. 35/36; Zimmerlich, Marktmacht in dynamischen Märkten, S. 122/123; Theilmann, Der Begriff des relevanten Marktes im deutschen und europäischen Medienkartellrecht, S. 95.

229 Vgl. dazu Knauss, Die räumliche Marktabgrenzung in der Fusionskontrolle und Missbrauchsaufsicht, S. 48 ff.

230 Fuchs/Möschel in Immenga/Mestmäcker, GWB, § 18 Rn. 53.

231 Körber in Immenga/Mestmäcker, EU Wettbewerbsrecht, Art. 2 FKVO Rn. 130.

232 Europäische Kommission, Bekanntmachung der Kommission über die Definition des relevanten Marktes, 97/C 372/03, 372/06, Ziff. 8.

233 Fuchs/Möschel in Immenga/Mestmäcker, GWB, § 18 Rn. 53; vgl. dazu auch BGH v. 16.01.2008, WuW/E DE-R 2327, Rz. 69 – „Kreiskrankenhaus Bad Neustadt“.

234 Theilmann, Medienwirtschaft und Kartellrecht, S. 107; Fuchs/Möschel in Immenga/Mestmäcker, GWB, § 18 Rn. 53.

Produkte auch in geografischer Hinsicht von den Nachfragern als austauschbar angesehen werden.[235] Im Rahmen dessen sind zur Widerspiegelung der tatsächlichen Marktverhältnisse eine ganze Reihe von Kriterien zu berücksichtigen.

Zunächst wird das Gebiet ermittelt, in dem möglichst homogene Wettbewerbsbedingungen vorliegen. Dabei wird keine vollständige Homogenität aller Wettbewerbsbedingungen gefordert, sondern es ist ausreichend, wenn die Bedingungen auf dem Gebiet ein hinreichendes Maß an Homogenität vorweisen.[236] Zur Ermittlung dessen werden unterschiedliche Marktdaten herangezogen. Dabei spielen u.a. Preisunterschiede, Handelsströme und auch anbieterbezogene Faktoren wie Marktzutrittsschranken und Marktanteile eine Rolle.[237] Gestützt auf der Beurteilung dieser Marktdaten und der Angebots- und Nachfragestruktur auf nationaler oder EU Ebene wird eine weitere Verfeinerung der räumlichen Marktabgrenzung vorgenommen.[238]

Im Anschluss daran wird die in diesem Gebiet herrschende Marktstruktur geprüft, um somit den Grad der Austauschbarkeit der Produkte feststellen zu können. Die Marktstruktur wird insbesondere mittels der Feststellung von nationalen Verbraucherpräferenzen sowie der Ermittlung unterschiedlicher Transportkosten und Vertriebsstrukturen ermittelt.[239] Anhand der einzelnen Kriterien wird das Maß bestimmt, indem aus Sicht der Abnehmer alternative Lieferquellen für die einzelnen Produkte oder Dienstleistungen bestehen.[240] Die Transportkosten spielen im Rahmen dessen zur Beurteilung der geographischen Substituierbarkeit eines Produktes oder einer Dienstleistung in der Praxis eine grundlegende Rolle. Die mit dem Transport verbundenen Kosten geben Auskünfte darüber, in welcher räumlichen Ausdehnung ein Produkt oder eine Dienstleistung in ökonomisch sinnvoller Weise angeboten werden kann. Geringe Transportkosten ermöglichen den Anbietern die Ware oder Dienstleistung über eine größere Distanz zu vermarkten, dies führt wiederum zur Annahme größerer relevanter Märkte.[241] Sprachunterschiede hingegen führen

---

235 Thomas in Immenga/Mestmäcker, GWB, § 36 Rn. 90.

236 Füller in MüKo, Europäisches Wettbewerbsrecht, Einl., Rn. 1682.

237 Vgl. Riesenkampff/Lehr in Loewenheim/Meessen/Riesenkampff, EU, Art. 2 FKVO Rn. 34; Thomas in Immenga/Mestmäcker, GWB, § 36 Rn. 90 ff.

238 Hacker in Schröter/Jakob/Klotz/Mederer, Europäisches Wettbewerbsrecht, FKVO, Art. 2 Rn. 72.

239 Vgl. Riesenkampff/Lehr in Loewenheim/Meessen/Riesenkampff, EU, Art. 2 FKVO Rn. 34; Thomas in Immenga/Mestmäcker, GWB, § 36 Rn. 90 ff.

240 Riessenkampff/Lehr in Loewenheim/Meessen/Riesenkampff, EU, Art. 2 FKVO Rn. 34.

241 Füller in MüKo, Bd. 1, Europäisches Wettbewerbsrecht, Einl., Rn. 1683.

nur in bestimmten Fällen zur Bewertung räumlicher getrennter Märkte. Ein räumlich relevanter Markt reduziert sich auf ein Sprachgebiet, wenn die Sprache selbst das Medium ist und somit den Verwendungszweck bestimmt. Dies ist insbesondere bei Medienmärkten von praktischer Bedeutung.[242]

Auch nationale Verbraucherpräferenzen, bedingt durch bestimmte Gewohnheiten, können zu einer räumlichen Trennung der Märkte führen.[243] Dies gilt gleichermaßen für nationale Vertriebsstrukturen, aus denen sich unter Umständen faktische Marktzutrittsschranken bilden, sofern durch sie andere Anbieter aufgrund der Notwendigkeit des Aufbaus eines eigenen Vertriebssystems vom nationalen Wettbewerb faktisch ausgeschlossen werden.[244]

Kommen die zuständigen Kartellbehörden im Rahmen der Homogenitätsprüfung auf Grundlage der oben genannten Kriterien zu dem Ergebnis, dass erhebliche Unterschiede bei den Wettbewerbsbedingungen im Absatzgebiet vorliegen, so ist dieses Gebiet in so viele räumliche Teilmärkte zu unterteilen, wie geographische Räume mit eigenen Wettbewerbsbedingungen gegeben sind.[245] Darüber hinaus kann es zur Erlangung einer sachgerechten Marktabgrenzung erforderlich sein, dass geprüft wird, ob Hindernisse oder Schranken bestehen, welche die in dem betroffenen Gebiet agierenden Unternehmen von einem möglichem Wettbewerbsdruck, der von Unternehmen ausgeht, die auf benachbarten Märkten tätig sind, schützt. Liegen solche Schranken vor, kann dies eine Korrektur der vorläufig getroffenen räumlichen Marktabgrenzung erforderlich machen.[246] Dabei erfolgt die Analyse zur Definition des räumlich relevanten Marktes nicht auf der Grundlage politischer oder ideologischer Präferenzen, sondern orientiert sich allein an der ökonomischen Realität.[247]

Gerade auf europäischer Ebene ist die Abgrenzung des räumlich relevanten Marktes, insbesondere im Rahmen der Fusionskontrolle, immer wieder eine Herausforderung in der Kartellrechtspraxis. Fraglich ist häufig, ob es sich um

---

242 Füller in MüKo, Bd. 1, Europäisches Wettbewerbsrecht, Einl., Rn. 1687.

243 Vgl. Riesenkampff/Lehr in Loewenheim/Meessen/Riesenkampf, EU, Art. 2 FKVO Rn. 41.

244 Vgl. Riesenkampff/Lehr in Loewenheim/Meessen/Riesenkampf, EU, Art. 2 FKVO Rn. 41.

245 Hacker in Schröter/Jakob/Klotz/Mederer, Europäisches Wettbewerbsrecht, FKVO, Art. 2 Rn. 71.

246 Hacker in Schröter/Jakob/Klotz/Mederer, Europäisches Wettbewerbsrecht, FKVO, Art. 2 Rn. 75.

247 Ehlermann „Die europäische Fusionskontrolle – erste Erfahrungen" in WuW 1991, S. 534 (541).

einen noch nationalen oder bereits europaweiten Markt handelt. Stetig und schnell wachsende Märkte sowie rechtliche und tatsächliche Harmonierungsmaßnahmen machen somit eine dynamische und zukunftsorientierte Prognose erforderlich.[248] Deswegen sind auch zu erwartende Entwicklungen, wie die Öffnung eines Marktes in räumlicher Hinsicht durch den zukünftigen Wegfall noch bestehender Handelshemmnisse bei der Marktabgrenzung im Rahmen der europäischen Fusionskontrolle zu berücksichtigen, sofern mit hinreichender Wahrscheinlichkeit davon ausgegangen werden kann, dass aus dem betroffenen nationalen Markt in naher Zukunft ein gemeinschaftsweiter Markt werden wird.[249]

Im deutschen Recht wurden bei der Definition des geografischen Marktes sowohl bundesweite als auch regionale und lokale Märkte angenommen. Darüber hinaus stellt § 18 Abs. 2 GWB klar, dass sich der geographische Markt nicht auf die Bundesrepublik Deutschland beschränken muss, sondern auch größer als das Bundesgebiet sein kann.[250] In der europäischen Kartellrechtspraxis wird von der Existenz weltweiter, europaweiter, nationaler sowie regionaler Märkte ausgegangen.[251]

III. Kritische Würdigung der Anwendung der Modelle zur sachlichen Marktabgrenzung in der Kartellrechtspraxis

Sowohl in der deutschen als auch in der europäischen Kartellrechtspraxis stellt das Bedarfsmarktkonzept den maßgeblichen Ausgangspunkt sowie die Grundlage zur Definition des sachlich relevanten Marktes dar. Gleichwohl wird insbesondere in der europäischen Kartellrechtspraxis ergänzend auf weitere Ansätze abgestellt.[252] Besonders hervorgehoben wurde dabei auf europäischer Ebene, in erster Linie durch die Aufnahme in die „Bekanntmachung der Kommission über den relevanten Markt“, der SSNIP-Test.[253] Da der SSNIP-Test anhand einer

248 Vgl. Körber in Immenga/Mestmäcker, EU Wettbewerbsrecht, Art. 2 FKVO, Rn 131.

249 Vgl. zur Berücksichtigung dynamischer Marktentwicklung: Körber in Immenga/Mestmäcker, EU Wettbewerbsrecht, Art. 2 FKVO, Rn. 131; Ehlermann „Die europäische Fusionskontrolle – erste Erfahrungen“ in WuW 1991, S. 534 (541).

250 Vgl. Thomas in Immenga/Mestmäcker, GWB, § 36, Rn. 92.

251 Riesenkampff/Lehr in Loewenheim/Meessen/Riesenkampff, EU, Art. 2 FKVO Rn. 43.

252 Vgl. dazu Füller in MüKo, Bd. 1, Europäisches Wettbewerbsrecht, Einl., Rn. 1669 u. 1665.

253 Siehe: Europäische Kommission, Bekanntmachung der Kommission über die Definition des relevanten Marktes, 97/C 372/03, 372/07, Ziff. 15 ff.

hypothetischen Preissteigerung Anhaltspunkte für die Nachfragesubstituierbarkeit eines Produktes oder einer Dienstleistung geben soll, knüpft er an das Bedarfsmarktkonzept an.[254] Die europäischen Gerichte greifen demensprechend auch lediglich ergänzend auf den SSNIP-Test im Rahmen der Marktabgrenzung zurück.[255]

Die deutsche Kartellrechtspraxis zeigt sich im Vergleich zur Praxis der Europäischen Kommission und der der europäischen Gerichte bei der Anwendung des SSNIP-Tests noch zurückhaltender. Zwar verwendete das Bundeskartellamt diesen Ansatz bereits,[256] der BGH macht in seiner Entscheidung „Soda Club II" jedoch deutlich, dass es sich bei dem SSNIP-Test um eine Modellerwägung handelt, „die für die Marktabgrenzung eine Hilfestellung liefert, die Marktabgrenzung aber nicht als ausschließliches Kriterium bestimmen kann."[257]. Dies mag auch daran liegen, dass der SSNIP-Test methodisch nicht unangreifbar ist. Die Güter, für die die Preiserhöhung hypothetisch angenommen werden soll, müssen in einem ersten Schritt ermittelt werden. Das bedeutet, dass es bereits vorab eine Art der Marktabgrenzung bzw. Produkt oder Dienstleistungseingrenzung geben muss, um den SSNIP-Test überhaupt durchführen zu können, was wiederum die Gefahr eines Zirkelschlusses birgt. Darüber hinaus scheint die gesetzte Schwelle der Preiserhöhung von 5 bis 10 % willkürlich bestimmt. Zum einen ist der Prozentsatz mit dieser Angabe nicht genau festgelegt, zum anderen bleiben qualitative Unterschiede, Abnehmerpräferenzen, der Leistungszeitpunkt sowie die Höhe des Ausgangspreises des angebotenen Gutes vollkommen unberücksichtigt.[258]

Das Konzept der Angebotsumstellungsflexibilität ist sowohl in der deutschen als auch in der europäischen Kartellrechtspraxis als Ergänzung des Bedarfsmarktkonzeptes anerkannt.[259] Ebenso wie die Grundzüge des SSNIP-Tests findet auch das Prinzip der Angebotssubstituierbarkeit Erwähnung in der Bekanntmachung der Europäischen Kommission über die Definition des relevanten Marktes

254 Vgl. B., I., 2.

255 Füller in MüKo, Bd. 1, Europäisches Wettbewerbsrecht, Einl., Rn. 1676.

256 Vgl. BKartA v. 30.09.2005, WuW/E DE-R 1113 „Railion/RBH".

257 BGH v. 04.03.2008 WuW/E DE-R 2268 (2268), „Soda Club II".

258 Vgl. zur Kritik am SSNIP-Test Dimitrakopoulou, Medienkonvergenz und der relevante Produktmarkt in der europäischen Fusionskontrolle, S. 161 ff.; Füller in MüKo, Bd. 1, Europäisches Wettbewerbsrecht, Einl., Rn. 1676.

259 Siehe zum deutschen Recht z.B: BKartA 17.04.1989 WuW/E BKartA 2335 (2344 ff.), „Daimler/MBB"; BKartA WuW/E DE-R 2729 (2736 ff.), „Hochtief/Philipp Holzmann".

und hält damit Einzug in die Kartellrechtspraxis der Kommission.[260] Im deutschen Recht fand die Angebotsumstellungsflexibilität mehrfach Erwähnung und teilweise Berücksichtigung in Entscheidungen des Bundeskartellamtes sowie des BGH.[261] Allerdings kommt sowohl in der deutschen als auch in der europäischen Kartellrechtspraxis der Nachfragesubstituierbarkeit der Vorrang zu.[262]

Laut der „Bekanntmachung der Kommission über die Definition des relevanten Marktes" ist die Feststellung der Angebotssubstituierbarkeit nur in den Fällen der Marktabgrenzung ergänzend heranzuziehen, in denen sich die Substituierbarkeit auf der Angebotsseite ebenso wirksam und unmittelbar auswirkt wie die Nachfragsubstituierbarkeit. In Konstellationen, in denen eine kurzfristige Umstellung der Produktion durch einen Anbieter hingegen keine Auswirkung auf die Marktstellung eines Unternehmens hat, da das betroffene Unternehmen seine Marktstellung durch weitere Faktoren und Umstände vor potentiellen Gefahren, die von der Konkurrenz ausgehen, absichern kann, bleibt die Feststellung der Angebotssubstituierbarkeit aussagelos.[263] Die ergänzende Anwendung der Angebotssubstituierbarkeit im Rahmen der Definition des relevanten Marktes soll die Feststellung zu enger und damit verkünstelter Märkte verhindern.[264] Ihre Aussagekraft beschränkt sich in bestimmten Fällen nicht auf die räumliche Dimension der Marktabgrenzung. Die Angebotsumstellungsflexibilität kann ebenso bei der geographischen Definition des relevanten Marktes ergänzend herangezogen werden.[265]

Bei dem Konzept der Wirtschaftspläne erfolgt die Abgrenzung des relevanten Marktes aus der Sicht der von den wettbewerbsrechtlichen Normen betroffenen Marktteilnehmer. Die Anwendung dieses Konzeptes in der kartellrechtlichen Praxis würde Raum für Manipulationen durch die betroffenen Unternehmen

---

260 Vgl. Europäische Kommission, Bekanntmachung der Kommission über die Definition des relevanten Marktes, 97/C 372/03, 372/07, Zif. 20.

261 Siehe Bundeskartellamt u.a. in: BKartA v. 29.08.2008 – B 6-52/08, WuW 2001, 75 (75ff.), Intermedia/H&B"; BKartA v. 03.06.1997 – B3- 24664-U – 132/96, WuW 1997, 1019, „Merck/KMF Laborchemie"; BKartA v. 08.06.2006 WuW/E DE-V 1313 (1314), „Telecash"; BKartA v. 24.01.1995 WuW/E BKartA 2729 (2345), „Daimler/MBB"; BGH u.a. in: BGH v. 10.12.2008, Az. KVRZ/08 in NJW 2009, 1212(1212), „Stadtwerke Uelzen"; BGH v. 16.01.2007, Az. KVR12/06 in ZUM-RD, 292 (292), „National Geographie II"

262 Thomas in Immenga/Mestmäcker, GWB, § 36 Rn. 118.

263 Vgl. Europäische Kommission, Bekanntmachung der Kommission über die Definition des relevanten Marktes, 97/C 372/03, 372/07, Ziff. 20.

264 Vgl. Füller in MüKo, Bd. 1, Europäisches Wettbewerbsrecht, Einl., Rn. 1679/1680.

265 Vgl. Thomas in Immenga/Mestmäcker, GWB, § 36 Rn. 121.

schaffen, um dadurch die Entscheidungen der Behörden und der Gerichte zu beeinflussen.[266] Die Art wie eine Marktgrenze in den Wirtschaftsplänen gezogen wird, ist unmittelbar geprägt von den verfolgten Interessen des Unternehmens, das den Wirtschaftsplan erstellt. Dabei ist zu bedenken, dass ein Unternehmen bei der Feststellung der Marktgrenze regelmäßig die eigenen wirtschaftlichen Interessen maßgeblich berücksichtigt, wohingegen die Kartellbehörden und Gerichte öffentliche Interessen verfolgen. Dies kann im Ergebnis zu einer unterschiedlichen Definition des Marktes führen.[267] Dabei bliebe bei der Feststellung der Marktgrenze aus Unternehmersicht der Gesetzeszweck der kartellrechtlichen Normen gänzlich unbeachtet, was im Zweifel weder im Rahmen der Fusionskontrolle noch bei der Missbrauchsaufsicht zu befriedigenden Ergebnissen bei der Definition des relevanten Marktes aus Sicht der Gerichte sowie der Behörden führen würde. Darüber hinaus ist das Konzept der Wirtschaftspläne mit einer großen Unsicherheit verbunden, da u.a. nicht geregelt ist, wie groß der Kreis der Unternehmen sein soll, deren Wirtschaftspläne in den konkreten Fällen zu analysieren sind und wie die Kartellbehörden im Verfahren an die im Einzelfall relevanten Wirtschaftspläne verschiedenster Unternehmen gelangen sollen.[268] Zudem wird das unmittelbare Wettbewerbsumfeld in tatsächlicher Hinsicht nicht von den subjektiven Vorstellungen der betroffenen Unternehmen, sondern ausschlaggebend durch das Verhalten der Abnehmer und Wettbewerber bestimmt. Nicht zuletzt aufgrund dieser Kritik hat sich das Konzept in der kartellrechtlichen Praxis nie durchsetzen können.[269] Es bleibt damit bei einem lediglich von der Literatur vertretenem Ansatz zur Definition des relevanten Marktes, der weder in der deutschen noch in der europäischen Kartellrechtspraxis Berücksichtigung findet.

Auch die Theorie der Substitutionslücke findet im deutschen sowie europäischen Kartellrecht keinen Anklang. Die Methode erscheint insbesondere im Rahmen der Fusionskontrolle ungeeignet, da lediglich bereits bestehende Substitutionsbeziehungen berücksichtigt werden, die über einen bestimmten

266 Vgl. Teilmann, Medienwirtschaft und Kartellrecht, S. 96/97.

267 Vgl. Lenßen, Der kartellrechtlich relevante Markt, S. 254.

268 Teilmann, Medienwirtschaft und Kartellrecht, S. 97; vgl. Lenßen, Der kartellrechtlich relevante Markt, S. 255.

269 So auch Thomas in Immenga/Mestmäcker, GWB, § 36 Rn. 101; Füller in MüKo, Bd. 1, Europäisches Wettbewerbsrecht, Einl., Rn. 1667; im Ergebnis ebenso: Neveling, Die sachliche Marktabgrenzung bei der Fusionskontrolle im deutschen und europäischen Recht, S. 58; Lenßen, der kartellrechtlich relevante Markt, S. 257; anders: Golz, Der sachlich relevante Markt bei Verlagserzeugnissen, S. 10–14.

Zeitraum konstant sind, so dass die für die Marktabgrenzung bei der Fusionskontrolle erforderliche Prognoseentscheidung mittels der Theorie der Substitutionslücke nicht getroffen werden kann.[270] Ungenauigkeiten in der Abgrenzung mittels der Theorie der Substitutionslücke entstehen zudem dadurch, dass keine Einigkeit über das erforderliche Ausmaß bzw. die Signifikanz der Konkurrenzbeziehung besteht, anhand derer die Substitutionslücke festgestellt werden soll. Dies führt dazu, dass die Ermittlung der Substituierbarkeit der Produkte nicht objektivierbar ist und somit eine allgemeingültige Aussage kaum getroffen werden kann. Dadurch entzieht sich die so vorgenommene Marktabgrenzung der Überprüfbarkeit, worunter die Rechtssicherheit der betroffenen Unternehmen leidet.[271] Obwohl auch bei diesem Konzept grundsätzlich auf die Substituierbarkeit der Produkte abgestellt wird, handelt es sich um ein rein theoretisches Konstrukt, das zur vollumfänglichen Abbildung der tatsächlichen Marktverhältnisse nicht geeignet scheint.[272]

Dies gilt gleichermaßen für das Industriekonzept. Dem Industriekonzept zu folge richtet sich die Definition des relevanten Marktes nach der technisch-physikalischen Homogenität der Güter und ist somit ein rein objektiv ausgerichtetes Marktabgrenzungskriterium. Bei der Anwendung des Industriekonzeptes mangelt es jedoch an einer genauen Festlegung der Maßstäbe für die erforderliche Homogenität im technisch-physikalischen Sinne. Die reine Berücksichtigung der technisch-physikalischen Beschaffenheit eines Produktes lässt viele, die Struktur eines Marktes sowie den tatsächlich gegebenen Wettbewerb betreffende Faktoren außer Acht. Insbesondere sind auf der Grundlage der technisch-physikalischen Homogenität keine Aussagen über die Ähnlichkeit der Produkte in ökonomischer Sicht zu treffen.[273] Zwar werden in der europäischen Kartellrechtspraxis technische Eigenschaften von Produkten oder Dienstleistungen zugrunde gelegt, um daraus weitere Rückschlüsse auf die Substituierbarkeit schließen zu

---

270 Vgl. Zimmerlich, Marktmacht in dynamischen Märkten, S. 123/124.

271 Vgl. in Bezug auf die räumliche Marktabgrenzung: Knauss, Die räumliche Marktabgrenzung in der Fusionskontrolle und Missbrauchsaufsicht, S. 51; in Bezug auf die sachliche Marktabgrenzung: Lenßen, Der kartellrechtliche relevante Markt, S. 180; Theilmann, Der Begriff des relevanten Marktes im deutschen und europäischen Medienkartellrecht, S. 100.

272 Ähnlich auch: Lenßen, Der kartellrechtlich relevante Mark, S. 179 ff; Knauss, Die räumliche Markabgrenzung in der Fusionskontrolle und Missbrauchsaufsicht, S. 27/28.

273 Vgl. dazu Zimmerlich, Marktmacht in dynamischen Märkten, S. 122/123; Füller in MüKo, Bd. 1, Europäisches Wettbewerbsrecht, Einl., Rn. 1666.

können, die reine Anwendung des Industriekonzepts ist für eine Abbildung der tatsächlich herrschenden Wettbewerbsbedingungen jedoch zu eindimensional.[274] Der Ansatz des Industriekonzeptes zur Definition des sachlich relevanten Marktes ist in vielerlei Hinsicht Bedenken ausgesetzt, was letztendlich dazu führt, dass das Konzept sich weder in der deutschen noch in der europäischen Kartellrechtspraxis zur Bestimmung des relevanten Marktes durchgesetzt hat.[275]

Die Auseinandersetzung mit den einzelnen Abgrenzungskriterien zeigt, dass sich aus gutem Grund das Bedarfsmarktkonzept (unter ergänzender Hinzuziehung anderer Konzepte) in der Praxis als das erste Mittel der Wahl bei der kartellrechtlichen Marktabgrenzung herauskristallisiert hat, um bei der Definition der Märkte Ergebnisse zu erzielen, die den wirtschaftlichen Realitäten möglichst nahekommen. Dabei ist jedoch auch das Bedarfsmarktkonzept nicht unfehlbar, wie sich bei der Anwendung im Bereich der Medienwerbemärkte zeigt. In diesem Bereich werden die Schwächen dieser Marktabgrenzungsmethode deutlich, wenn es um die Einbeziehung von Randsubstitutionswettbewerb sowie um die Beurteilung von sich erst in der Entwicklung befindenden benachbarten sachlich relevanten Märkten geht. Die Entwicklung der Onlinewerbemärkte sowie zunehmende crossmediale Verflechtungen im Mediensektor prüfen das Bedarfsmarktkonzept auf seine Praxistauglichkeit.[276]

---

274 Vgl. Füller in MüKo, Bd. 1, Europäisches Wettbewerbsrecht, Einl., Rn. 1666.

275 Vgl. Füller in MüKo, Bd. 1, Europäisches Wettbewerbsrecht, Einl., Rn. 1666.

276 Siehe dazu Teil 3, D. sowie Teil 4.

Teil 2

A. Wettbewerb und die Struktur der Medienmärkte

Das Erfordernis einer kartellrechtlichen Neubewertung der Medienwerbemärkte, insbesondere mit Blick auf die Einordung der Onlinewerbemärkte, findet seine Begründung in der besonderen Struktur dieser zum Teil stark konzentrierten Medienmärkte. Um deren Struktur zu verstehen, ist ein Blick auf die Entwicklung des Wettbewerbes und den damit einhergehenden Implikationen für das Wettbewerbsrecht erforderlich.

Die deutsche Medienlandschaft in ihrer aktuellen Struktur und damit auch die Ausprägungen der höchst unterschiedlichen Medien, haben eine lange Entwicklung hinter sich. Ihr Weg ist geprägt von Regulierungen, die sicherstellen sollen, dass ein System geschaffen wird, das in sich stabil ist und den Medien erlaubt, ihre Funktion einer „vierten Gewalt" im Staat unabhängig wahrnehmen zu können. Die Entwicklung des deutschen Medienrechts in der Nachkriegszeit ist dabei maßgeblich von den Erfahrungen im dritten Reich geprägt worden. Dieser historische Hintergrund erklärt die Besonderheiten der Gesetzgebung und die hohen Anforderungen, die an das deutsche sowie das europäische Medienrecht gestellt werden.[277] Dabei ist stets der Unterschied zwischen Sicherung der Meinungsvielfalt und Sicherung des Wettbewerbes zu berücksichtigen.

Mit der Öffnung der Rundfunkmärkte für private Anbieter und infolge der fortschreitenden Konzentration im Verlagswesen sind die Medienmärkte verschärft in den Fokus der Wettbewerbsbehörden gerückt. Die Entstehung von weiteren Märkten durch digitale Techniken sowie die fortschreitende Internationalisierung öffnen ein weiteres Kapitel in der Geschichte von Kontrolle und Regulierung der Medienmärkte, wobei sich bis heute Aspekte der Meinungsvielfaltssicherung und des Funktionszusammenhangs zwischen Massenkommunikation und Demokratie auf das Wettbewerbsrecht auswirken.

---

277 Schüller in Dörr/Kreile/Cole, Handbuch Medien, S. 81 Rn. 125.

I. Wettbewerbsformen im Mediensektor

Betrachtet man die unterschiedlichen Ausprägungen des Wettbewerbes in den Medienmärkten, wird schnell deutlich, dass es sich dabei nicht um einen eindimensional zu beurteilenden Markt handelt. Unternehmen, die Medienprodukte herstellen und vertreiben, verfolgen mit ihrer Arbeit nicht nur wirtschaftliche Interessen, sondern erfüllen auch vielfältige und komplexe Aufgaben der Informationsverbreitung. Sie stehen somit neben dem ökonomischen in einem publizistischen Wettbewerb mit ihren Konkurrenten.[278] Das gilt für Presse wie Rundfunk gleichermaßen.

1. Publizistischer Wettbewerb

Information als Teil eines medialen Produktes ist auch ein Wirtschaftsgut, das nach ökonomischen Grundsätzen gehandelt werden kann.[279] Aufgrund ihrer Funktion als Informationsgestalter und -lieferant beteiligen sich die Medienunternehmen zudem an der demokratischen Meinungsbildung und gewährleisten, dass im Rahmen der von der Verfassung geschützten Meinungsfreiheit Informationen sowie Kritik und Kontrolle aller relevanten gesellschaftlichen und politischen Sphären öffentlich werden können. Massenmedien sind das zentrale Instrument der öffentlichen Meinungsbildung. Die Vielfalt an publizistischen Veröffentlichungen – unabhängig von ihrer Art der technischen Verbreitung – ist einer der wichtigsten Indikatoren für das Bestehen von Meinungs- und Informationsfreiheit. Der publizistische Wettbewerb beschreibt die Konkurrenz der Medienunternehmen in Bezug auf Informationen und Meinungen. Wobei dieser Wettbewerb quantitativ hinsichtlich der Reichweite oder Auflage und/oder qualitativ hinsichtlich Aktualität und Qualität der hervorgebrachten und verbreitenden Inhalte geführt werden kann.[280]

Publizistische Konkurrenz ist ein grundlegendes Element der Meinungs- und Informationsfreiheit.[281] Ohne publizistischen Wettbewerb bestünde die Gefahr des Missbrauchs durch einen Monopolanbieter im Medienmarkt. Publizistischer Wettbewerb herrscht dort, wo „durch einen ungehinderten Kommunikationsaustausch unterschiedliche Meinungen und Wertungen auf einem „Marktplatz der Meinungen“ miteinander um die Akzeptanz des zu erreichenden Einzelnen

278 Vgl. Krzywicki, Crossmediale Zusammenschlüsse als Sonderform der Konzentration im Medienbereich, S. 71.
279 Schaarschmidt, Cross-Promotion durch Medienkonglomerate, S. 113.
280 Ähnlich Paal, Medienvielfalt und Wettbewerbsrecht, S. 129.
281 Vgl. zur Bedeutung des publizistischen Wettbewerbs: Paal, Medienvielfalt und Wettbewerbsrecht, S. 129; so auch KEK, Fünfter Medienkonzentrationsbericht, S. 15.

konkurrieren."[282]. In demokratisch verfassten Gesellschaften wird der publizistische Wettbewerb im Mediensektor als besonders schützenswert angesehen. Daraus abgeleitet wird die Forderung, dass neben der kartellrechtlichen Wettbewerbsaufsicht auf nationaler wie auch auf europäischer Ebene eine publizistische Konzentrationskontrolle zu gewährleisten ist.[283]

Da im Fokus dieser Arbeit die kartellrechtliche Beurteilung der Medienmärkte steht, werden die Grundzüge der publizistischen Konzentrationskontrolle aufgrund des Doppelcharakters der Medienmärkte (ökonomisch/publizistisch) im Folgenden lediglich schematisch dargestellt.

a) Publizistische Konzentrationskontrolle im deutschen Rundfunk

Die kartellrechtliche Konzentrationskontrolle im Mediensektor erstreckt sich sowohl auf die Presse-, als auch auf die Rundfunk- und Onlinemärkte. Auf publizistische Vielfalt abzielende Regulierungsmaßnahmen bestehen hingegen nur im Bereich des Rundfunks. Besonderen Schutz hat der publizistische Wettbewerb durch den Staatsvertrag über den Rundfunk in Deutschland, den sog. Rundfunkstaatsvertrag[284], und die Landesmediengesetze bekommen. Zum Schutze der Informations- und Meinungsfreiheit und damit auch zum Schutze des publizistischen Wettbewerbes hat das Bundesverfassungsgericht immer wieder differenzierte sowie detaillierte Entscheidungen zur Rundfunkordnung getroffen.[285]

Der mittlerweile 15. Rundfunkstaatsvertrag definiert für bundesweit verbreitete Rundfunkprogramme Rahmenbedingungen bzw. spezielle Anforderungen mit dem Ziel der Verhinderung von Meinungskonzentration. So soll mit diesen medienspezifischen Regularien sichergestellt werden, dass eine hinreichende Vielfalt an Meinungen im Rundfunk abgebildet und verbreitet werden kann. Dabei werden keine unmittelbaren inhaltlichen Vorgaben gemacht, um nicht in die grundrechtlich durch Art. 5 Abs. 1 S. 1 GG geschützte Meinungs- und Informationsfreiheit einzugreifen.[286] Die Beurteilung von Fragestellungen in Bezug auf die Sicherung von Meinungsvielfalt im Rahmen von nicht öffentlich-rechtlichen

---

282 Bucholtz „Gibt es einen Fernsehzuschauermarkt im Sinne des Gesetztes gegen Wettbewerbsbeschränkungen" in ZUM 1998, S. 108 (110).

283 Vgl. Kubala, Medienkonzentration im Internet, S. 163.

284 In der Fassung des 15. Rundfunkänderungsstaatsvertrages größtenteils in Kraft seit dem 1. Januar 2013. Fortfolgend auch RStV.

285 Für Presseunternehmen Dörr in Dörr/Kreile/Cole, Handbuch Medienrecht, S. 223 Rn. 5.

286 Vgl. Ausführungen zum Rundfunkstaatsvertrag: Schaarschmidt, Cross-Promotion durch Medienkonglomerate, S. 89.

bundesweiten Fernsehprogrammen erfolgt durch die Kommission zur Ermittlung der Konzentration im Medienbereich (KEK).[287]

Im Zusammenhang mit der publizistischen Konzentrationskontrolle werden immer wieder Stimmen laut, die eine publizistische Regulierung auch im Bereich der Presse- und Onlinemedien fordern. Dem stehen allerdings gewichtige verfassungsrechtliche und gesellschaftspolitische Bedenken gegenüber.[288] Einigkeit besteht indes darüber, dass auch in der publizistischen Konzentrationskontrolle des Rundfunks eine crossmediale Bewertung der Presse- und Onlinemedienmärkte erforderlich ist, um den tatsächlichen Einfluss eines Unternehmens auf die öffentliche und individuelle Meinungsbildung abbilden zu können, wie sich im weiteren Verlauf dieses Kapitels noch zeigen wird.[289]

b) Publizistische Konzentrationskontrolle auf europäischer Ebene

In der Welt der neuen Medien sind Verbreitung sowie Konsum von Medienprodukten nicht mehr ausschließlich auf nationale Medienmärkte beschränkt. Die fortschreitende Internationalisierung der Medienmärkte bedeutet eine zusätzliche Herausforderung für Maßnahmen zur Sicherung des publizistischen Wettbewerbes. Der Schutz der Meinungsvielfalt ist auf europäischer Ebene in Art. 11 Abs. 1 und Abs. 2 der Charta der Grundrechte der Europäischen Union normiert.

Erste Versuche zur Entwicklung einer europäischen Konzentrationskontrolle wurden 1992 mit der Veröffentlichung des Grünbuchs „Pluralismus und die Medienkonzentration im Binnenmarkt – Bewertung der Notwendigkeit einer Gemeinschaftsaktion“[290] von der Europäischen Kommission gestartet. Die dort enthaltenen Möglichkeiten für eine europäische Konzentrationskontrolle konnten trotz langer Konsultationsprozesse keinen allgemeinen Anklang finden, so dass es nicht zu einer Einigung der Mitgliedsstaaten kam.[291] Trotz weiterer Bemühungen um einen europäischen Vielfaltsschutz[292] beschränken sich

---

287 KEK, Fünfter Medienkonzentrationsbericht, S. 15; vgl. auch Dörr in Dörr/Kreile/Cole, Handbuch Medienrecht, S. 225 Rn. 11.

288 Bloch: Meinungsvielfalt contra Meinungsmacht, S. 265.

289 Vgl. Bloch: Meinungsvielfalt contra Meinungsmacht, S. 265; siehe zur crossmedialen Beurteilung der Märkte in der publizistischen Konzentrationskontrolle A.I. 1. c).

290 Europäische Kommission, Grünbuch Pluralismus und Medienkonzentration 1992.

291 Vgl. Dörr in Dörr/Kreile, Handbuch Medienrecht, S. 246 Rn. 58.

292 Beispielhaft unter anderem durch den Entschluss des Europäischen Parlaments vom 20. November 2002 in dem auf die Gefahren für die Meinungsvielfalt durch den zunehmenden Einsatz neuer Technologien hingewiesen wird und der zur erneuten Prüfung der Möglichkeit einer Harmonisierung des Konzentrationsrechts auffordert

die vielfaltssichernden Maßnahmen innerhalb der Europäischen Union nicht zuletzt aufgrund der schwierig zu beantwortenden Frage nach der Kompetenz der EU zur Sicherung der Meinungsvielfalt bislang auf die Rechtsordnungen der Mitgliedsstaaten.[293] Betrachtet man die Entwicklungen in den europäischen Medienmärkten, in denen sich große Medienunternehmen zunehmend transnational aufstellen, ist es nicht überraschend, dass die Stimmen nach einem europäischen Schutz der Meinungsvielfalt immer lauter werden. Die Sorge wächst, dass inländische Unternehmen vermehrt außerhalb der Heimatmärkte fusionieren und sich so einer strengen nationalen Konzentrationskontrolle entziehen. Zwar finden mediale Inhalte im Vergleich zu den meisten anderen Wirtschaftsgütern schnell ihre Grenzen in sprachlichen Barrieren, dennoch ist nicht von der Hand zu weisen, dass die neuen digitalen Übertragungswege nationale Grenzen verschwinden lassen.[294] Auf die schwierige Frage nach einem gesamteuropäischen Medienkonzentrationsrecht wird aufgrund der Vielschichtigkeit und Komplexität der Thematik in den einzelnen Ländern der Europäischen Union so schnell keine für alle Akteure zufriedenstellende Antwort gefunden werden können.

c) *Crossmediale Beurteilung der Märkte in der publizistischen Konzentrationskontrolle nach deutschem Recht*

Vor dem Hintergrund der zunehmenden Konvergenz der Medien stellt sich auch im Bereich der Sicherung der Meinungsvielfalt die Frage, ob eine isolierte Betrachtung der Märkte im Hinblick auf die Verhinderung von Meinungsmacht

---

(Europäisches Parlament, Entschluss P5 TA (2002) 0554 v. 20.11.2002, Bull. d. EU 11/2002); des Weiteren durch den Report des Europarates „Media Diversity in Europe“ Dezember 2002 (abzurufen unter http://www.coe.int/t/dghl/standardsetting/media/doc/H-APMD(2003)001_en.pdf); Themenpapier der Europäischen Kommission „Medienvielfalt – Welche Rolle sollte die Europäische Union spielen“ Juli 2005, abzurufen unter: http://ec.europa.eu/archives/information_society/avpolicy/docs/reg/modernisation/issue_papers/ispa_mediaplur_de.pdf; Arbeitsdokument der Dienststelle der Kommission über Medienpluralismus in den Mietgliedstaaten, Januar 2007, Zusammenfassung abzurufen unter: http://ec.europa.eu/information_society/media_taskforce/doc/pluralism/swp_sec_32_sum_de.pdf.

293 Ausführlich zur Kompetenzordnung der EU auf. Hinrichsen, Crossmediale Konzentration und Sicherung der Meinungsvielfalt, S. 201 ff.

294 So auch Malzanini, Medienkonzentration in Europa, abzurufen unter: http://www.eurotopics.net/de/home/presseschau/archiv/magazin/medien-verteilerseite-neu/medienmaerkte-2007-12/medienkonzentration/1.

und dem Erhalt eines publizistischen Wettbewerbes noch sachgerecht ist. Betrachtet man die heutige Medienlandschaft sowie das Konsumverhalten der Nutzer, gerät die Frage nach Aufbau und Gewährleistung einer publizistischen Vielfalt, die noch zu Zeiten des ersten oder zweiten Rundfunkurteils im Vordergrund stand, in den Hintergrund. Die zunehmende Relevanz des Onlinesektors, auch als Informationslieferant, sowie die im Internet stetig verschwimmenden Grenzen zwischen den einzelnen Mediengattungen und Medienprodukten haben zur Folge, dass sich eine Gefährdung der Meinungsvielfalt nicht mehr nur mit Blick auf ein Medium darstellen lässt. Internationale, aber auch nationale Medienunternehmen, versuchen sich aus wirtschaftlichen Erwägungen zunehmend crossmedial aufzustellen. Diese Konzentration auf ökonomische Erwägungen hat nicht nur Auswirkungen auf den Wettbewerb, sondern auch auf die publizistische Konkurrenz. Informationen können aus ein und derselben Quelle stammen, erscheinen jedoch medienübergreifend in unterschiedlicher Aufmachung, so dass es für den Verbraucher nicht ohne weiteres ersichtlich ist, wer für die Information ursprünglich verantwortlich ist. Indem so der Anschein von Meinungsvielfalt geweckt wird, wird von der Omnipräsenz einer Meinungsquelle in unterschiedlichem Gewand abgelenkt.[295] Grundsätzlich ist das aktuelle Medienkonzentrationsrecht in Deutschland auf den Rundfunk zugeschnitten, da diesem aufgrund seiner starken Suggestivkraft und seiner hohen Akzeptanz bei den Nachfragern eine erhöhte Bedeutung beigemessen wurde und immer noch wird. Aufgrund der starken Zunahmen der konvergenten Medien erscheint es jedoch nicht nur für den ökonomischen Wettbewerb, sondern auch für den Schutz der Pluralität der Meinungen erforderlich, das Konzentrationsrecht an veränderte Verbreitungsmöglichkeiten und Nutzungsgewohnheiten anzupassen. Dies gilt insbesondere vor dem Hintergrund der zunehmenden Relevanz des Onlinesektors als Informationsquelle und Lieferant bewegter Bilder.[296]

Maßgeblich für die Beurteilung des Vorliegens *vorherrschender Meinungsmacht* im Bereich des Rundfunks ist gemäß § 26 Abs. 2 RStV der Zuschaueranteil. So greife die Vermutung, dass vorherrschende Meinungsmacht bei einem Zuschaueranteil von 30 % vorliege. Bei Einbeziehung von Aktivitäten in medienrelevanten Märkten verringere sich der erforderliche Marktanteil auf 25 %. Eine vorherrschende Meinungsmacht wird ebenfalls vermutet, wenn eine

---

295 Vgl. zur Gefährdung der Meinungsvielfalt durch konglomerate Medienkonzerne: Gounalakis/Zagouras „Plädoyer für ein europäisches Medienkonzentrationsrecht“ in ZUM, S. 716 (718 ff.).

296 So auch: Krautscheid/Schwartmann, Fesseln für die Vielfalt, S. 16.

Gesamtbeurteilung der Aktivitäten des in Fragen stehenden Medienunternehmens im Fernsehen und auf medienrelevanten verwandten Märkten ergibt, dass der von diesem Medienunternehmen erzielte Meinungseinfluss dem Einfluss eines Unternehmens mit einem Zuschaueranteil von 30 % im Fernsehen entspräche. Gemäß § 26 Abs. 2 S. 2 RStV wird die marktbeherrschende Stellung auf einem medienrelevanten verwandten Markt mit einem Zuschaueranteil von 5 % gleichgesetzt und demgemäß angerechnet.

Bei diesen Regelungen im Rundfunkstaatsvertrag handelt es sich um gesetzliche Vermutungstatbestände von denen die KEK im Rahmen ihres Beurteilungsspielraums abzuweichen vermag. Die Grenzen dieses Spielraums der KEK werden insbesondere in der viel diskutierten Entscheidung im Fall der geplanten Übernahme der *ProSiebenSat.1 Media AG*[297] durch die *Axel Springer AG* deutlich.

Die Axel Springer SE meldete 2006 eine geplante Übernahme der ProSiebenSat.1 Media AG durch käuflichen Erwerb sämtlicher von der ProSiebenSat.1 Media AG Holding L.P. gehaltenen Anteile bei der KEK an. Mit Beschluss vom 10. Januar 2006 verweigerte die KEK die Bestätigung der Unbedenklichkeit des Vorhabens mit der Begründung, dass die Axel Springer AG durch die geplante Übernahme aufgrund ihrer Stellung auf medienrelevanten Märkten, insbesondere der sehr marktstarken Position im Pressesektor, eine vorherrschende Meinungsmacht begründen würde.[298] Das Bundesverwaltungsgericht stellt in seiner Entscheidung vom 29.01.2014 fest, dass diese Beurteilung der KEK unzutreffend und der erteilte Bescheid damit rechtswidrig gewesen sei.[299] In dem Urteil macht das Bundesverwaltungsgericht deutlich, dass § 26 Abs. 2 RStV lediglich Regelbeispiele enthält, die einen Leitbildcharakter für die Auslegung des § 26 Abs. 1 RStV haben. Das bedeutet, dass der KEK bei ihrer Beurteilung von vorherrschender Meinungsmacht zwar ein Beurteilungsspielraum zukommt; weichen die ermittelten Werte jedoch von den Schwellenwerten der genannten Regelbeispiele ab, so ist zur Begründung einer vorherrschenden Meinungsmacht das Vorliegen gewichtiger Gründe erforderlich. Die Umstände des Einzelfalls müssen sich so sehr von der Regel abheben, dass ein Festhalten an den Regelbeispielen nicht mehr sachgemäß ist. Nur dann könne § 26 Abs. 1 RStV im Rahmen

297 Mittlerweile firmiert als SE.

298 Vgl. KEK Beschluss vom 10.01.2006 ProSiebenSat.1/Axel Springer, S. 86 ff., abzurufen unter: http://www.kek-online.de/verfahren/ordner/detail.html?L=0&tx_vckekverfahren_pi1%5Buid%5D=531&cHash=cde42a567b68934b0ec6ab8220abb471.

299 BVerwG v. 29. 01,2014 – 6 C 2/13 – BVerwGE 149, 52–65.

einer Gesamtabwägung auch im Falle der Unterschreitung der Schwellenwerte zur Anwendung kommen.[300] Dies wird für den Fall der geplanten Übernahme der *ProSiebenSat.1 Media AG* durch die *Axel Springer AG* verneint. Das Bundesverwaltungsgericht stellte in diesem Zusammenhang fest, die KEK habe ihren Beurteilungsspielraum überschritten, indem trotz Unterschreitung der in den gesetzlichen Vermutungsregelungen festgelegten Schwellenwerte die Entstehung einer vorherrschenden Meinungsmacht durch die geplante Übernahme angenommen wurde. Die Überschreitung des Beurteilungsspielraums wird insbesondere damit begründet, dass die KEK Tätigkeiten des Unternehmens auf medienrelevanten Märkten zu stark gewertet habe. Eingängig hat das Bundesverwaltungsgericht im Rahmen dieser Entscheidung nochmals betont, dass sich die gesetzlich normierte publizistische Konzentrationskontrolle lediglich auf den Fernsehmarkt erstrecke und es sich nicht um eine allgemeine medienspezifische Konzentrationskontrolle handele. Zwar könnten auch Aktivitäten auf medienrelevanten benachbarten Märkten bei der Beurteilung der vorherrschenden Meinungsmacht Berücksichtigung finden, da auch in diesen Fällen eine Gefahr für die Meinungs- und Informationsfreiheit gegeben sein könnte, allerdings stelle dies keinen Ausgleich für einen Zuschaueranteil dar, der die vorgegebenen Schwellenwerte deutlich unterschreite. Grundsätzlich maßgeblich bliebe stets die Stellung im Fernsehmarkt, da der Gesetzgeber mit den Regularien des RStV eben in diesem Markt die Bildung einer vorherrschenden Meinungsmacht verhindern wolle.[301]

Damit schränkt das Bundesverwaltungsgericht die Einbeziehung medienrelevanter Märkte abseits des Rundfunkmarktes im Rahmen der publizistischen Konzentrationskontrolle nach dem RStV deutlich ein.[302] Gleichwohl bleiben die Gefahren für die Meinungsvielfalt, die von crossmedialen Verflechtungen ausgehen, nicht unerwähnt. Bei der Argumentation, die auf den Gesetzeszweck abstellt, sollte jedoch nicht unbeachtet bleiben, dass die Normierung zu einer Zeit geschaffen wurde, in der es zunächst um den grundsätzlichen Aufbau eines pluralistischen Rundfunksystems ging.

Lange Zeit waren der Rundfunk sowie die Presse als Informationsmedium nahezu alternativlos. Dabei kam dem Fernsehen aufgrund der ihm allgemein nachgesagten hohen Suggestivkraft seiner bewegten Bilder eine besondere Rolle zu. Richtig ist auch heute noch, dass nicht jedem medienrelevanten Markt auch

---

300 BVerwG v. 29.01.2014 – 6 C 2/13, BVerwGE 149, 52–65, Rn. 29.
301 Vgl. BVerwG v. 29.01.2014 – 6 C 2/13, BVerwGE 149, 52–65, Rn. 32 ff.
302 So auch KEK, Fünfter Medienkonzentrationsbericht, S. 506.

ein direkter oder indirekter Einfluss auf die Meinungsbildung zugesprochen werden kann. Auch wenn sich die Medienlandschaft in den letzten Jahren mit großen Schritten weiterentwickelt hat.[303]

Das Bundesverwaltungsgericht hat mit dieser Rechtsprechung zunächst die Chance verpasst, das Gesetz den aktuellen Entwicklungen entsprechend dahingehend auszulegen, dass auch der Konvergenz der Medien und den damit einhergehenden Gefahren für die publizistische Vielfalt im Rahmen der publizistischen Konzentrationskontrolle hinreichend Rechnung getragen wird. Die veränderten technischen Möglichkeiten bedeuten auch neue Herausforderungen für die Sicherung der Meinungsvielfalt in einem zunehmend unübersichtlich werdenden, nicht mehr rein national geprägten Medienmarkt, in dem die Grenzen zwischen den einzelnen Mediengattungen immer häufiger verschwimmen. Letztendlich wird die publizistische Konzentrationskontrolle langfristig zur Erreichung einer effektiven Sicherung der Meinungs- und Informationsfreiheit über eine plattformübergreifende Betrachtungsweise der Medienmärkte nachdenken müssen.[304]

2. Ökonomischer Wettbewerb

Der ökonomische Wettbewerb in den Medienmärkten unterscheidet sich auf den ersten Blick aus Sicht der in dem Markt tätigen Unternehmen nicht von dem Wettbewerb in anderen Märkten. Im Rahmen von Angebot und Nachfrage geht es um das Streben nach maximalem wirtschaftlichen Erfolg des Unternehmens in Form von Gewinnmaximierung und Erreichung sowie Sicherung möglichst hoher Marktanteile. Die Beurteilung des ökonomischen Wettbewerbes richtet sich nach der Wirtschaftsordnung, also dem freien Spiel der Märkte, das insbesondere durch das Gesetz von Angebot und Nachfrage bestimmt wird. Zur Bestimmung des ökonomischen Wettbewerbes gibt es im Gegensatz zur Beurteilung des publizistischen Wettbewerbes konkrete ökonomische Kriterien.[305] Allerdings verbietet sich auch hier eine gänzlich isolierte Betrachtung des

303 Vgl. zu den veränderten Wettbewerbsbedingungen und den damit einhergehenden Herausforderungen für die publizistische Konzentrationskontrolle bereits 2006: Gounalakis/Zagouras „Plädoyer für ein europäisches Medienkonzentrationsrecht“ in ZUM 2006, S. 716 (718 ff.).

304 Diese Ansicht teilen auch: KEK, Fünfter Medienkonzentrationsbericht, S. 505 ff.; Gounalakis/Zagouras „Plädoyer für ein europäisches Medienkonzentrationsrecht“ in ZUM 2006, S. 716 (720 ff.).

305 Vgl. Krzywicki, Crossmedial Zusammenschlüsse als Sonderform der Konzentration im Medienbereich, S. 72.

ökonomischen Wettbewerbes im Rahmen der Medienmärkte. Betrachtet man den ökonomischen Wettbewerb aus gesellschaftspolitischer Sicht, so kommt die Verhinderung von übermäßiger Marktmacht auch der Sicherung von Meinungsvielfalt zugute. Somit besteht eine Wechselwirkung zwischen dem publizistischen und dem ökonomischen Wettbewerb, wobei die Wettbewerbsformen stets unterschiedliche Bezugspunkte haben.[306] Dies wirft die Frage nach dem tatsächlichen und rechtlichen Verhältnis zwischen den beiden Wettbewerbsformen auf.

3. Das Verhältnis von ökonomischen und publizistischen Wettbewerb

Zwar ist es weitestgehend unstrittig, dass im Mediensektor sowohl ein ökonomischer als auch ein publizistischer Wettbewerb besteht. Über das Verhältnis der beiden Wettbewerbsformen zueinander herrscht hingegen Rechtsprechung und Literatur Uneinigkeit.[307] Unstrittig ist, dass es sich bei Medienmärkten um sog. zweiseitige Märkte handelt. Der Anbieter biete sein Produkt faktisch sowohl Rezipienten als auch der werbetreibenden Wirtschaft an. Zwar muss zwischen den unterschiedlichen Nachfragergruppen differenziert werden, allerdings kommt es zu Wechselwirkungen zwischen den Nachfragemärkten, die als indirekte Netzwerkeffekte bezeichnet werden. Die Marktstellung des Anbieters auf einer Marktseite, bedingen nicht unwesentlich die Erlösaussichten auf der jeweils anderen Marktseite.[308]

Bei der Betrachtung des Verhältnisses, in dem die beiden Märkte zueinanderstehen, ist es allerdings zunächst notwendig, zwischen privaten und öffentlich-rechtlichen Medienanbietern zu unterscheiden. Das durch die Rechtsprechung des BVerfG[309] entwickelte duale Rundfunksystem soll die öffentlich-rechtlichen Rundfunkanstalten zu einem erheblichen Teil von den Zwängen des ökonomischen Wettbewerbs befreien. Die Realität der Werbemärkte in diesem Bereich

306 Vgl. zum ökonomischen Wettbewerb zwischen Medienunternehmen: Paal, Medienvielfalt und Wettbewerbsrecht, S. 128/129.

307 Paal, Medienvielfalt und Wettbewerbsrecht, S. 130.

308 Dabei ist zu berücksichtigen, dass die Märkte nicht gleichermaßen voneinander abhängig sind. Zwar hängen die Erlösaussichten auf dem Werbemarkt stark von der Stellung des Anbieters auf dem Rezipientenmarkt ab, andersherum ist der Effekt jedoch wesentlich geringer. Vgl.: BKartA, Beschluss vom 21.04.2009, B 6-150/08, „NPG/Detjen", Rn. 33.

309 Vgl. dazu BVerfGE 57, 295 ff. – Freie Rundfunk AG (FRAG). Die Entscheidung wird auch als drittes Rundfunkurteil bezeichnet.

zeigt jedoch, dass die öffentlich-rechtlichen Rundfunkanstalten in definierten Grenzen was Sendezeit und Sendedauer angeht auch ein Wettbewerber für die privaten Rundfunkanstalten sind, wenn es um die Vergabe von Werbeplätzen geht. Somit besteht zwischen den öffentlich-rechtlichen und den privaten Anbietern nicht mehr nur publizistischer, sondern auch ökonomischer Wettbewerb.

Weder bei den öffentlich-rechtlichen Rundfunkanstalten, noch bei den privaten Medienanbietern entspricht es der Realität der Märkte, dass sich der publizistische Wettbewerb völlig losgelöst von dem ökonomischen Wettbewerb entwickeln kann und andersherum. Die Möglichkeit der Verbreitung eines publizistischen Inhalts ist zumindest mittelbar von der Markstellung des Medienunternehmens und somit vom ökonomischen Erfolg desselben abhängig.[310] Die Erlösaussichten in Werbemärkten hängen maßgeblich von der Akzeptanz der publizistischen Produkte in den Rezipientenmärkten ab, die entgegengesetzte Wechselwirkung ist hingegen erheblich schwächer ausgeprägt.[311]

Allerdings macht das Bundesverfassungsgericht in seiner Rechtsprechung und damit auch in der Entwicklung des dualen Systems deutlich, dass zumindest im Bereich des Rundfunks das Vorliegen eines ökonomischen Wettbewerbes, kontrolliert durch das Wettbewerbsrecht, nicht auszureichen scheint, um das gewünschte Maß an Meinungsvielfalt sicherzustellen. Deswegen sind die öffentlich-rechtlichen Rundfunkanstalten weiterhin mit dem Gebührenmonopol ausgestattet worden, um eben nicht den Zwängen des ökonomischen Wettbewerbes vollständig ausgesetzt zu sein. Dafür hat der Gesetzgeber den öffentlich-rechtlichen Rundfunkanstalten eine Kontrolle durch pluralistisch zusammengesetzte Fernseh- bzw. Rundfunkräte auferlegt, denen im Auftrag der Gesellschaft die Überwachung der Programmgrundsätze und des wirtschaftlichen Handels der Anstalten obliegt. Damit sind die öffentlich-rechtlichen Anstalten verpflichtet, die sog. Grundversorgung der Bürger in den Bereichen Information, Bildung, Kultur und Unterhaltung zu gewährleisten. Die Plicht zur Grundversorgung soll das Gebührenmonopol legitimieren.

Dahingegen sind die privaten Anbieter in der Gestaltung ihrer Programme frei und haben das Recht sich ausschließlich über Werbung zu finanzieren. Sie müssen sich lediglich an die Regelungen des Rundfunkstaatsvertrages halten, was den Umfang und den Inhalt der gesendeten Werbung angeht. Das hat zur Folge, dass ihre Programme möglichst massenkompatibel und damit reichweitenstark

---

310 So auch Schaarschmidt, Cross-Promotion durch Medienkonglomerate, S. 118; vgl. auch Paal, Medienvielfalt und Wettbewerbsrecht, S. 130.

311 BKartA, Beschluss vom 21.04.2009, B 6-150/08, „NPG/Detjen", Rn. 33.

sein müssen, um im Wettbewerb in den Werbemärkten, wegen der Abhängigkeit der Werbeschaltpreise von den Einschaltquoten, hohe Erträge erwirtschaften zu können.

Im Bereich der privaten Rundfunkanbieter lassen sich aufgrund zunehmender vertikaler Verflechtungen der Medienunternehmen anhand des bestehenden ökonomischen Wettbewerbes in einem bestimmten Markt nur noch schwer differenzierte Aussagen über Form und Umfang des publizistischen Wettbewerbs treffen. So lange mediale Produkte als Wirtschaftsgüter gehandelt werden, stellt der publizistische Wettbewerb in der wirtschaftlichen Realität kein eigenständiges, stabiles System dar.[312] So werden zum Beispiel Inhalte zur Erzielung einer möglichst großen Reichweite angepasst, um die Attraktivität für die Werbekunden steigern zu können.

Auf den ersten Blick mögen beide Arten des Wettbewerbes als selbstständig angesehen werden, sie sollten jedoch aufgrund ihrer Interdependenzen nicht konsequent voneinander getrennt bewertet werden.[313] Um einen effektiven Schutz der Medienmärkte zu gewährleisten, der garantiert, dass die Medienunternehmen ihre Funktion bei der Sicherung der Meinungs- und Informationsfreiheit erfüllen können, sollten allerdings die publizistische Konzentrationskontrolle und die ökonomische Wettbewerbsaufsicht nicht völlig getrennt voneinander betrachtet werden.

II. Wettbewerb und Medien im Wandel der Zeit

1. Die strukturelle Entwicklung der Pressemärkte

Betrachtet man die aktuellen Entwicklungen der Zeitungs-, sowie Zeitschriftenmärkte, wird deutlich, dass nach Jahrhunderten der analogen Drucktechniken als Grundlage für die Produktion von Presseerzeugnissen, die Digitalisierung zur beinah schicksalshaften Herausforderung für die Verleger unserer Zeit geworden ist. Dabei spielt die Zeitung als tages- oder wochenaktuelles Massenmedium in der deutschen Medienlandschaft nach wie vor eine zentrale Rolle. Dies gilt insbesondere auch im Bereich der lokalen Nachrichten. Mit dem umfassenden Angebot an Zeitungen[314] erreicht dieses Medium

312 So auch Schaarschmidt, Cross-Promotion durch Medienkonglomerate, S. 118.

313 Vgl. Krzywicki, Crossmedial Zusammenschlüsse als Sonderform der Konzentration im Medienbereich, S. 77.

314 Im Jahr 2015 gab es in Deutschland 329 lokale und regionale Abonnementzeitungen, 7 überregionale Zeitungen, 8 Straßenverkaufszeitungen, 344 Tageszeitungen gesamt,

täglich rund 75% der deutschsprachigen Bevölkerung.[315] Allerdings reagieren auch die Zeitungsverleger auf die durch die Digitalisierung hervorgerufenen Veränderungen des Marktes und versuchen, ihren Nutzern das Angebot überall zugänglich zu machen. Zweidrittel aller Zeitungen werden in zum Teil faksimilierter Form den Rezipienten auch über Apps, als E-Paper oder als Paid-Content im Internet angeboten.[316] Dabei hat die Digitalisierung auch Auswirkungen auf die Werbeeinnahme der Zeitungsverleger. Zwar sind Tageszeitungen nach dem Fernsehen immer noch an Platz zwei unter den Werbeträger bezüglich der höchsten Netto-Werbeeinnahmen, allerdings fallen schon seit einigen Jahren die Einnahmen aus dem Vertrieb der Zeitungen in Deutschland höher aus als die Einnahmen aus Werbung und Anzeigen.[317] Dies zeigt den strukturellen Wandel, den die Zeitungsbranche in den letzten Jahren vollzogen hat und immer noch vollzieht.

Für die Produktvielfalt im Bereich der Printmedien bedeuteten die Transformationsprozesse hingegen keine Einschränkungen. Der Wandel führt im Bereich der Zeitschriften beispielsweise zu einer Diversifizierung in immer mehr Titel für Special Interest Gruppen.[318] Nichtdestotrotz zeugen sinkende Auflagen und Werbeinnahmen davon, dass die Zeitungs- und Zeitschriftenbranche in einer Krise steckt. Die Gratismentalität der Internetnutzer macht es den Verlegern schwer, Paid-Content im Onlinesektor flächendeckend zu etablieren. Allerdings zeigen neue Angebote und Strategien, dass die Zeitungs- und Zeitschriftenunternehmer zunehmend auf die sich wandelnden Gegebenheiten reagieren. Nicht nur die gedruckten Produkte werden weiterentwickelt und angepasst. Viele Verlage versuchen offensiv digitale Märkte zu erschließen und bauen ihre online

---

20 Wochenzeitungen und 7 Sonntagszeitungen. Vgl. dazu BDZV, Die deutschen Zeitungen in Zahlen und Daten 2016, S. 5, abzurufen unter: https://www.bdzv.de/fileadmin/bdzv_hauptseite/aktuell/publikationen/2016/ZDF_2016.pdf.

315 Rund 52 Millionen deutsche Bundesbürger täglich, siehe dazu: BDZV, Die deutschen Zeitungen in Zahlen und Daten 2016, S. 38, abzurufen unter: https://www.bdzv.de/fileadmin/bdzv_hauptseite/aktuell/publikationen/2016/ZDF_2016.pdf.

316 BDZV, Die deutschen Zeitungen in Zahlen und Daten 2016, S. 18–21, abzurufen unter: https://www.bdzv.de/fileadmin/bdzv_hauptseite/aktuell/publikationen/2016/ZDF_2016.pdf.

317 Siehe dazu: BDZV, Die deutschen Zeitungen in Zahlen und Daten 2016, S. [illegible], abzurufen unter: https://www.bdzv.de/fileadmin/bdzv_hauptseite/aktuell/publikationen/2016/ZDF_2016.pdf.

318 Seit ist die Anzahl der Angebote um 178 neue Special-Interest-Titel gestiegen (Fachpresse-Statistik 2014 der Deutschen Fachpresse).

und mobile Angebote kontinuierlich aus, sowohl für die Nutzer als auch für die Werbekunden.[319]

2. Wettbewerb im dualen System des deutschen Rundfunks

Durch die Einführung des dualen Systems und die damit verbundene Abschaffung der Monopolstellung der öffentlich-rechtlichen Rundfunkanstalten hat sich seit den achtziger Jahren ein wachsender Wettbewerb in den Rundfunkmärkten, sowohl in publizistischer als auch in ökonomischer Hinsicht entwickelt.[320] Ökonomisch können die öffentlich-rechtlichen Rundfunkanstalten, wie eingangs erwähnt, trotz ihrer rechtlichen und programmlichen Sonderstellung nicht gänzlich getrennt von den privaten Anbietern bewertet werden. Durch die Gebührenfinanzierung soll der öffentlich-rechtliche Rundfunk zwar in seinem Bestand gesichert werden. Ebenso wie der private Rundfunk generiert der öffentlich-rechtliche Rundfunk jedoch einen Teil seiner Einnahmen durch die Vergabe von Werbeplätzen. Damit blieb die Einführung des privaten Rundfunks in den Achtzigerjahren für den öffentlich-rechtlichen Rundfunk auf wettbewerblicher Ebene, insbesondere im Bereich der Veranstaltung von Fernsehen, nicht ohne Einfluss. Im Bereich des privaten Fernsehens kamen zunehmend neue Anbieter in den Markt und stiegen in den Konkurrenzkampf um Einschaltquoten und die damit einhergehende Attraktivität für die Werbewirtschaft ein.[321]

Durch die neuen Anbieter in den Fernsehmärkten ist ein bis dahin nicht dagewesener Kampf um Akzeptanz und Reichweiten entstanden, der auch bei den öffentlich-rechtlichen Rundfunkanstalten eine Tendenz zu massentauglichen Programmen induziert hat.[322] Reichweite versus Grundversorgung, die Diskussion über die Rechtfertigung der Gebührenfinanzierung der öffentlich-rechtlichen Rundfunkanstalten hat an Aktualität, induziert durch die zunehmende Relevanz der Onlinemedien nicht verloren. Dem ansteigenden Trend, Bewegtbilder auf Abruf über das Internet zu konsumieren, begegnen die

---

319 BDZV, Die deutschen Zeitungen in Zahlen und Daten 2016, S. 38 (abzurufen unter: https://www.bdzv.de/fileadmin/bdzv_hauptseite/aktuell/publikationen/2016/ZDF_2016.pdf.

320 Bomas, Der duale Rundfunk, S. 3, abzurufen unter: http://www.rundfunk-institut.uni-koeln.de/sites/rundfunk/Arbeitspapiere/206_05.pdf.

321 Ausführlich zur Entwicklung des Rundfunks seit Einführung des privaten Rundfunks bis 2006: Pointner, In den Fängen der Ökonomie?, S. 43 – 49.

322 So auch Pointner, In den Fängen der Ökonomie?, S. 43/44; Bomas, Der duale Rundfunk, S. 3 und S. 60 ff., abzurufen unter: http://www.rundfunk-institut.uni-koeln.de/sites/rundfunk/Arbeitspapiere/206_05.pdf.

Fernsehanbieter mit umfangreichen Portalen im Internet die ein Zusatzangebot zum linear verbreiteten Programm bieten. Dabei sind die umfangreichen Onlineangebote der öffentlich-rechtlichen Rundfunkanstalten mit Blick auf das Gebührenfinanzierung zum Inhalt medienpolitischer Diskussionen geworden. Insbesondere Zeitungsverleger sahen darin einen Übergriff der öffentlich-rechtlichen Rundfunkanstalten auf die elektronische Presse und damit auf den Pressebereich im Allgemeinen. Daneben fühlten sich durch die Mediatheken auch die privaten Rundfunkanbieter bedroht, die ihrerseits wiederum mit umfangreichen Video-on-Demand Angeboten auf die zunehmende Akzeptanz der Onlinemedien bei den Rezipienten reagieren.[323] Der Gesetzgeber hat auf diese medienpolitische Diskussion mit durch den 12. RStV eingeführten Einschränkungen für die Onlineangebote der öffentlich-rechtlichen Rundfunkanstalten reagiert. Der Kern der Diskussion dreht sich zwar um die Ausweitung bzw. Eingrenzung des Auftrages der öffentlich-rechtlichen Rundfunkanstalten, allerdings lassen sich aus der Diskussion auch wettbewerbspolitische Rückschlüsse hinsichtlich der Medienmärkte ziehen.

Onlineaktivitäten der Medienanbieter sollten nicht gänzlich isoliert von den konventionellen Angeboten gesehen werden, da sich der Wettbewerb über die unterschiedlichen Medienmärkte erstrecken kann, sowohl in publizistischer als auch in ökonomischer Hinsicht. Das Fernsehangebot soll durch Internetangebot attraktiver gemacht werden. Ein möglicher struktureller Nachteil durch die Digitalisierung soll durch Onlineangebot ausgeglichen werden, um den digitalen Wandel nicht zu verschlafen. Diese Wechselwirkungen finden bei der aktuellen kartellrechtlichen Abgrenzungspraxis kaum Berücksichtigung. Allerdings könnten diese Wechselwirkungen, wie im vierten Teil der Arbeit dargestellt wird, durch eine Neubewertung der Medienwerbemärkte in Rahmen dessen die Onlinewerbemärkte nach Art der Plattform den jeweiligen konventionellen Medienwerbemärkten hinzugerechnet werden, hinreichen und den Realitäten der Märkte entsprechend abgebildet werden.

3. Der Durchbruch publizistischer Onlinemedien

Mit der Möglichkeit der Digitalisierung medialer Inhalte sowie ihrer Verbreitung über das Internet wurde die Medienlandschaft in wenigen Jahrzehnten

323 bpb, Neue Medien und Nutzungsform, v. 28.07.2017, abzurufen unter: http://www.bpb.de/gesellschaft/medien/deutsche-fernsehgeschichte-in-ost-und-west/246237/neue-medien-und-nutzungsformen.

revolutioniert.[324] Die Digitalisierung, die mit der Entwicklung der Compact Disc vor 30 Jahren begann, sowie das seit Anfang der 90er Jahre explosionsartige Wachstum des Internets, als zentrales Übertragungsnetz für digitale Inhalte, führten zu einem Paradigmenwechsel in der Medienlandschaft. Onlinemedien wurden in den letzten Jahren bei den Rezipienten zunehmend für den Konsum medialer Inhalte genutzt und haben sich mittlerweile zu einem Alltagsmedium entwickelt.[325]

Klassische Medien wie Rundfunk und Presse aber auch Bücher, Filme und Musik lassen sich durch Codierung auf demselben Übertragungsweg in digitalisierter Form über das Internet verbreiten.[326] Bei der Umwandlung von analogen in digitale Inhalte verringert sich durch die damit verbundene Kompression der Daten der notwendige Speicherbedarf, was dazu führt, dass die eingesparten Kapazitäten zur Erweiterung des Angebots sowie der Verbesserung der Qualität genutzt werden können.[327] Besonderes Kennzeichen – und wahrscheinlich auch eines der wichtigsten Faktoren für den bahnbrechenden Erfolg des Onlinesektors – ist die Multimedialität des Internets, d.h. die Integration von Texten, Sprache, Musik sowie Bildern und Bewegtbildern in ein Dokument.[328]

Digitale publizistische Inhalte, die über das Internet verbreitet werden, verzeichnen im Verhältnis zum Gesamtumsatz der Medienbranche überdurchschnittliche Wachstumsraten.[329] Maßgeblich dafür verantwortlich ist die rasant steigenden Akzeptanz bei den Rezipienten und die damit einhergehende zunehmende Attraktivität dieses Sektors für die Werbekunden. In den letzten Jahren verzeichnet der Online-Werbemarkt entgegen vieler Prognosen einen starken Umsatzzuwachs, der auch zulasten der klassischen Medien entstanden ist.[330] Betrachtet man neben den steigenden Nutzerzahlen, welche die Onlinemedien

324 Vgl. Brautmeier, Schöne neue Medienwelt – Was bringt uns die Digitalisierung, S. 3, abzurufen unter: https://www.lfm-nrw.de/fileadmin/lfm-nrw/LfM/Schoene-neue-Medienwelt.pdf.

325 Vgl. zum Internet als *Alltagsmedium*: Bunz „Wir werden Internet" in Der Tagesspiegel vom 16.05.2014, abzurufen unter: http://www.tagesspiegel.de/medien/digitale-welt/nach-der-ernuechterung-wir-werden-internet/9905266.html; zur Entwicklung des Internets: Pürer, Medien in Deutschland, S. 146 ff.

326 Daniel/Schildt, Massenmedien im Europa des 20. Jahrhunderts, S. 77.

327 Pürer, Medien in Deutschland, S. 144.

328 Pürer, Medien in Deutschland, S. 147; vgl. Zagouras, Konvergenz und Kartellrecht, S. 6.

329 Fischer, Medienrecht und Medienmärkte, S. 202.

330 Vgl. Beck, Das Mediensystem Deutschlands, S. 281.

für die Werbewirtschaft ganz besonders attraktiv machen, die unterschiedlichen Werbeformen im Internet, wird schnell deutlich, dass die Onlinemedien im Vergleich zu den klassischen Medien gezieltere und aggressivere Werbeformen mit einer hohen Suggestivkraft ermöglichen. Selbst die einfachste Form der Onlinewerbung, die Bannerwerbung, bietet im Vergleich zu einer klassischen Anzeige in den Printmedien die Möglichkeit des sog. *Targetings*. Darunter ist die zielgruppenorientierte Werbeansprache zu verstehen.[331] Die Einblendung der Werbung kann mittels *Targeting*, abhängig von den jeweiligen Nutzerprofilen, individualisiert werden. Neben der Bannerwerbung setzt die werbetreibende Industrie mittlerweile verstärkt auf großformatige Wallpaper und Werbevideos, die insbesondere aufgrund ihrer bewegten Bilder und der Kombination Text, Bild, Ton eine hohe Suggestivkraft aufweisen.[332] Darüber hinaus zeichnet sich die Onlinewerbung im Gegensatz zur Werbung in den Printmedien oder im Rundfunk durch die Möglichkeit der Interaktivität zwischen Rezipient und Werbenden bis hin zum Kauf des beworbenen Produktes aus.[333]

Betrachtet man die Entwicklung im Onlinewerbemarkt, verwundert es nicht, dass es mittlerweile kaum eine deutsche Zeitung gibt, die nicht über eine eigene Onlineausgabe verfügt. Auch viele Zeitschriften positionieren sich mittlerweile im Web.[334] Der Bundesverband Deutscher Zeitungsverleger e.V. kommt in seiner Studie „Trends der Zeitungsbranche 2017“ zu dem Ergebnis, dass neben der digitalen Werbung und den E-Papern auch der sog. Paid-Content einen Zuwachs erlebt, während sich Werbung in den Printmedien weiter leicht rückläufig entwickelt.[335] Sowohl redaktionelle Produkte als auch redaktionelle Organisationen werden dem digitalen Wandel angepasst. Mit dem zunehmenden Versuch der Zeitungsverleger, zahlungspflichtige Varianten wie E-Paper und Paid-Content Angebote zu etablieren, wird deutlich, dass sich der relevante Bereich des Printmarktes immer mehr ins Internet verlagert und es auch in diesem Bereich nicht mehr ausschließlich um die

331 Zu den unterschiedlichen Formen des *Targetings* vgl. Prohaska, Targeting als Effektivitätstreiber bei performance-orientierter Onlinewerbung, S. 33 ff.

332 Vgl. Beck, Das Mediensystem Deutschlands, S. 281.

333 Kopp, Behavioral Targeting, S. 18.

334 Vgl. Pürer, Medien in Deutschland, S. 155/156.

335 Vgl. BDZV/Schickler: Trends der Zeitungsbranche 2017, abzurufen unter: https://www.bdzv.de/fileadmin/bdzv_hauptseite/aktuell/bdzv_branchendienste/bdzv_intern/2017/2_2017/BDZV_Schickler_Zeitungsbranche_Trends_2017_Pr%C3%A4sentation_2017-02-01.pdf.

Werbeeinnahmen geht, sondern auch um die Generierung von Erlösen über digital angebotene, kostenpflichtige Zeitungen.

Ähnlich zeichnen sich Entwicklungen in der Zeitschriftenbranche ab. Deutsche Zeitschriftenverleger sehen die Wachstumschancen der Branche vermehrt im digitalen Bereich.[336] Trotz der erwarteten hohen Umsätze im digitalen Bereich, steigt auch die Zahl der Print-Titel im Markt. Dabei bauen die Zeitschriftenverlage ihr Portfolio nach den Bedürfnissen der Rezipienten insbesondere im Bereich „Special Interest" weiter aus. Zeitgleich verfolgen die Zeitschriftenverleger den medialen Wandel hin zu E-Paper Ausgaben sowie zu kommunikationsübergreifenden Angeboten aufgrund des dort zu erwartenden starken Umsatzwachstums.[337] So ist beispielsweise im Jahr 2016 die E-Paper Auflage von Publikumszeitschriften um 15 Prozent im Vergleich zum Vorjahr gestiegen.[338]

Ein für die Verleger interessanter Aspekt ist die Mehrfachverwertung von produzierten Inhalten. Mittels der Mehrfachverwertung von Printprodukten im digitalen Bereich können Synergiepotenzialen ausgenutzt und Produktionskosten gesenkt werden, indem ein bereits hergestelltes mediales Produkt vervielfacht und auf unterschiedlichen Medienmärkten, gegebenenfalls in modifizierter Form, angeboten werden kann.[339] Mit den Onlinemedien steht den Produzenten von medialen Produkten somit ein zukunftsträchtiges Bouquet differenzierbarer Vertriebswege zur Verfügung.[340] Dabei verfügen die Verlage neben der

---

336 VDZ (2016): VDZ-Trend-Umfrage 2016, Präsentation der VDZ-Jahrespressekonferenz 2016, S. 21, abzurufen unter: http://www.vdz.de/fileadmin/vdz/upload/branche/branchendaten/VDZ_Jahrespressekonferenz_2017_FINAL.pdf.

337 Vgl. zum Umsatzwachstum Digitalbusiness: VDZ, VDZ-Trend-Umfrage 2017, S. 22/24, abzurufen unter: http://www.vdz.de/fileadmin/vdz/upload/branche/branchendaten/VDZ_Jahrespressekonferenz_2017_FINAL.pdf; dabei ist zu berücksichtigen, dass die Mehrzahl der Online angebotenen Zeitungen und Zeitschriften unternehmensintern quer subventioniert/finanziert werden müssen, vgl. dazu Pürer, Die Medien in Deutschland, S. 159; Beck, Das Mediensystem Deutschlands, S. 268; Pürer, Medien in Deutschland, S. 159.

338 VDZ, VDZ-Trend-Umfrage 2017, S. 17, abzurufen unter: http://www.vdz.de/fileadmin/vdz/upload/branche/branchendaten/VDZ_Jahrespressekonferenz_2017_FINAL.pdf.

339 Vgl. Sánchez Weickgenannt, Multimediale, multimodale Programmangebote in der Perspektive von Ökonomie und Sozialisation, S. 57/58; Beck, Das Mediensystem Deutschlands, S. 269.

340 Beck, Das Mediensystem Deutschlands, S. 269.

erforderlichen Infrastruktur auch über das Know-How und die Ressourcen um neue journalistische Produkte in den Onlinemarkt zu bringen.[341]

Ebenso wie für die Printmedien bietet das Internet auch für den Rundfunk die Möglichkeit der Mehrfachverwertung selbstproduzierter oder gekaufter Medienprodukte.[342] Durch den Ausbau des Internets und die stetige technische Weiterentwicklung der Endgeräte können Fernsehen und Hörfunk über eine Vielzahl von internetfähigen, teilweise mobilen Endgeräten plattformübergreifend angeboten werden.[343]

Dem Nutzer stehen im Internet sowohl lineare Dienste in Form von Live-Streams zur Verfügung, die mittels mobiler Endgeräte auch unterwegs empfangen werden können, als auch individuelle Angebote der Mediatheken oder der Video-on-Demand Plattformen. Live-Streams für Hörfunk und Fernsehen, Mediatheken, Video- und Audioportale sowie Podcasts verzeichnen mittlerweile stabile Nutzerzahlen auf einem hohen, kontinuierlich steigenden Niveau.[344] Insbesondere im Bereich Video-on-Demand platzieren sich zunehmend international aufgestellte Unternehmen mit Plattformen wie z.B. Netflix[345], maxdome[346] oder Amazon Prime Video[347].

Durch die Schaffung einer belastbaren Infrastruktur mit den erforderlichen Bandbreiten zur qualitativ hochwertigen Verbreitung von Audio- und Videoinhalten soll der Grundstein für ein weiteres Wachstum der digitalen Rundfunkangebote gelegt werden. Gerade bei der jungen Generation der 14- bis 29 Jährigen gewinnen digitale Video-on-Demand Formate zunehmend an Relevanz und machen deutlich welche Wachstumspotenziale in diesem Markt abzusehen sind.[348]

---

341 BDZV/Schickler, Trends der Zeitungsbranchen 2017, S. 6, abzurufen unter: https://www.bdzv.de/fileadmin/bdzv_hauptseite/aktuell/bdzv_branchendienste/bdzv_intern/2017/2_2017/BDZV_Schickler_Zeitungsbranche_Trends_2017_Pr%C3%A4sentation_2017-02-01.pdf.

342 Beck, Das Mediensystem Deutschlands, S. 269.

343 Vgl. dazu van Eimeren/Frees, ARD/ZDF Onlinestudie 2014 in Media Perspektiven 7-8/2014, S. 378 (378 ff.).

344 Koch/Frees, ARD/ZDF Onlinestudie 2017in Media Perspektiven 9/2017, S. 434 (442).

345 Netflix Inc. mit Sitz in den Los Gatos, USA. Seit September 2014 auch in Deutschland verfügbar.

346 Seit 2011 eine Tochtergesellschaft der ProSiebenSat.1 Media SE mit Sitz in Unterföhring, Deutschland.

347 Das Video-on-Demand Angebot der Amazon Inc. mit Sitz in Seattle, USA.

348 Vgl. dazu Koch/Frees, ARD/ZDF Onlinestudie 2017in Media Perspektiven 9/2017, S. 434 (439–440).

Die Anbieter medialer Inhalte können neben der Multimedialität, der Interaktivität sowie der Aktualität zwei weitere gewichtige Vorteile der Digitalisierung nutzen: die Globalität des Internets sowie nahezu unbegrenzte Speicherkapazitäten für digitale Inhalte.[349] Und so haben, unabhängig davon, ob es sich um textbasierte oder audiovisuelle Medien handelt, Angebotsvielfalt sowie die Möglichkeit zur individuellen Nutzung von Print- und Rundfunkangeboten im Internet zu einem fortschreitenden und tiefgreifenden Wandel des Mediennutzungsverhaltens geführt.[350] Dabei ist jedoch zu berücksichtigen, dass die mediale Internetnutzung keinesfalls zu einer vollständigen Verdrängung der klassischen Medien Print, Rundfunk und Hörfunk führt. Vielmehr zeigen die Nutzungsentwicklungen, dass die Konsumenten vermehr zu „Medienrezipienten“ werden d.h. sie rezipieren die angebotenen Inhalte unabhängig von ihrem Übertragungsweg. Daneben steigt auch die komplementäre Nutzung einzelner Medien. Zwangsläufig passen sich an diese Entwicklung aufgrund der Verknüpfung des Zuschauermarktes mit dem Werbemarkt auch die Strategie der werbetreibenden Industrie an. Dies bleibt nicht ohne Auswirkungen auf die Beurteilung der Onlinewerbemärkte im Hinblick auf ihre kartellrechtliche Einordnung im Mediensektor.

4. Europa und die Digitalisierung

Nicht nur auf deutscher Ebene wurde die Medienlandschaft und mit ihr das deutsche Medienrecht von einem facettenreichen Wandel erfasst: Die Gründung der Europäischen Union und der von ihr konstituierte Binnenmarkt begründeten bereits früh Forderungen nach der Entwicklung eines europäischen Medienrechts, reflektiert an der Realität einer wachsenden grenzüberschreitenden europäischen Öffentlichkeit. Mittlerweile haben eine Vielzahl von Rechtssätzen der Europäischen Union den Versuch unternommen, den vielfältigen Herausforderungen und Besonderheiten der Medienmärkte gerecht zu werden. Was im Bereich des Rundfunks mit der Entwicklung der Satellitentechnik seinen Lauf nahm, wurde durch die Digitalisierung und den technischen Ausbau der Übertragungsnetze, unabhängig von der Form des Mediums, zur alltäglichen Realität: Medien machen keinen Halt mehr vor Ländergrenzen.[351] Dabei kommt den

349 Vgl. Pürer, Medien in Deutschland, S. 157.

350 Vgl. dazu Ergebnisse der ARD/ZDF Onlinestudie 2017: Koch/Frees, ARD/ZDF Onlinestudie 2017in Media Perspektiven 9/2017, S. 434 (435 ff.).

351 Ähnlich auch Dörr in Dörr/Kreile/Cole, Handbuch Medienrecht, S. 38 Rn. 42.

Medien, wie bereits gezeigt, auch auf europäischer Ebene eine Doppelfunktion zu: Zum einen erfüllen sie eine publizistisch-demokratische Aufgabe, zum anderen sind die Medien ein wichtiger Wirtschaftsfaktor.[352]

Die Europäische Kommission hat sich unter Berücksichtigung der gesellschaftlichen, politischen sowie wirtschaftlichen Bedeutung der Medien auch für Europa bereits früh der Aufgabe gewidmet, in diesem Bereich eine europäische Werte- und insbesondere Rechtegemeinschaft zu entwickeln.[353] Auf vielen Ebenen dieses Prozesses kam und kommt es immer wieder zu Schwierigkeiten bei der Frage der Kompetenzen.[354] Zum einen scheint ein harmonisiertes Medienrecht auf europäischer Ebene für die Attraktivität Europas als Wirtschaftsstandort für Investoren erforderlich, zum anderen muss bei den medienrechtlichen Verordnungen sowie Richtlinien stets der Subsidiaritätsgrundsatz gewahrt werden und der eigenständige Kompetenzbereich der Mitgliedsstaaten garantiert sein.[355]

Durch die Digitalisierung und die in diesem Zusammenhang geschaffenen zusätzlichen Möglichkeiten der Verbreitung von audiovisuellen und geschriebenen Textinhalten findet eine allmähliche Veränderung der Medienstrukturen auch auf europäischer Ebene statt.[356] Durch den Vertriebsweg Internet sind Ländergrenzen in vielfacher Hinsicht obsolet geworden. Dabei ist die Möglichkeit der länderübergreifenden Abrufbarkeit medialer Inhalte in digitaler Form nicht nur eine Chance für grenzüberschreitende Kommunikation, sondern auch für die Bildung einer europäischen Öffentlichkeit.[357] Es sollte in diesem

352 Dörr in Dörr/Kreile/Cole, Handbuch Medienrecht, S. 38 Rn. 42; Schwarze „Medienfreiheit und Medienvielfalt im Europäischen Gemeinschaftsrecht in ZUM 2000, S. 779 (780).

353 Ähnlich: Dörr in Dörr/Kreile/Cole, Handbuch Medienrecht, S. 38/39 Rn. 42; zu den Ursprüngen des europäischen Medienrechts siehe Roßnagel/Scheuer „Das europäische Medienrecht" in MMR 5/2005, S. 271 (271).

354 Vgl. Schwarze „Medienfreiheit und Medienvielfalt im Europäischen Gemeinschaftsrecht" in ZUM 2000, S. 779 (781); ausführlich zur Kompetenzproblematik: Dörr in Internationales Handbuch Medien, S. 45–49.

355 Vgl. Roßnagel/Scheuer „Das europäische Medienrecht" in MMR 5/2005, S. 271 (271).

356 Vgl. Bergmann in Bergmann, Handlexikon der Europäischen Union „Medienentwicklung in Europa".

357 Vgl. Bergmann in Bergmann, Handlexikon der Europäischen Union „Medienentwicklung in Europa". Dabei ist zu berücksichtigen, dass sich die Möglichkeit der Abrufbarkeit digitaler Inhalte natürlich nicht auf einen Kontinent beschränkt, sondern global möglich ist. Somit hängt die Schaffung einer europäischen Identität oder einer europäischen Öffentlichkeit auch im digitalen Zeitalter maßgeblich von den Interessen der Rezipienten und der Überwindung von Sprachbarrieren ab.

Zusammenhang nicht übersehen werden, dass durchaus Unterschiede in der Nutzungskultur der einzelnen Mitgliedsstaaten bestehen und das Fernsehen, wie bereits dargestellt, in vielerlei Hinsicht stark national geprägt ist.[358] Zudem ist die innerhalb der Europäischen Union bestehende Sprachenvielfalt das vermutlich größte Hindernis für eine länderübergreifende Mediennutzung.[359] Auch deshalb bezieht sich die Internationalität der Medien zurzeit weniger auf die Inhalte als vielmehr auf die Möglichkeit der ortsunabhängigen Abrufbarkeit von Inhalten, ermöglicht durch die Nutzung des Internets zur Datenübertragung und die technische Entwicklung sowie Mobilität der Endgeräte.

Die kontinuierlich voranschreitende Entwicklung von immer leistungsfähigeren Übertragungstechniken für digitale Inhalte und der dadurch stetig wachsenden Märkte führen dazu, dass die elektronischen Medien nicht mehr nur eine Herausforderung für das nationale Recht darstellen, sondern auch die Europäische Union zunehmend beschäftigen.[360] Die Zunahme international tätiger Medienunternehmen sowie die rasant fortschreitende, nationale Grenzen ignorierende Digitalisierung haben europäische Medienmärkte generiert und die Rufe nach einer europäischen Medienordnung immer lauter werden lassen.[361] Die Europäische Union hat mittlerweile durch eine Vielzahl von Rechtsakten bzw. der Entwicklung eines weitreichenden Sekundärrechts eine europäische Medienordnung geschaffen.[362] Folglich beruhen auch viele aktuelle deutsche Normen auf europäischen Harmonisierungsvorgaben, was erklärt, dass das europäische Medienrecht mittlerweile auch eine wichtige Rolle bei der Entwicklung des deutschen Medienrechtes spielt.[363] Die Wirkung der Rechtsakte der Europäischen Union im deutschen Recht hängen dabei von der jeweils gewählten Form ab. Verordnungen kommt gemäß Art. 288 Abs. 2 AUEV unmittelbare Geltung in den Mitgliedsstaaten zu, wohingegen Richtlinien gemäß Art. 288 Abs. 3 AEUV, Art. 49 Abs. 3 EGV eine Umsetzung ins nationale Recht der Mitgliedsstaaten erfordern. Aus der für die Mitgliedstaaten bestehenden Pflicht zur Umsetzung einer von der Europäischen Union erlassenen Richtlinie ergibt sich auch die Verpflichtung zur richtlinienkonformen Auslegung nationalen Rechts, das in den Regelungsbereich einer Richtlinie fällt.[364] Darüber hinaus bilden bei

358 Ähnlich: Dörr in Dörr/Kreile/Cole, Handbuch Medienrecht, S. 38/39 Rn. 42.
359 Vgl. Daniel/Schildt, Massenmedien im Europa des 20. Jahrhunderts, S. 136/137.
360 Vgl. Dörr in Internationales Handbuch Medien, S. 41.
361 Ähnlich Dörr in Dörr/Kreile/Cole, Handbuch Medienrecht, S. 40 Rn. 45.
362 Dörr in Dörr/Kreile/Cole, Handbuch Medienrecht, S. 63 Rn. 89.
363 Vgl. Castendyk in Wandtke, Medienrecht, Praxishandbuch, Bd. 1, S. 95 Rn. 2.
364 Kyre in Wandtke, Medienrecht, Praxishandbuch, Bd. 1, S. 158/159 Rn. 208.

grenzüberschreitenden Sachverhalten die Grundfreiheiten in bestimmten Fällen einen Maßstab, dem das deutsche Medienrecht gerecht werden muss.[365] Den Grundfreiheiten kommt auch auf gesamteuropäischer Ebene eine besondere Rolle zu. Die Mitgliedstaaten der Europäischen Union haben sich darauf geeinigt, einen gemeinsamen Markt ohne Handelsschranken zu errichten, um sich wirtschaftlich sowie gesellschaftlich näher zu kommen.[366] Dementsprechend legt Art. 26 AEUV als ein vorrangiges Ziel der Europäischen Union die Schaffung eines einheitlichen Binnenmarktes fest. Dies betrifft insbesondere die wirtschaftliche Seite des europäischen Medienmarktes. Für das Medienrecht und die auf diesem Gebiet tätigen Unternehmen sind vor allem das allgemeinen Diskriminierungsverbot des Art. 18 AEUV, der Schutz der freien Warenverkehrsfreiheit gemäß Art 34 ff. AEUV, der Schutz des freien Dienstleistungsverkehres gemäß Art. 56 ff. AEUV, die Niederlassungsfreiheit Art. 49 ff. AEUV sowie die Kapitalverkehrsfreiheit gemäß Art. 63 ff. AEUV von Bedeutung.[367]

Von besonderem Interesse für die vorliegende Arbeit sind die europarechtlichen Regelungen auf dem Gebiet des Kartellrechts, die den ökonomischen Faktor der Medien im Fokus haben. Medienunternehmen unterliegen bei Eröffnung des Anwendungsbereiches den Bestimmungen des allgemeinen Wettbewerbsrechts in vollem Maßes. In kartellrechtlicher Hinsicht zählen zum einem die primärrechtlichen Regelungen des Art. 101 sowie Art. 102 AEUV dazu sowie die sekundärrechtlichen Vorschriften der Verordnung Nr. 139/2004 vom 20. Januar 2004 über die Kontrolle von Unternehmenszusammenschlüssen.

Die Zunahme länderübergreifender Zusammenschlussvorhaben verdeutlicht, dass das EU-Kartellrecht durch Globalisierung sowie die Internationalisierung der Märkte im Mediensektor zunehmend an Bedeutung gewinnt. Viele Marktteilnehmer sehen aufgrund des von divergent aufgestellten, international agierenden Unternehmen ausgehenden Wettbewerbsdrucks ihre Chancen in Fusionen und Übernahmen. Dank der Digitalisierung sind Medienunternehmen dabei nicht mehr so stark wie früher auf die nationalen Märkte begrenzt. Die „Digitale Revolution“ hat neben den Auswirkungen auf das nationalen Recht gleichermaßen Auswirkungen auf das europäische Medienrecht. Die Ausarbeitung eines umfangreichen europäischen Medienrechts und die Anpassung an sich wandelnden Gegebenheiten scheinen somit ebenso wie die wichtigsten

365 Castendyk in Wandtke Medienrecht, Praxishandbuch, Bd. 1, S. 95 Rn. 4.
366 Vgl. Dörr in Dörr/Kreile/Cole, Handbuch Medienrecht, S. 45 Rn. 57.
367 Castendyk in Wandtke, Medienrecht, Praxishandbuch, Bd. 1, S. 101 Rn. 17.

Faktoren der Marktentwicklungen, die Globalisierung und die Digitalisierung, noch nicht am Ende ihrer Entwicklung angekommen.[368]

Die Medien sowie die mit ihnen verbundenen Angebote stellen innerhalb der europäischen Union einen wichtigen Wirtschaftsfaktor dar. Es treten zunehmend international agierende Unternehmen in den Markt. Vor diesem Hintergrund ist es nicht verwunderlich, dass die Frage nach dem Erfordernis eines einheitlichen europäischen Rechtsrahmens lauter wird, um den Standort Europa insbesondere mit Blick auf die digitale Revolution attraktiver zu gestalten, um so die Möglichkeit zu schaffen, den führenden globalen Unternehmen auf den internationalen Medienmärkten die Stirn bieten zu können.[369]

---

368 Vgl. zur Entwicklung und Anpassung des europäischen Medienrechts: E., IV.

369 So spricht Günther Oettinger, EU-Kommissar für den Bereich Digitale Wirtschaft und Gesellschaft bereits von dem Erfordernis eines „digitalen Binnenmarktes“ und der Problematik, dass fragmentierte Teilmärkte zum einen für Investoren nicht attraktiv sind, zum anderen lassen sich nationale Regelungen von global operierenden Konzernen leicht aushebeln. Vgl. Tagungsbericht zum DML-Symposium 2015 „Moderne Regulierung für die Medienzukunft: Kommissionen ringen mit der Konvergenz“, abzurufen unter: https://www.die-medienanstalten.de/fileadmin/user_upload/die_medienanstalten/Veranstaltungen/DLM_Symposium/Symposium_2015/Dokumentation/20150319_Tagungsbericht.pdf.

B. Abgrenzung der Medienmärkte in der aktuellen Kartellrechtspraxis

Die Besonderheiten der Medienmärkte finden grundsätzlich auch in der kartellrechtlichen Praxis Berücksichtigung. Wie bereits erläutert, ist die sachliche Marktabgrenzung bei der Fusionskontrolle, der Missbrauchsaufsicht und grundsätzlich auch bei der Beurteilung wettbewerbsbeschränkender Absprachen, sowohl im deutschen als auch im europäischen Kartellrecht, der erste Schritt der materiellen Prüfung.

Deutsche und europäische Kartellbehörden sowie Gerichte grenzen Medienmärkte nach den klassischen Modellen zur Marktdefinition ab. Dabei ist das Bedarfsmarktkonzept Grundlage ihrer Bewertung. Weitere Abgrenzungskriterien finden in Einzelfällen lediglich ergänzende Anwendung. Bei der Anwendung des Bedarfsmarktkonzeptes wird nach der Substituierbarkeit eines Angebotes aus Sicht der Nachfrager gefragt. Somit ist im Rahmen der kartellrechtlichen Marktabgrenzung zunächst zu prüfen, wie die Gruppe der Nachfrager zu definieren ist. Privatverfasste Medienunternehmen generieren ihre Erlöse entweder durch Werbeeinnahmen oder durch von Rezipienten oder Lesern zu entrichtende Entgelte. Sie streben zum einem die Maximierung des wirtschaftlichen Erfolges an, zum anderen kämpfen sie um die Akzeptanz der Abnehmer, die unmittelbar mit der Attraktivität des Angebotes für den zweiten Nachfrager, die werbetreibende Industrie, einhergeht.[370] Grundsätzlich kommen somit als Nachfrager auf Medienmärkten aus Sicht der Medienunternehmen sowohl Rezipienten als auch Werbetreibende in Betracht, weswegen Medienmärkte auch als *zweiseitige Märkte* bezeichnet werden.[371]

I. Netzwerkeffekte und Marktabgrenzung bei zweiseitigen Medienmärkten

Die klassische Definition eines Marktes geht von einem organisierten Zusammentreffen von Anbietern und Nachfragern aus, die sich gegenüberstehen. Die Anbieter auf einseitigen Märkten richten ihre Strategie an dem Verhalten der

370 Ähnlich: Beckmann/Müller in Hoeren/Siebert/Holznagel, Multimedia-Recht, Teil 10 Kartellrecht, R. 31.

371 Vgl. Beckmann/Müller in Hoeren/Siebert/Holznagel, Multimedia-Recht, Teil 10 Kartellrecht, R. 31.

Nachfrager aus und der Preis eines angebotenen Produktes oder einer Dienstleistung wird unmittelbar durch die Interaktion zwischen Anbieter und Nachfrager bestimmt.[372] Bei Medienmärkten handelt es sich hingegen um sog. zweiseitige Märkte, auf denen es mehrere Nachfrager gibt. Damit werden die Faktoren, welche die wesentlichen Eigenschaften eines Produktes bestimmen, nicht mehr ausschließlich von einer Marktgegenseite beeinflusst.

Handelt es sich um zweiseitige Märkte, kann man bei der Prüfung des sachlich relevanten Marktes zu unterschiedlichen Ergebnissen kommen: zum einen ist es denkbar, dass ein einheitlicher sachlich relevanter Nachfragemarkt vorliegt, zum anderen kann auch angenommen werden, dass mehrere separate Nachfragemärkte bestehen. Ob die Definition des sachlich relevanten Marktes zu einer einheitlichen oder einer getrennten Marktabgrenzung führt, hängt im Wesentlichen davon ab, wie ausgeprägt der Charakter der Zwei- bzw. Mehrseitigkeit auf dem zu bewertenden Markt ist.[373] Zudem findet im Bereich der Onlinemedien nicht immer eine direkte Austauschbeziehung in monetärer Hinsicht mehr zwischen den Marktteilnehmern statt. Onlinemedien stellen Inhalte für die Rezipienten kostenfrei zur Verfügung und erhalten im Gegenzug nutzerbezogene Daten, die aus Sicht des Plattformbetreibers wiederum einen geldwerten Vorteil in der Vermarktung der Werbeplätze darstellen.

1. Einheitliche oder getrennte Marktabgrenzung bei Plattformen

Zweiseitige bzw. mehrseitige Märkte werden auch als Plattformen bezeichnet, die sich durch mindestens zwei Ebenen auszeichnen (die Marktseiten) zwischen denen ein enger wirtschaftlicher Zusammenhang besteht.[374] Das Bundekartellamt definiert Plattformen als Unternehmen, „die als Intermediäre die direkte Interaktion zweier oder mehr Nutzerseiten, zwischen denen indirekte Netzwerkeffekte bestehen, ermöglichen“[375]. Von indirekten Netzwerkeffekten auf Plattformen spricht man, wenn eine Gruppe mittelbar, also indirekt, davon

372 BKartA, Hintergrundpapier – Arbeitskreis Kartellrecht, Digitale Ökonomie – Internetplattformen zwischen Wettbewerbsrecht, Privatsphäre und Verbraucherschutz, S. 10.

373 Vgl. BKartA, Hintergrundpapier – Arbeitskreis Kartellrecht, Digitale Ökonomie – Internetplattformen zwischen Wettbewerbsrecht, Privatsphäre und Verbraucherschutz, S. 16.

374 BKartA, B6-113/15, Arbeitspapier – Marktmacht von Plattformen und Netzwerken, S. 7.

375 BKartA, B6-113/15, Arbeitspapier – Marktmacht von Plattformen und Netzwerken, S. 14.

profitiert, dass eine andere Gruppe stärker auf der Plattform vertreten ist.[376] Dieser Begriff der indirekten Netzwerkeffekte sollte jedoch nicht zu eng ausgelegt werden, damit die Terminologie im Bereich der zweiseitigen Märkte auch überall dort benutzt werden kann, wo die Auswirkungen auf die gegenüberliegende Marktseite beschrieben werden soll.[377] In Medienmärkten kommen, wie bereits dargelegt, als Nachfrager zum einen Rezipienten der Inhalte, zum anderen Werbekunden in Betracht. Das Interesse der Werbekunden steigt in aller Regel mit der Anzahl der mit dem Produkt zu erreichenden Rezipienten. Andersherum kann der Effekt hingegen negativ sein. Eine Mehrzahl an Werbeflächen/-kunden kann von Rezipienten als störend empfunden werden, so dass diese zu einem anderen Produkt abwandern. Somit können in Medienmärkten lediglich einseitige, positive, indirekte Netzwerkeffekte entstehen.[378]

Medienplattformen bringen zwei Nutzergruppen (Rezipienten und Werbende) zusammen, um eine Interaktion zwischen ihnen zu ermöglichen. Über die Plattform soll das Interesse des Rezipienten an dem beworbenen Produkt geweckt werden und im Idealfall zu einer nachgelagerten Kaufentscheidung führen.[379] Bei Onlinemedien wird das beworbene Produkt über einen auf der Werbefläche hinterlegten Link verknüpft, so dass diese Onlinemedienplattform die unmittelbare Interaktion der Rezipienten mit den Werbenden ermöglicht, wobei die Transaktionen üblicherweise nicht über die Plattform selber abgewickelt werden. Da auf Medienplattformen das Aufeinandertreffen der Rezipienten und Werbenden in eher unspezifischen Interaktionen, wie dem Betrachten von Werbung liegt, und nicht direkt zu einer Transaktion führt, werden Medienplattformen auch als Nicht-Transaktionsplattformen bezeichnet.[380] Aus Sicht des Bundeskartellamtes ist der Begriff *Aufmerksamkeitsplattform* für Medienplattformen noch differenzierter als Nicht-Transaktionsplattform, da die Plattform einer Nutzgruppe die Aufmerksamkeit einer anderen Nutzergruppe ermöglicht.[381] Die

376 BKartA, B6-113/15, Arbeitspapier – Marktmacht von Plattformen und Netzwerken, S. 10.

377 Vgl. Zeidler, Medienfusionen und zweiseitige Märkte, S. 49.

378 BKartA, Hintergrundpapier – Arbeitskreis Kartellrecht, Digitale Ökonomie – Internetplattformen zwischen Wettbewerbsrecht, Privatsphäre und Verbraucherschutz, S. 13; Zeidler, Medienfusionen und zweiseitige Märkte, S. 46/47.

379 BKartA, B6-113/15, Arbeitspapier – Marktmacht von Plattformen und Netzwerken, S. 19.

380 BKartA, B6-113/15, Arbeitspapier – Marktmacht von Plattformen und Netzwerken, S. 21.

381 Vgl. BKartA, B6-113/15, Arbeitspapier – Marktmacht von Plattformen und Netzwerken, S. 25; Neben den Aufmerksamkeitsplattform wird bei Internetmärkten im

Einordnung von Plattformen ist nicht nur für die Frage nach dem Vorliegen von indirekten Netzwerkeffekten von besonderer Bedeutung, sondern spielt auch bei der Marktabgrenzung eine wichtige Rolle.[382] Auf der Basis der Beurteilung der Aktivität und der Interaktionen, die auf der Plattform stattfinden, können Aussagen über die betroffenen Märkte getroffen werden.[383]

Die besondere Herausforderung im Rahmen der Marktabgrenzung von Plattformleistungen im Mediensektor ist die Frage nach der einheitlichen oder getrennten Bewertung und Definition von Rezipienten- und Werbemärkten.[384] Nach ständiger Rechtsprechung werden Medienmärkte sowohl auf deutscher als auch auf europäischer Ebene in Rezipienten- und Werbemärkte unterteilt, so dass auch im Onlinesektor keine einheitliche Betrachtung der Plattform vorgenommen wird.[385] Stellt man auf das Bedarfsmarktkonzept ab, nach dem die Sicht der Marktgegenseite wesentlich für die Beurteilung eines Marktes ist, so ist es nur konsequent, die Rezipienten- und Werbemärkte getrennt voneinander zu bewerten, da die jeweiligen Marktgegenseiten unterschiedliche Bedarfe

---

Rahmen der Marktabgrenzung noch zwischen Matching Plattformen mit Transaktionen und Matching Plattformen ohne Transaktionen unterschieden. Matching Plattformen sind Plattformen, die ein bestmögliches von allen Nutzergruppen angestrebte Vermittlung basierend auf individuellen Präferenzen der Mitglieder zu ermöglichen, wie z.B. Jobbörsen oder Single-Portale (vgl. dazu ausführlich: BKartA, B6-113/15, Arbeitspapier – Marktmacht von Plattformen und Netzwerken, S. 22–24.

382 Bei der Marktmachtprüfung von Plattformen sind indirekte Netzwerkeffekte ein bedeutender Faktor. Dies wird besonders deutliche durch den neu eingefügten § 18 Abs. 3a Nr. 1 GWB. Auch auf dieser Ebene ist sollte laut BKartA zwischen Aufmerksamkeits- und Matching-Plattformen unterschieden werden, vgl. zur Berücksichtigung indirekter Netzwerkeffekte bei der Marktmachtprüfung: BKartA, B6-113/15, Arbeitspapier – Marktmacht von Plattformen und Netzwerken, S. 54–61.

383 Dewenter/Rösch/Terschüren: Abgrenzung zweiseitiger Märkte am Beispiel von Internetsuchmaschinen, S. 6.

384 Viel diskutiert und uneinheitlich in Rechtsprechung und Literatur beurteilt wird insbesondere die Abgrenzung von Matching Plattformen und Transaktionsplattformen. In mancher Hinsicht Klarstellung könnte hier auf deutscher Ebene der neu eingefügte § 18 Abs. 2a GWB bringen, der normiert, dass der Annahme eines Marktes die Unentgeltlichkeit einer Leistung nicht entgegen steht.

385 Anders als bei Matching-Plattformen, bei denen eine einheitliche Betrachtung der Plattform immer dann in Betracht kommt, wenn die Nutzergruppen einen einheitlichen Bedarf an Vermittlung haben und sich die Sicht der Gruppen bezüglich der funktionalen Austauschbarkeit des Produktes nicht wesentlich unterscheiden (vgl. BKartA, B6-113/15, Arbeitspapier – Marktmacht von Plattformen und Netzwerken, S. 31–32).

decken wollen. Der Rezipient ist an dem Inhalt der Plattform interessiert, der Werbende will sein Produkt möglichst reichweitenstark und gezielt auf der Plattform platzieren. Somit ist die Sicht der beiden Nutzergruppen hinsichtlich ihrer Austauschmöglichkeiten uneinheitlich.[386] Folglich werden Medienmärkte aus kartellrechtlicher Sicht in Rezipienten- und Werbemärkte getrennt.

2. Annahme eines Marktes bei unentgeltlicher Nutzungsbeziehung

Des Weiteren stellt sich die Frage, ob bei unentgeltlichen Angeboten ein Markt im kartellrechtlichen Sinne angenommen werden kann, da es definitorisch an der für einen Markt wesentlichen, direkten Austauschbeziehung zwischen den Marktteilnehmern fehlt. Diese Fragestellung scheint allerdings auch vor dem Hintergrund der indirekten Netzwerkeffekte zu kurz gegriffen. Onlinemedien stellen zu großen Teilen ihren Content für den Rezipienten zum kostenfreien Abruf bereit. Damit liegt auf einer Marktseite ein Nullpreis vor. Dabei handelt es sich, gerade im Internet, keines Falls um eine unentgeltliche Gegenleistung. Nutzer von Internetplattformen widmen den Inhalten ebenso wie der gezeigten Werbung, wenn auch mit unterschiedlichen Intentionen und Intensitäten, ihre Aufmerksamkeit. Wie in klassischen Rundfunkmärkten wird diese Aufmerksamkeit auf den Plattformen gebündelt und indirekt an den Werbenden verkauft, denn Reichweite und Platzierung bestimmen den Preis einer Werbefläche. Bei Onlineangeboten kommt allerdings ein weiterer wesentlicher Punkt hinzu: viele Angebote erfordern die Eingabe personenbezogener Daten, die aus Sicht des Plattformbetreibers einen geldwerten Gegenwert darstellen, da sie geeignet sind, den Werbekunden zielgruppengerechte Werbung ohne große Streuverluste anbieten zu können.[387]

Bei der kartellrechtlichen Bewertung der Frage, ob trotz unentgeltlicher Nutzungsbeziehung ein Markt angenommen werden sollte, ist somit im Wesentlichen zu prüfen, ob eine Verknüpfung mit einer entgeltlichen Seite vorliegt. Diesen Zusammenhang unterstreicht der deutsche Gesetzgeber mit der Neueinführung des § 18 Abs. 2a GWB im Rahmen der 9. GWB Novelle. Demnach steht es der Annahme eines Marktes nicht entgegen, wenn eine Leistung unentgeltlich erbracht wird.[388]

---

386 Vgl. BKartA, B6 113/15, Arbeitspapier – Marktmacht von Plattformen und Netzwerken, S. 33.

387 BKartA, B6-113/15, Arbeitspapier – Marktmacht von Plattformen und Netzwerken, S. 41.

388 Vgl. § 18 Abs. 2a GWB.

In der deutschen und europäischen Kartellrechtspraxis herrscht Einigkeit darüber, dass Rezipienten- und Werbemärkte jeweils eigenständige sachlich relevante Märkte darstellen. Kontrovers wird in der Rechtsprechung hingegen beurteilt, ob bei den unterschiedlichen Medienmärkten auch bei unentgeltlichen Angeboten von der Annahme eines Rezipientenmarktes ausgegangen werden kann. Es bleibt abzuwarten, inwiefern die Neueinführung des § 18 Abs. 2a GWB diesbezüglich klarstellende Wirkung in der praktischen Kartellrechtsanwendung haben wird.

II. Rezipientenmärkte – Interdependenz der Nachfragemärkte

Die Märkte, in denen Unternehmen um die Gunst der Leser, Zuschauer, Zuhörer kämpfen, werden als Rezipientenmärkte bezeichnet.[389] Da in diesen Märkten die von den Medienunternehmen produzierten oder gelieferten Produkte und Dienstleistungen dem Endverbraucher angeboten werden, handelt es sich bei solchen Rezipientenmärkten um Endkundenmärkte.[390] Dabei wird nicht bei jedem Medienprodukt von einem Vorhandensein eines solchen Endkundenmarktes (in Form eines Rezipientenmarktes) aus kartellrechtlicher Sicht ausgegangen.

In diesem Zusammenhang sollten auch die Interdependenz zwischen Rezipienten- und Werbemärkten beachten werden. Da zwischen den beiden Nachfragemärkten im Bereich der Medien erhebliche Synergien bestehen, sollten die Rezipientenmärkte bei der kartellrechtlichen Abgrenzung der Werbemärkte ebenfalls berücksichtigt werden. Dies gilt insbesondere im Rahmen des Fusionskontrollverfahrens, in dem eine Prognose der Marktentwicklung erforderlich ist. Für die prognostische Entwicklung der Medienwerbemärkte können die Rezipientenmärkte gerade im Bereich der Onlinemedien wichtige Hinweisgeber sein, wie im weiteren Verlauf der Arbeit noch herausgearbeitet wird.

1. Presse

Betrachtet man den Pressemarkt als Ganzes, so wird unumstrittener Maßen ein signifikanter Zusammenhang zwischen Leser- und Anzeigenmarkt deutlich. Am Beispiel der Tageszeitungen wurde das Modell der Anzeigen-Leser-Spirale

389 Ähnlich: Beckmann/Müller in Hoeren/Siebert/Holznagel, Multimedia-Recht, Teil 10 Kartellrecht, R. 31.

390 Palzer „Marktdefinition im Bereich der audiovisuellen Medien nach dem Wettbewerbsrecht der Europäischen Gemeinschaft“ in ZUM 2004, S. 279 (281).

entwickelt. Es beschreibt die gegenseitige Abhängigkeit der Absatz- sowie Werbemärkte voneinander. Als wesentlicher Faktor für die Preisbestimmung einer Anzeige gilt, neben der Größe der Anzeige, die Reichweite des Presseerzeugnisses. Steigt die Reichweite, führt dies aus Sicht des Werbekunden zu einer gesteigerten Attraktivität der Leistung, was sich im Preis der Werbeschaltung niederschlägt. Steigende Werbeeinnahmen könnten wiederum für zusätzliche Investitionen oder Preissenkungen genutzt werden, was gegebenenfalls eine Auflagensteigerung zur Folge hat.[391] Allerding wird trotz der starken Interdependenz der beiden Märkte aus kartellrechtlicher Sicht aufgrund der bereits dargestellten Faktoren zwischen Leser- und Anzeigenmarkt unterschieden.[392]

Im Rahmen der sachlichen Marktabgrenzung von Presseerzeugnissen auf Seiten des Rezipientenmarktes wird zwischen dem Lesermarkt für Zeitungen und dem Lesermarkt für Zeitschriften unterschieden.[393] Je nach Art des Printmediums findet eine weitere Unterteilung des Marktes statt. So wird bei Lesermärkten für Zeitungen nach der Erscheinungshäufigkeit des Produktes zwischen Zeitungen und Tageszeitungen differenziert.[394] Gegebenenfalls kann dann entsprechend der Reichweite des Presseproduktes eine darüber hinausgehende Einteilung in regionale sowie überregionale Tageszeitungen erforderlich sein.[395] Des Weiteren kann es zur sachgerechten Abbildung der Märkte geboten sein, differenziertere Unterteilungen nach Inhalt, Qualität oder Preis der Zeitungen vorzunehmen.[396]

Bei der Abgrenzung der Lesermärkte für Zeitschriften stehen wiederum andere Kriterien im Vordergrund. Zeitschriften werden zunächst eingeteilt in allgemeine Publikumszeitschriften, auch General-Interest Zeitschriften genannt, und Special-Interest Zeitschriften.[397] Letztere wenden sich auf einem bestimmten

391 Siehe dazu: Hans-Bredow-Institut, Medien von A-Z, S. 25–27.

392 Krzywicki, Crossmediale Zusammenschlüsse als Sonderform der Konzentration im Medienbereich, S. 53 u. 54.

393 Siehe Rinne in BeckOK InfoMedienR, VO (EG) 139/2004 Art. 2 Rn. 32–39.

394 Vgl. Europäische Kommission, Entschluss v. 20.04.199, IV/M. 1455, Rn. 16 „Gruner+Jahr/Financial Times/JV".

395 Vgl. Europäische Kommission, Entschluss v. 20.04.199, IV/M. 1455, Rn. 16 „Gruner+Jahr/Financial Times/JV".

396 Vgl. Crossmediale Zusammenschlüsse als Sonderform der Konzentration im Medienbereich, S. 54/55.

397 Vgl. Europäische Kommission, Entschluss v. 20.04.199, IV/M. 1455 -Gruner+Jahr/Financial Times/JV, Rn. 10; BKartA, Entscheidung v. 25.4.2014 – B6-98/13 –Springer/Funke, Rn. 43.

Interessengebiet mit spezialisierten Inhalten an eine abgrenzbare Abnehmerschaft (Zielgruppe). Wohingegen General-Interest Zeitschriften für eine breite Leserschaft konzipiert sind und ein hohes Maß an Universalität aufweisen.[398]

Darüber hinaus ist der Lesermarkt für Fachpublikation gesondert von dem Lesermarkt der Publikumszeitschriften sowie der Special-Interest-Zeitschriften zu beurteilen.[399] Fachzeitschriften bieten den Lesern berufliche Fortbildungen und qualifizierte Beiträge in wissenschaftlichen Disziplinen die sich z.B. nach Branche, Technologie oder Beruf unterteilen lassen und somit auf eine definierte Rezipientengruppe zugeschnitten sind. Dementsprechend sind Fachzeitschriften aus Rezipientensicht weder mit General-Interest-Zeitschriften austauschbar, noch mit Special-Interest Zeitschriften, die zwar ebenfalls der gezielten Informationsbeschaffung dienen, allerdings aus Sicht des Abnehmers eher das private bzw. persönliche Informationsinteresse befriedigen.[400]

Auch der Vertriebsweg kann bei der Abgrenzung von gedruckten Presseprodukten eine Rolle spielen. So wird eine Unterteilung in Abonnement Zeitungen und Straßenverkaufszeitungen vorgenommen.[401]

2. Rundfunk

Bei der kartellrechtlichen Betrachtung der Rundfunkmärkte ist zunächst zwischen Hörfunk und Fernsehen zu unterscheiden.

a) Fernsehen

Der Fernsehmarkt ist unabhängig vom Hörfunkmarkt zu beurteilen. Er stellt einen eigenen sachlich relevanten Markt dar. Bei der Betrachtung des Fernsehmarktes ist in einem ersten Schritt ebenfalls zwischen Rezipienten- und Werbemarkt zu unterscheiden. Dabei kann der Rezipientenmarkt im Bereich Fernsehen allerdings nicht als einheitlich betrachtet werden.[402] Im Kartellrecht wird zwischen den Teilmärkten Free-TV und Pay-TV unterschieden.[403] Unter Free-TV wird sowohl das private, werbefinanzierte, als auch das gebühren- und

---

398 Wirtz, Medien- und Internetmanagement, S. 184/185.

399 BKartA, Entscheidung v. 25.4.2014 – B6-98/13 –Springer/Funke, Rn. 41.

400 Vgl. BKartA, Entscheidung v. 25.4.2014 – B6-98/13 – Springer/Funke, Rn. 41 ff.

401 Vgl. Thomas in Immenga/Mestmäcker, GWB, § 36 Rn. 76.

402 Krzywicki, Crossmediale Zusammenschlüsse als Sonderform der Konzentration im Medienbereich, S. 57.

403 Vgl. Palzer „Marktdefinition im Bereich der audiovisuellen Medien nach dem Wettbewerbsrecht der Europäischen Gemeinschaft“ in ZUM 2004, S. 279 (281/282).

eingeschränkt werbefinanzierte öffentlich-rechtliche Fernsehen subsumiert. Angebote im Free-TV sind für Rezipienten unentgeltlich. Für Free-TV Anbieter sind die strategisch entscheidenden interdependenten Erfolgsfaktoren Einschaltquote und Werbeeinnahmen. Beim Pay-TV entrichtet der Rezipient hingegen ein Entgelt und erhält dafür einen autorisierten Zugang zu bestimmten Programmangeboten meist in Form eines Abonnements.[404] Darüber hinaus unterscheiden sich die beiden Fernsehformen durch unterschiedliche technische Anforderungen bezüglich der Ausstrahlung des Programmes. Da der Pay-TV Anbieter seine Programme nur autorisierten Rezipienten zugänglich macht, sind besondere technische Infrastrukturen auf Seiten des Anbieters und spezialisierte Endgeräte auf Seiten der Nutzer erforderlich.[405] Die verschiedenen Grundvoraussetzungen zur Verbreitung und für das Rezipieren des Programmes verdeutlichen, dass auf den Märkten für Pay-TV und Free-TV unterschiedliche Wettbewerbsbedingungen herrschen.[406]

Aufgrund der Entgeltlichkeit des Angebots und des damit bestehenden wirtschaftlichen Austauschverhältnisses zwischen Leistendem und Leistungsempfänger, herrscht Einigkeit darüber, dass für den Teilbereich Pay-TV ein Fernsehzuschauermarkt angenommen werden muss.[407] In diesem Zusammenhang kommt immer wieder die Frage auf, ob auch in dem für den Rezipienten unentgeltlich angebotenem Free-TV von dem Vorhandensein eines Zuschauermarktes ausgegangen werden kann. Da die Programme des privaten sowie des öffentlich-rechtlichen Fernsehens dem Rezipienten unentgeltlich angeboten werden, fehlt es zunächst an dem für einen Marktprozess wesentlichem Leistungsaustausch.[408] Allerdings ist zu berücksichtigen, dass die Ausstrahlung von

404 Siehe Krzywicki, Crossmediale Zusammenschlüsse als Sonderform der Konzentration im Medienbereich, S. 57.

405 Vgl. Palzer „Marktdefinition im Bereich der audiovisuellen Medien nach dem Wettbewerbsrecht der Europäischen Gemeinschaft“ in ZUM 2004, S. 279 (282); Krzywicki, Crossmediale Zusammenschlüsse als Sonderform der Konzentration im Medienbereich, S. 57.

406 Siehe Krzywicki, Crossmediale Zusammenschlüsse als Sonderform der Konzentration im Medienbereich, S. 57; Palzer „Marktdefinition im Bereich der audiovisuellen Medien nach dem Wettbewerbsrecht der Europäischen Gemeinschaft“ in ZUM 2004, S. 279 (282);

407 Vgl. Palzer „Marktdefinition im Bereich der audiovisuellen Medien nach dem Wettbewerbsrecht der Europäischen Gemeinschaft“ in ZUM 2004, S. 279 (282/283).

408 Schmidt „Gibt es einen Fernsehzuschauermarkt im Sinne des Gesetzes gegen Wettbewerbsbeschränkungen?“ in ZUM 1997, S. 472 (472); Vgl. zum Begriff des Marktes A.I. 1. b).

Programmen auch den Charakter eines Wirtschaftsgutes haben kann, das zum Zwecke der Deckung eines Bedarfs von den privaten sowie öffentlich-rechtlichen Fernsehveranstaltern angeboten wird und von den Zuschauern nachgefragt wird. Dabei ist jedoch fraglich, ob diese Beziehung zwischen Zuschauer und Fernsehveranstalter ausreicht, um einen Fernsehzuschauermarkt im kartellrechtlichen Sinne annehmen zu können.[409]

Würde man aufgrund der durch die Finanzierung mittels Werbung bestehenden Abhängigkeit der privaten Fernsehveranstalter (und zu gewissen Teilen auch der öffentlich-rechtlichen Rundfunkanstalten) von den zu generierenden Werbeeinnahmen lediglich eine Austauschbeziehung zwischen Fernsehveranstalter und der Werbeindustrie annehmen, würde ein gewichtiger Faktor außer Acht bleiben: die Werbeeinahmen im Fernsehen stehen in einer engen Wechselbeziehung mit der Zuschauerreichweite bzw. den Einschaltquoten. Die Attraktivität des Angebots für die Werbetreibenden und damit auch die Preise der Werbezeit steigen mit zunehmender Zuschauerreichweite bzw. Einschaltquote.[410] So konkurrieren die Veranstalter immer auch um die Gunst der Rezipienten. Die Zuschauer nehmen durch ihr Konsumverhalten Einfluss auf die Austauschbeziehung zwischen Fernsehveranstalter und Werbekunden. Damit entsteht eine Verknüpfung des Zuschauermarktes mit dem Werbemarkt. Insofern scheint es aus wettbewerbsrechtlicher Sicht sinnvoll, den Fernsehwerbemarkt im Free-TV bei kartellrechtlichen Sachverhalten nicht gänzlich isoliert zu betrachten, sondern auch den Zuschaueranteil, der von dem betroffenen Fernsehveranstalter mit dem jeweiligen Programm erzielt wird, bei der Untersuchung und Beurteilung der Marktstellung auf dem Fernsehwerbemarkt zumindest zu berücksichtigen.[411]

b) Hörfunk

Auch die Nutzung des Hörfunks ist in aller Regel unentgeltlich. Dieser Umstand führt ebenso wie beim Free-TV zu der Frage, ob ein hinreichendes Austauschverhältnis zwischen den Hörfunkanbietern und den Rezipienten besteht, um die Existenz eines Zuhörermarktes im kartellrechtlichen Sinne bejahen zu

---

409 Schmidt „Gibt es einen Fernsehzuschauermarkt im Sinne des Gesetzes gegen Wettbewerbsbeschränkungen?" in ZUM 1997, S. 472 (474).

410 Schmidt „Gibt es einen Fernsehzuschauermarkt im Sinne des Gesetzes gegen Wettbewerbsbeschränkungen?" in ZUM 1997, S. 472 (474).

411 Palzer „Marktdefinition im Bereich der audiovisuellen Medien nach dem Wettbewerbsrecht der Europäischen Gemeinschaft" in ZUM 2004, S. 279 (282).

können.[412] Die Hörfunkmärkte sind analog zu den Fernsehmärkten von der Dualität privater, werbefinanzierter Programmanbieter und öffentlich-rechtlicher, von Gebühren und nur sehr eingeschränkt durch Werbung finanzierten Programmanbietern gekennzeichnet. Die Programme der privaten und der öffentlich-rechtlichen Hörfunkanbieter werden dem Rezipienten unentgeltlich angeboten, was dazu führt, dass es auch im Bereich des Hörfunks zunächst an dem für einen Marktprozess wesentlichem Leistungsaustausch fehlt. Somit kann nicht per se von dem Vorhandensein eines Zuhörermarktes ausgegangen werden. Gleichmaßen wie beim Free-TV kann hier allerdings als Argument für das Bestehen eines Zuhörermarktes auf den Zusammenhang zwischen Reichweite bzw. Zuhöreranteil und Werbeeinnahmen verwiesen werden, die ebenfalls grundsätzlich untrennbar miteinander verbunden sind. Gegen die Annahme eines Zuhörermarktes im Bereich des Hörfunks spricht wiederum, neben der Unentgeltlichkeit des Angebots, die im Vergleich zum Fernsehen bestehende Besonderheit der Wahrnehmungsform als Begleitmedium. Während Fernsehzuschauer dem konsumierten Programm zumeist die ungeteilte Aufmerksamkeit widmen, wird Hörfunk zu großen Teilen lediglich nebenbei oder im Hintergrund konsumiert.[413] Angesichts der vergleichsweise geringen Bedeutung dieser Frage für die Bewertung kartellrechtlicher Sachverhalte und den Schwerpunkt dieser Arbeit, kann die Beantwortung vorliegend offen bleiben.[414]

3. Onlinemedien

Die digitale Revolution mit dem weltweiten Kommunikationsnetz Internet hat in weniger als zwei Jahrzehnten eine mittlerweile kaum noch überschaubare Fülle von Angebots- und Interaktionsformen generiert und das Kommunikationsverhalten nicht nur der jüngeren Generation nachhaltig verändert. So hat die Verknüpfung von Internet und Smartphone beispielsweise die bislang gültige Abhängigkeit der elektronischen Massenkommunikation von Zeit und Raum weitgehend aufgelöst.

Aufgrund der Fülle des Angebots sowie der unterschiedlichen Arten der Onlinemedien lässt sich die Frage nach der Existenz eines Rezipientenmarktes

412 Vgl. Krzywicki, Crossmediale Zusammenschlüsse als Sonderform der Konzentration im Medienbereich, S. 59.

413 Vgl. zum Hörfunk als Begleitmedium: OLG München, Urteil v. 11.03.1999 – U (K) 5733/98 in ZUM-RD 1999, 270 (272/273).

414 Vgl dazu z.B.: OLG Düsseldorf, Beschluss v. 06.10.2004 – VI–Kart 14/04 (V) in ZUM-RD 2005, 21 (22/23).

in diesem Bereich nicht pauschal beantworten. In Medienmärkten des Internets konkurrieren Unternehmen aus unterschiedlichen Motiven um die Gunst der Rezipienten. Offensichtlich wird bei entgeltlichen Angeboten, wie auf anderen Medienmärkten auch, direkt um den Nutzer und gegen vergleichbare Konkurrenzprodukte gekämpft. Bei unentgeltlichen Angeboten wird, von verschiedenen Intentionen geleitet, um die Gunst der Rezipienten gekämpft. Im Vordergrund steht die Generierung einer hohen Reichweite die möglichst hohe Werbeschaltpreise ermöglicht. Neben diesen Gewinnerzielungsabsichten gibt es für die Marktakteure eine Reihe anderer Motive, beispielsweise Imagewerbung für das eigene Unternehmen, Platzierung crossmedialer Werbung oder die Erhebung von Nutzerdaten.

Bei der Frage nach dem Vorliegen eines Rezipienten bzw. Benutzermarktes im Onlinesektor aus kartellrechtlicher Sicht kommt es entscheidend auf die Form und Inhalt des Angebotes an. Ebenso wie bei den Rezipientenmärkten der Medien Presse und Rundfunk ist das zentrale Kriterium zur Feststellung eines Benutzermarktes im Onlinesektor der Nachweis eines hinreichenden wirtschaftlichen Austauschverhältnisses.[415] Erhält der Nutzer im Internet eine Leistung des Anbieters aufgrund eines entrichteten Entgeltes, liegt ein klassisches Austauschverhältnis im oben genannten Sinne vor, das die Annahme der Existenz eines Benutzermarktes zulässt.[416] So bejaht das Bundeskartellamt beispielsweise das Vorliegen von Rezipientenmärkten bei nicht rein werbefinanzierten Video-on-Demand Angeboten. Video-on-Demand Angebote zeichnen sich dadurch aus, dass Rezipienten auf Nachfrage ein bestimmter Inhalt zum Abruf bereitgestellt wird. Das Angebot kann entweder durch die Entrichtung eines Entgelts des Rezipienten und/oder durch die Schaltung von Werbung vor, nach bzw. während des Videos finanziert werden. Entscheidend für die Annahme eines kartellrechtlich relevanten Endkundenmarktes ist auch in diesem Bereich die Entgeltlichkeit des Abrufs der audiovisuellen Inhalte über ein Übertragungsnetz.[417] Sofern der Rezipient ein Entgelt für den Erhalt der Leistung entrichtet,

---

415 Trafkowski „Die sachliche Abgrenzung der Märkte im Internet“ in MMR 1999, S. 630 (634).

416 Vgl. dazu Beckmann/Müller in Hoeren/Sieber/Holznagel, Multimedia-Recht, Teil 10 Kartellrecht, Rn. 38; Trafkowski „Die sachliche Abgrenzung der Märkte im Internet“ in MMR 1999, S. 630 (634).

417 BKartA, Fallbericht vom 23.02.2015: ARD und ZDF Onlineplattform Germany´s Gold, B6-81/11, S. 2, abzurufen unter: http://www.bundeskartellamt.de/SharedDocs/Entscheidung/DE/Fallberichte/Kartellverbot/2015/B6-81-11.pdf?__blob=publicationFile&v=2.

liegt ein Leistungsaustausch im klassischen Sinne vor, der in jedem Fall die Annahme eines Marktes im kartellrechtlichen Sinne rechtfertigt. Dass daneben auch Werbung gezeigt wird, die für den Anbieter ebenfalls Umsätze generiert, hat auf die Annahme des Bestehen eines Endkundenmarktes keinen Einfluss.

Schwieriger zu bewerten ist hingegen die Frage nach der Existenz von Rezipientenmärkten – ähnlich wie beim Rundfunk – bei unentgeltlichen medialen Angeboten im Internet. Auch bei frei zugänglichen Onlinemediendiensten stellt sich die Frage, ob der für die Annahme eines Marktes wesentliche Leistungsaustausch zwischen Anbieter und Nutzer hinreichend gegeben ist, indem der Nutzer die mit dem Angebot verbundene Werbung rezipiert.[418] Ähnlich wie bei den Print- und Rundfunkmärkten bestehen auch im Bereich der Onlinemedienmärkte starke Interdependenzen zwischen den Rezipienten- und Werbemärkten. Je mehr Nutzer ein Onlineangebot verzeichnet, desto attraktiver wird das Angebot für die Werbekunden. Zudem kann – neben dem für die zielgruppenorientierten Werbung oft genutzten *Targetings*[419] – in unterschiedlichsten Werbeformen ein direkter Austausch zwischen Nutzer und Werbendem hergestellt werden. Anders als bei Werbung im Fernsehen oder in der Presse besteht für den Nutzer eines Onlineangebotes bei der präsentierten Werbung die Möglichkeit durch eine Verlinkung direkt zu den beworbenen Angeboten zu gelangen. Der Rezipient kann sofort weitere Informationen über das beworbene Produkt erhalten oder das Produkt direkt bestellen.[420] Die Preise der Werbeflächen werden maßgeblich von der Anzahl der von der Plattform erreichten Klicks beeinflusst, somit entstehen auch indirekte Netzwerkeffekte für den Plattformbetreiber.[421] Dementsprechend besteht im Vergleich zum Free-TV ein noch engerer Zusammenhang zwischen Rezipienten und Werbeeinnahmen. Im Bereich der Onlinemedien kann davon ausgegangen werden, dass eine nicht-monetäre Leistung der Nutzer aufgrund der indirekten Netzwerkeffekte für den Plattformbetreiber einen geldwerten Gegenwert hat. Der Nutzer zahlt zum einem in Form seiner Aufmerksamkeit, die vom Plattformbetreiber gebündelt und an den Werbenden „verkauft“ wird, zum anderen in Form seiner personenbezogenen Daten. Diese

418 Trafkowski „Die sachliche Abgrenzung der Märkte im Internet“ in MMR 1999, S. 630 (634).

419 Unter *Targeting* ist die individuelle Schaltung von Werbung entsprechend der Interessen des Nutzers zu verstehen. Siehe dazu auch A.II. c).

420 Zur Interaktionsleistung bei Onlinewerbung vgl.: Kopp, Behavioral Targeting, S. 23/24.

421 Vgl. Beckmann/Müller in Hoeren/Sieber/Holznagel, Multimedia-Recht, Teil 10 Kartellrecht, Rn. 34.

können vom Plattformbetreiber wiederum genutzt werden, um dem Werbenden ein entsprechendes *Targeting* zu ermöglichen.[422]

Durch die 9. GWB Novelle hat der deutsche Gesetzgeber in § 18 Abs. 2a GWB erstmals klargestellt, dass die Unentgeltlichkeit eines Angebotes der Annahme eines Marktes im kartellrechtlichen Sinne nicht entgegensteht.[423] Dies wurde für Internetplattformen in der jüngsten Rechtsprechung des Bundeskartellamtes und der Europäischen Kommission bereits entsprechend entschieden.[424] Vor diesem Hintergrund ist es wünschenswert, dass die Änderungen der 9. GWB Novelle auch bei Aufmerksamkeitsplattformen mit medialem Inhalt im Internet zu einer Annahme eines Rezipientenmarktes führen.

In jedem Fall sollten die ökonomischen Auswirkungen des Benutzerverhaltens auf den Onlinewerbemärkten bei der Betrachtung der Onlinewerbemärkte nicht gänzlich unbeachtet bleiben.[425] Sofern die Annahme eines Rezipientenmarktes aufgrund der Unentgeltlichkeit eines Onlineangebotes auch nach der Einführung des § 18 Abs. 2a GWB abgelehnt werden sollte, wäre im Rahmen der kartellrechtlichen Marktabgrenzung zu berücksichtigen, dass mediale Angebote im Onlinesektor eine hohe Angebotsumstellungsflexibilität aufweisen, die jederzeit eine kurzfristige, mitunter auch nur partielle Umwandlung eines unentgeltlichen in ein entgeltliches Angebot ermöglicht.[426] Auch aufgrund der steigenden

---

422 BKartA, BKartA, B6-113/15, Arbeitspapier – Marktmacht von Plattformen und Netzwerken, S. 41.

423 Vgl. § 18 Abs. 2a GWB.

424 Siehe Europäische Kommission, Entscheidung v. 3.10.2014, Az. COMP/M.7217 – Facebook/ Whatsapp; Bundeskartellamt, Beschluss v. 22. 10.2015, Az. B6-57/15 – Online-Datingplattformen; anders: OLG Düsseldorf; Beschluss v. 9.01.2015, Az. VI Kart 1/14 (V), Rz. 3 – HRS. Das Problem stellt sich in der Rechtsprechung insbesondere im Bereich der Matching-Plattformen und bei Sozialen Netzwerken und wurde auf deutscher Ebene noch 2015 uneinheitlich entschieden (siehe OLG Düsseldorf; Beschluss v. 9.01.2015, Az. VI Kart 1/14 (V), Rz. 3 – HRS). Die Einführung des § 18 Abs. 2a GWB.

425 So geht Trafkowski gar von einem ausreichenden Leistungsaustausch zwischen Nutzer und Anbieter aus, was zur Annahme eines Benutzermarktes im Internet führt. Vgl. Trafkowski „Die sachliche Abgrenzung der Märkte im Internet" in MMR 1999, S. 630 (634).

426 Beckmann/Müller in Hoeren/Sieber/Holznagel, Multimedia Recht, Teil 10 Kartellrecht, Rn. 42; So auch umgesetzt bei der Axel Springer SE mit den Paid Content Angeboten von u.a. Bild.de. Seit Juni 2013 ist unter BILDplus ein geräteübergreifendes entgeltliches Abo verfügbar, dass den Zugriff auf besondere Inhalte ermöglicht. Der Axel Springer Verlag gilt mit der erfolgreich verfolgten Umstellung auf partielles Paid Content als Vorreiter in diesem Bereich.

Benutzerzahlen und der damit zunehmenden Relevanz dieses Sektors für die Werbeindustrie, sollten die Benutzerstrukturen und -gewohnheiten in dem jeweiligen Onlinemarkt bei der Beurteilung des entsprechenden Werbemarktes Berücksichtigung finden.[427] Denn je mehr ein unentgeltliches Angebot in seinem Inhalt und seiner Darstellungsform den jeweils entgeltlichen Angeboten gleicht, desto größer ist die wettbewerbliche Wirkung, die auf die entsprechenden entgeltlichen Angebote ausgeht. Sofern die Annahme eines Rezipientenmarktes abgelehnt wird, sollten diese Umstände zumindest im Rahmen der Prüfung eines Substitutionswettbewerbs hinreichend berücksichtigt werden.[428]

III. Werbemärkte

Im Gegensatz zu Rezipientenmärkten wetteifern Medienunternehmen auf den Werbemärkten nicht um die Gunst der Zuschauer, Zuhörer oder Leser, sondern kämpfen um den bestmöglichen Verkauf von Werbeplätzen an die werbetreibende Industrie.[429] Da ein Großteil der Medienunternehmen seine Einnahmen und Gewinne sogar ausschließlich aus den Werbeeinnahmen generiert, kommt diesem Markt im Mediensektor eine Schlüsselrolle zu.

In dem vorliegenden Abschnitt wird zunächst eine schematische Unterteilung der einzelnen Werbemärkte nach der Art des Mediums vorgenommen, wie sie ganz überwiegend von den deutschen und europäischen Kartellbehörden sowie der Rechtsprechung angenommen wird. Eine kritische Auseinandersetzung wird vor dem Hintergrund der besseren Verständlichkeit sowie der Ausführlichkeit der Ausführungen erst nach der Darstellung der Märkte im dritten und vierten Teil dieser Arbeit vorgenommen.

---

427 Für eine Betrachtung beider Seiten des Onlinemarktes spricht sich ebenfalls aus: Beckmann/Müller in Hoeren/Sieber/Holznagel, Multimedia-Recht, Teil 10 Kartellrecht, Rn. 42.

428 Vgl. BKartA, Fallbericht vom 23.02.2015: ARD und ZDF Onlineplattform Germany´s Gold, B6-81/11, S. 2, abzurufen unter: http://www.bundeskartellamt.de/SharedDocs/Entscheidung/DE/Fallberichte/Kartellverbot/2015/B6-81-11.pdf?__blob=publicationFile&v=2.

429 Unter werbetreibende Industrie werden in dieser Arbeit alle Unternehmen verstanden, die für ihre Dienstleistungen und/oder Produkte und/oder die von ihnen vertriebenen Produkte/Dienstleistungen Werbung betreiben. Von dem Begriff nicht umfasst sind Unternehmen, die lediglich an der Gestaltung, Planung und Umsetzung beteiligt sind wie beispielsweise Mediaagenturen.

1. Presse

Bei den Pressewerbemärkten ist ebenso wie bei den Lesermärkten kein einheitlicher sachlicher Markt anzunehmen. Vielmehr sind die Anzeigenmärkte gleicherweise nach ihrer Publikationsform abzugrenzen und in einzelne Anzeigenmärkte einzuteilen.[430]

Die Anzeigenmärkte für Zeitungen und die Anzeigenmärkte für Zeitschriften bilden jeweils einen eigenständigen sachlichen Markt.[431] Der Anzeigenmarkt für Zeitungen ist dabei weniger feingliedrig zu unterteilen als vergleichsweise der Lesermarkt für Zeitungen. Eine Unterteilung nach Erscheinungsturnus oder Form ist nicht erforderlich, sofern die Werbeflächen aus Sicht der Abnehmer hinsichtlich ihres Inhalts, ihrer Reichweite sowie des Rezipientenkreises weitestgehend deckungsgleich sind.[432] Auszuklammern sind aufgrund mangelnder Deckungsgleichheit des Angebots aus Sicht des werbetreibenden Industrie vor diesem Hintergrund zum Beispiel Stadtmagazine sowie Beilagen- und Prospektverteildienste.[433] Auch die Reichweite der Publikation kann eine Abgrenzung des relevanten Werbemarktes in regionale sowie überregionale Anzeigenmärkte erforderlich machen.[434]

Wie bereits eingangs erwähnt sind von den Zeitungsanzeigenmärkten die Zeitschriftenanzeigenmärkte grundsätzlich zu trennen. Zeitschriften unterscheiden sich von Zeitungen wesentlich in ihrer Erscheinungsform und den differenzierten Ansprachen unterschiedlicher Zielgruppen. Für Werbekunden ist darüber hinaus die Erscheinungshäufigkeit ein wesentliches Unterscheidungsmerkmal. Da Zeitschriften in der Regel lediglich einmal wöchentlich, zweiwöchentlich oder gar seltener erscheinen, sind sie für Werbekunden, bei denen die Aktualität des beworbenen Angebots, gegebenenfalls noch im Zusammenhang mit aktuellen Ereignissen[435], im Vordergrund steht, nicht zu vergleichen mit in kürzeren Intervallen erscheinenden Publikationen, die einen aktuellen Bezug aufweisen, wie beispielsweise Tages- oder Wochenzeitschriften.[436] Innerhalb des

430 BKartA, Entscheidung v. 25.04.2014, B6-98/13 – Springer/Funke, Rn. 192; Rinne in BeckOK, InfoMedienR, VO (EG) 139/2004 Art. 2 Rn. 36.

431 Rinne in BeckOK, InfoMedienR, VO (EG) 139/2004 Art. 2 Rn. 36 u. 39.

432 Vgl. BKartA Entscheidung v. 25.04.2014, B6-98/13 – Springer/Funke, Rn. 192; Rinne in BeckOK, InfoMedienR, GWB, § 36 Rn. 10.

433 Vgl. BKartA Entscheidung vom 09.07.2009, B6-38/09, Rn. 29.

434 Vgl. BKartA Entscheidung v. 25.04.2014, B6-98/13 – Springer/Funke, Rn. 192–194.

435 Beispielsweise Lebensmittelwerbung, Werbung im Zusammenhang mit Großereignissen wie Sportveranstaltungen, Werbung für Produkte die nur innerhalb einer bestimmten Zeitspanne verkauft werden dürfen wie beispielsweise Silvesterknaller o.ä.

436 Vgl. BKartA Entscheidung v. 25.04.2014, B6-98/13 – Springer/Funke, Rn. 195.

Anzeigenmarktes für Zeitschriften ist es sowohl möglich, eine Unterteilung der Anzeigenmärkte nach der thematischen Ausrichtung der Zeitschriften vorzunehmen, als auch einen themenübergreifenden Anzeigenmarkt abzugrenzen.[437] Hilfsweise ist für Entscheidung über diese Separierung oder Vereinheitlichung der Zeitschriftenanzeigenmärkte eine sogenannte 25 % Regel. Demnach gehören zwei Zeitschriften demselben Anzeigenmarkt an, sofern sich ihre Werbekunden zu mindestens 25 % überschneiden.[438]

2. Rundfunk

Im Bereich des Rundfunks ist bei der kartellrechtlichen Definition der Werbemärkte zunächst zwischen Fernsehen und Hörfunk zu differenzieren.

a) Fernsehen

In dem Markt für Fernsehwerbung werden von Fernsehveranstaltern Werbezeiten für Dritte bereitgestellt.[439] Nachfrager in diesem Werbemarkt ist in der Regel die werbetreibende Industrie, die sich in der Praxis zu großen Teilen von sog. Mediaagenturen betreuen lässt.[440]

Fernsehwerbung weist aus Sicht des Nachfragers aufgrund der besonderen Darstellungsform und der damit verbundenen Wahrnehmung des Rezipienten spezielle Eigenschaften auf, die nicht mit der Werbung in Printmedien oder im Hörfunk vergleichbar ist.[441]

Zum Fernsehwerbemarkt werden alle Fernsehveranstalter gezählt, deren Finanzierung zumindest teilweise auf Werbeeinnahmen beruht und nicht

---

437 Thematische Abgrenzung des Anzeigenmarktes: Europäische Kommission, Entscheidung vom 26.04.2006 – COMP/M.4122 – Burda/Hachette/JV, Rn. 12; Europäische Kommission, Entscheidung v. 16.06.2004 – COMP/M.3420 – GIMD/Socpresse, Rn 24; Annahme eines themenübergreifenden Zeitschriftenanzeigenmarktes: Europäische Kommission, Entscheidung v. 20.04.1999 – IV/M.1455 – Gruner+Jahr/Financial Times/JV, Rn. 9.

438 Vgl. Rinne in BeckOK, InfoMedienR, VO (EG) 139/2004, Art. 2 Rn. 39 Bezug nehmend auf: Europäische Kommission, Entscheidung v. 26.04.2006 – COMP/M.4122 – Burda/Hachette/JV, Rn. 12; Europäische Kommission, Entscheidung v. 16.06.2004 – COMP/M.3420 – GIMD/Socpresse, Rn. 21 ff.

439 Rinne in BeckOK, InfoMedienR, GWB, § [illegible] Rn. [illegible]

440 BKartA, Entscheidung v. 17.03.2011, B6-94/10 – ProSiebenSat1/RTL interactive, Rn. 46.

441 Vgl. BKartA, Entscheidung v. 17.03.2011, B6-94/10 – ProSiebenSat1/RTL interactive, Rn. 47/48.

überwiegend durch Abonnemententgelte zustande kommt. Somit werden beispielsweise Pay-TV Anbieter ausgeschlossen, für die generierte Werbeeinnahmen lediglich eine zu vernachlässigende Einnahmequelle darstellen.[442] Ob der Bereich des Pay-TV generell aus dem Fernsehwerbemarkt ausgeschlossen werden sollte, wurde in der Rechtsprechung bis jetzt offen gelassen.[443] Allerdings scheint ein vollständiger Ausschluss von Pay-TV Anbietern vom Fernsehwerbemarkt in Anbetracht der zunehmenden Verbreitung von Werbeeinheiten im Pay-TV an einer realistischen Abbildung der Märkte vorbei zu gehen.[444]

Im Bereich des Free-TV wird sowohl das private, ausschließlich durch Werbung finanzierte Fernsehen, als auch das lediglich teilweise durch Werbung finanzierte öffentlich-rechtliche Fernsehen dem Fernsehwerbemarkt zugeordnet.[445]

b) *Hörfunk*

Die frei empfangbaren Hörfunksender finanzieren sich je nachdem ob sie privat oder öffentlich-rechtlich organisiert sind ebenso wie das Fernsehen entweder ganz oder zumindest teilweise über Werbeeinnahmen.[446] Dabei werden Werbeblöcke im Hörfunk sowohl bei den privaten als auch bei den öffentlich-rechtlichen Hörfunksendern überwiegend während Musik- oder Informationssendungen zwischen den sog. Musikteppichen oder Informationsblöcken eingeblendet.[447]

Der Markt für Hörfunkwerbung stellt sowohl im deutschen als auch im europäischen Kartellrecht einen eigenständigen sachlich relevanten Markt dar, der von den Werbemärkten anderer Medien aufgrund mangelnder Austauschbarkeit aus Sicht der Nachfrager abzugrenzen ist.[448]

---

442 OLG Düsseldorf, Beschluss v. 03.12.2008 – Kart 7/06, C. I.

443 Europäische Kommission, Entscheidung v. 29.06.2000 – COMP/M.1958 – Bertelsmann/GBL/Pearson, Rn. 10.

444 Ähnlich: Rinne in BeckOK, InfoMedienR, VO (EG) 139/2004, Art. 2 Rn. 30.

445 BKartA, Entscheidung v. 17.03.2011, B6-94/10 – ProSiebenSat1/RTL interactive, Rn. 46.

446 Rinne in BeckOK, InfoMedienR, VO (EG) 139/2004, Art. 2 Rn. 55.

447 Vgl. OLG München, Urteil v. 11.03.1999 – U (K) 5733/98 in ZUM-RD 1999, 270 (273).

448 Rinne in BeckOK, InfoMedienR, GWB, § 36, Rn. 13; vgl. Krzywicki, Crossmediale Zusammenschlüsse als Sonderform der Konzentration im Medienbereich, S. 59.

3. Onlinemedien

Das Internet bietet als Übertragungsnetz zum einen die Möglichkeit, klassische Medien in Form digitaler Formate zu ersetzen oder zu ergänzen, zum anderen haben sich unabhängig von dem Angebot der traditionellen Medien neue Dienstleistungen sowie mediale Angebote entwickelt.[449] So vielschichtig das Angebot der Medienunternehmen an die Rezipienten im Internet ist, so vielschichtig ist auch das Werbeangebot der Onlinemedien. Dabei ist Onlinewerbung als „die Veräußerung von Werbeflächen auf Internetseiten durch die Website-Betreiber an Werbetreibende“[450] zu verstehen. Die wichtigsten Werbeformen im Internet sind: Display-Werbung, E-Mail-Werbung, Anzeigenwerbung, Suchmaschinenmarketing sowie die Werbung in sozialen Netzwerken.[451]

Als Display-Werbung werden alle Werbeformen zusammengefasst die Bilder, Animationen oder Videos enthalten.[452] Darunter fallen neben Bannern auch die Bewegtbildwerbeformate der In-Stream- sowie In-Page-Video Werbung. Unter In-Stream-Video Werbung sind alle Werbeformen zu verstehen, bei denen ein Bewegtbild innerhalb eines Onlinevideos vor, während und/oder nach dem rezipieren des vom Rezipienten gewünschten Videos eingeblendet wird. Bei der In-Page-Video Werbung wird hingegen die Bewegtbildwerbung in Werbebannerform über eine Website gelegt und beim Abruf der Website durch den Rezipienten automatisch gestartet.

Bei der E-Mail Werbung wird die Werbebotschaft versteckt oder auch ganz offen per E-Mail versandt. Handelt es sich dabei um ungewollte, massenhaft versendet Werbemails liegt sog. *Spamming* vor.[453] E-Mail Werbung kann man salopp als digitale Form des traditionellen Posteinwurfs klassifizieren.[454]

Anzeigenwerbung im Internet erfolgt – ebenso wie in den Printmedien – meist gezielt nach Rubrik platziert und ohne grafische Effekte. Sie stellt insbesondere für kleinere oder mittelständische Unternehmen eine Möglichkeit dar, Produkte oder Dienstleistung zu bewerben.[455]

---

449 Vgl. Krzywicki, Crossmediale Zusammenschlüsse als Sonderform der Konzentration im Medienbereich, S. 59/60.

450 Rinne in BeckOK, InfoMedienR, VO (EG) 139/2004 Art. 2, Rn. 57.

451 Becker, Die Digitalisierung von Medien und Kultur, S. 215.

452 Becker, Die Digitalisierung von Medien und Kultur, S. 215.

453 Boemke in Hoeren/Sieber/Holznagel, Multimedia-Recht, Rn. 93.

454 Vgl. Becker, Die Digitalisierung von Medien und Kultur, S. 215.

455 Vgl. Becker, Die Digitalisierung von Medien und Kultur, S. 215.

Eine durch das Internet gänzlich neue Werbemöglichkeit ist in Form des Suchmaschinenmarketings entstanden. Im Rahmen der Nutzung von Suchmaschinen durch den Rezipienten bietet sich für die werbetreibende Industrie eine Reihe von effektiven Werbemöglichkeiten. Die wohl bekannteste Form der Suchmaschinenwerbung ist das sog. *Keyword-Advertising.*[456] Das von Google entwickelte Verfahren der sog. *AdWords* ermöglicht – nach einer entsprechenden Vereinbarung mit dem Suchmaschinenbetreiber –, dass direkt nach Eingabe bestimmter Begriffe neben den nichtkommerziellen Suchergebnissen thematisch mit dem Inhalt der Suchanfrage zusammenhängende Bannerwerbung erscheint.[457]

Eine für werbende Unternehmen ebenfalls sehr interessante Vermarktungsmöglichkeit für Produkte oder Dienstleistungen ist die Werbung in sozialen Netzwerken. Nutzer geben Auskünfte über ihre personenbezogenen Daten sowie ihre Interessen. In Zusammenarbeit mit den Betreibern der Social-Network-Sites können die werbenden Unternehmen neben eigenen Firmenprofilen zielgruppenorientierte und zielgerichtete Display-Werbung schalten (z.B. Facebook, Xing, Linkedin).[458]

Der bisherigen Rechtsprechung zufolge stellt der Onlinewerbemarkt sowohl im deutschen als auch im europäischen Kartellrecht einen eigenständigen, von den Werbemärkten der traditionellen Medien zu trennenden, sachlich relevanten Markt dar.[459] Dies wird weitestgehend damit begründet, dass es aus Sicht der Nachfrager – hier also der werbetreibenden Industrie – an der funktionalen Austauschbarkeit zwischen Werbung in den Onlinemedien und Werbung in den traditionellen Medien fehle.[460] Mag dies für die herkömmliche Onlinewerbung, beispielsweise in Form von Bannern oder E-Mail Werbung noch zutreffend

---

456 Vgl. Boemke in Hoeren/Sieber/Holznagel, Multimedia-Recht, Teil 11 Werberecht, Rn. 83/90.

457 Becker, Die Digitalisierung von Medien und Kultur, S. 215; Boemke in Hoeren/Sieber/Holznagel, Multimedia-Recht, Teil 11 Werberecht, Rn. 83/90

458 Vgl. Becker, Die Digitalisierung von Medien und Kultur, S. 215.

459 Vgl. Kubala, Medienkonzentration im Internet, S. 48.

460 Vgl. beispielhaft BKartA in Bezug auf die herkömmliche Onlinewerbung „in Form von Einblendungen von Texten und/oder Bildern in einem Kontext wie z.B. einer Website oder einem Computerspiel", Entscheidung v. 17.03.2011, B6-94/10 – Pro SiebenSat1/RTL interactive, Rn. 47/48. In der Entscheidung bezeichnete das BKartA die In-Stream-Video-Werbung allerdings erstmalig als „nächstes Substitut" zur Fernsehwerbung und erwähnte zumindest die Möglichkeit der perspektivischen Zurechnung dieser Werbeform zum Fernsehwerbemarkt (vgl. Entscheidung v. 17.03.2011, B6-94/10 – ProSiebenSat1/RTL interactive, Rn. 51 ff., ausführlich dazu D.II.).

sein, stellt sich vor dem Hintergrund der durch die technischen Entwicklungen ermöglichten neuen Werbeformen wie In-Stream und In-Page-Video Werbung die Situation hingegen anders dar.[461] Diese innovativen Onlinewerbeformen entsprechen in ihrer Darstellung der klassischen Fernsehwerbung. Durch die zunehmende Konvergenz der Medien und das sich damit wandelnde Nutzungsverhalten der Rezipienten kommt vermehrt die Frage danach auf, inwieweit in der kartellrechtlichen Praxis von der Trennung der Medienwerbemärkte in dieser Form abgewichen werden sollte.[462]

Welche Auswirkungen Konvergenzentwicklungen und marktübergreifende Verknüpfungen im Mediensektor auf die Medienmärkte haben, wird im nächsten Kapitel dargestellt. Eine dezidierte Auseinandersetzung mit der Bedeutung dieser Auswirkungen für die kartellrechtliche Abgrenzung der relevanten Werbemärkte schließt sich im vierten Teil dieser Arbeit an.

461 Zustimmend: Krzywicki, Crossmediale Zusammenschlüsse als Sonderform der Konzentration im Medienbereich, S. 60/61.

462 Vgl. dazu A.

Teil 3

A. Die Konvergenz der Medien und ihre Auswirkungen auf die Medienmärkte

Digitale Techniken sowie der Ausbau der Breitbandnetze haben auf den Medienmärkten deutliche Spuren hinterlassen und zu tiefgreifenden Veränderungen in der Medienlandschaft und dem Verhalten der Rezipienten geführt.

Sowohl auf deutscher als auch auf europäischer Ebene wird in Anbetracht der sich verändernden Marktstrukturen nicht erst seit gestern über die Herausforderungen der Konvergenz der Medienmärkte aus rechtlicher sowie gesellschaftlicher Sicht diskutiert.

I. Begriff der Konvergenz

Marktveränderungen, deren Ursprünge in der digitalen Übertragung medialer Inhalte liegen, werden unter dem Stichwort *Konvergenz der Medien* diskutiert.[463] Konvergenz umschreibt dabei im Allgemeinen „die Annäherung, das Aufeinanderzubewegen der Märkte, Technologien und Angebote bis hin zur Verschmelzung."[464] Allerdings ist es je nach Gegenstand der Betrachtung erforderlich, zwischen verschiedenen Ebenen der Konvergenz zu differenzieren.[465]

1. Technologische Konvergenz

Die Entwicklung von Querschnittstechnologien, die sich zunehmend in verschiedenen Medienmärkten verbreiten, führt zu einem Zusammenwachsen der betroffenen Märkte. Diese von innovativen Technologien induzierte Verschmelzung wird als technologische Konvergenz verstanden.[466] Dabei ist unter technologische Konvergenz zusammenfassend die durch den technischen Fortschritt ermöglichte Konvergenz der Übertragungswege, der Plattformen sowie der darauf aufbauenden Endgeräte zu verstehen. Der dabei wohl wichtigste Faktor

463 Fischer, Medienrecht und Medienmärkte, S. 192.
464 Fischer, Medienrecht und Medienmärkte, S. 193.
465 Kluth/Schulz, Konvergenz und regulatorische Folgen, S. 25.
466 Fischer, Medienrecht und Medienmärkte, S. 193.

sowohl für die Konvergenz der Übertragungswege, als auch für die Konvergenz der Endgeräte ist die Entwicklung der Digitalisierung medialer Inhalte.[467]

a) Konvergenz der Übertragungswege

Die Konvergenz der Übertragungswege entwickelte sich durch den kontinuierlich fortschreitenden Ausbau der Kapazitäten zur Datenübertragung. Dabei führt die Digitalisierung von Inhalten zu einer erheblichen Steigerung der Übertragungskapazitäten mittels unterschiedlicher Datenströme.[468] Anders als bei der analogen Verbreitung von Inhalten sind die einzelnen Dienste durch die Digitalisierung nicht mehr an spezifische Übertragungsnetze gebunden. Ungeachtet dessen, ob es sich um audiovisuelle Inhalte, Bilder oder Texte handelt, werden die Inhalte bei der Digitalisierung in eine computerlesbare Abfolge von Nullen und Einsen transferiert. Das so entstandene Datenpaket kann über alle Netze verbreitet werden und ist, anders als beispielsweise die klassische analoge Sprachtelefonie, nicht mehr an das schmalbandige Telefonnetz gebunden.[469] In Folge der digitalen Umwandlung der Inhalte wird auch die vollständige Belegung einzelner Übertragungsnetze obsolet, da die Kanäle zur Übertragung durch das Multiplexverfahren bei der Digitalisierung mit gebündelten Datenströmen gefüllt werden können.[470] Besonders deutlich wird dies bei der Betrachtung des Konstrukts des sog. *Triple Plays. Triple Play* bezeichnet das gebündelte Angebot eines Anbieters von Internet, Telefonie und Fernsehen über eine gemeinsame Infrastruktur, basierend auf einem IP-Protokoll. Erweitert sich diese Angebotspalette noch um ein zusätzliches Mobilfunkangebot, ist sogar von *Quad Play* die Rede. Der Kunde kann ad hoc wählen, welchen der Dienste er in Anspruch nehmen möchte oder ob er sich für eine parallele Nutzung aus ein und derselben Quelle entscheidet. Angebotskonstellationen wie *Triple* und *Quad Play* verdeutlichen, wie eng nicht nur die einzelnen Angebote aneinander gerückt sind, sondern insbesondere, wie auch Übertragungswege und Infrastruktur durch die Digitalisierung konvergieren.

Die Konvergenz der Übertragungswege ist ein gewichtiger Faktor für das Zusammenwachsen einzelner Medien. Eine Vergleichbarkeit der Angebote wird nur dann gegeben sein, wenn die Qualität der Angebote und Programme vermittelt über die digitalen Medien vom Rezipienten als technisch gleichwertig mit den

467 Fischer, Medienrecht und Medienmärkte, S. 194

468 Wolf/Hailbronner/Krenzler/Hermann in Grabitz/Hilf, Das Recht der EU, Medien, Telekommunikation und Informationstechnologie, Rn. 14.

469 Vgl. Holznagel „Konvergenz der Medien – Herausforderung an das Recht" in NJW 2002, S. 2351 (2351/2352).

470 Bartosch „Das Grünbuch über Konvergenz" in ZUM 1998, S. 209 (210).

herkömmlichen Medien angesehen wird. Dafür ist der Transport großer Datenpakete mitunter in Echtzeit erforderlich, was wiederum eine digitale Infrastruktur mit einem belastbaren Breitbandkabelnetz voraussetzt. In Deutschland spielt der Ausbau der digitalen Infrastruktur für Wirtschaft und Politik eine gewichtige Rolle. Dabei stehen nicht nur die Entwicklungen von Innovationen am Forschungs-, Entwicklungs- und Wirtschaftsstandort Deutschland und damit ökonomische Aspekte im Mittelpunkt, sondern auch die gesamtgesellschaftliche Bedeutung des Ausbaus der Breitbandnetzes, insbesondere in ländlichen Regionen.[471]

Ein hypothetisch denkbares, vollständiges Zusammenwachsen der herkömmlichen Rundfunkdienste mit dem Internet – also eine absolute Konvergenz dieser Medienangebote – würde eine erheblich komplexere Breitbandstruktur sowohl in Deutschland als auch in Europa voraussetzen, d.h. einen flächendeckenden Ausbau der Breitband- bzw. Glasfasernetze in Deutschland und Europa.[472] Wagt man anhand der bisherigen Aktivitäten sowie der Planungen der Bundesregierung im Zusammenspiel mit der Privatwirtschaft einen Blick in die Zukunft, scheint zumindest die technische Voraussetzung eines vollständigen Zusammenwachsens, eine möglichst flächendeckende Breitband-Infrastruktur, das gemeinsam erklärte Ziel zu sein. Im Rahmen der *Digitalen Agenda D21* der Bundesregierung wurden zahlreiche Initiativen zur Unterstützung des Breitbandausbaus gestartet. Ein Meilenstein auf dem Weg zum Aufbau der Breitband-Infrastrukturen ist das am 27.01.2016 beschlossene Gesetz zur Erleichterung des Ausbaus digitaler Hochgeschwindigkeitsnetze (*DigiNetz-Gesetz*). Das Gesetzt enthält u.a. Regelungen darüber, wie beim Bau von Verkehrswegen oder der Erschließung von Neubaugebieten Glasfaserkabel verlegt werden müssen. Zudem wird durch das Gesetz bereits bestehende Infrastruktur für die Datennetze geöffnet, indem vorhandene Rohrkapazitäten von Telekommunikationsunternehmen für die Durchleitung von Kabeln genutzt werden können. Damit werden entscheidende Voraussetzungen für den weiteren Ausbau von Hochgeschwindigkeitsnetzen geschaffen und somit auch die Konvergenz der Übertragungswege implizit weiter vorangetrieben.[473] Dieser

471 Siehe dazu den Beitrag „Bundesminister Alexander Dobrindt eröffnet Breitbandgipfel auf der CeBit“ vom 17.03.2015 auf Breitbandinitiative.de, abzurufen unter: http://breitbandinitiative.de/news/bundesminister-alexander-dobrindt-eroeffnet-breitbandgipfel-auf-der-cebit#more-2176.

472 Vgl. Holznagel „Grünbuch Konvergenz der Medien 2013 – Verpasste Chance oder gangbarer Weg aus dem Globalisierungsdilemma?“ in MMR 2014, S. 18 (21).

473 Vgl. Bundesministerium für Wirtschaft und Verkehr, DigiNetz-Gesetz, abzurufen unter: http://www.bmvi.de/DE/DigitalesUndRaumentwicklung/Breitbandausbau/DigiNetzGesetz/diginetz-gesetz_node.html.

Ausbau ist erforderlich, damit in Deutschland flächendeckend der Gebrauch innovativer Technologien ermöglicht wird und damit Deutschland einen wichtigen Schritt machen kann, um das Label eines *digitalen Entwicklungslandes* abzulegen.[474]

b) Konvergenz der Endgeräte

Der fortschreitende Ausbau sowie die Konvergenz der Übertragungswege bleiben nicht ohne Auswirkungen auf den Markt der Endgeräte zur Mediennutzung. Immer mehr Endgeräte vereinen die technischen Kapazitäten vormals einzelner Geräte. Dabei scheint es eine Selbstverständlichkeit zu sein, dass die neue Generation von Endgeräten, unabhängig ihrer konkreten Form, mit dem Internet verbunden werden kann.

Am Anfang der technischen Konvergenzentwicklung der Endgeräte stand die Konvergenz von Computertechnologie und Telefon, die mittlerweile durch mehrere Generationen von Smartphones, die beide Technologien vereinen, zu einer Selbstverständlichkeit geworden ist. Auch im Bereich des Fernsehens ist die Konvergenzentwicklung in den letzten Jahren weit vorangeschritten. Das sog. *Hybrid-TV*[475] gilt als eines der Paradebeispiele für die Entwicklung von technischer Konvergenz bei Endgeräten. *Hybrid-TV* bezeichnet ein Multiempfangsgerät, das die zeitgleiche oder auch sequenzielle Rezeption linearer Rundfunkdienste sowie nicht-linearer Internetdienste über den (Fernseh-)Bildschirm ermöglicht, entweder über eine integrierte Funktion oder mittels Nachrüstung einer Set-Box oder eines Media-Players.[476] Ein *Hybrid-TV* Gerät stellt somit einen internetfähigen bzw. mit dem Internet verbundenen Fernseher dar. Dies ermöglicht dem Nutzer vom Fernsehbild auf Internetinhalte zu wechseln.[477] Die stetige Verbreitung von *Hybrid-TV* Geräten bedeutet nichts anderes als die Verschmelzung von Fernsehen und Internet auf einem Endgerät.[478]

Immer mehr aktuelle Modelle der Fernsehgerätehersteller verfügen über eine Vielzahl weiterer integrierter Hybridfunktionen wie beispielsweise den *Hybrid broadcast broadband TV-Standard (HbbTV)*, der sowohl über DVB-Signale als

474 Vgl. Bertelsmann Stiftung, Forderungskatalog für ein digitales Deutschland, S. 1 u. 2, abzurufen unter: https://www.bertelsmann-stiftung.de/de/publikationen/publikation/did/smart-country-intelligent-vernetzt-digital/.

475 Auch bezeichnet als Smart-TV oder Connected-TV.

476 Kluth/Schulz, Konvergenz und regulatorische Folgen, S. 28.

477 Boss, Technische Konvergenz im Hybrid-TV und divergenter Rechtsrahmen für Fernsehen und Internet, S. 8/9.

478 Vgl. Boss, Technische Konvergenz im Hybrid-TV und divergenter Rechtsrahmen für Fernsehen und Internet, S. 1.

auch über das Internet die Bereitstellung programmlicher Zusatzinformationen, zumeist in Form von Programminformationen, Streaming-Angebot Zugängen oder Nachrichten, ermöglicht. Die Bereitstellung der jeweiligen Dienste sowie deren Verknüpfung liegt bei den Fernsehveranstaltern, die *HbbTV* somit als ideale crossmedlale Schnittstelle nutzen können.[479]

Eine weitere Hybridfunktion, die sich den Internetzugang des Gerätes zu Nutze macht, ist die auf den Endgeräten vorinstallierte Benutzeroberfläche für die Auflistung bzw. Sortierung von *Hybrid-TV* Portalen des Geräteherstellers oder Angeboten Dritter, die wiederrum den Zugang zu internetbasierten Diensten oder zu einem offenen Internetbrowser ermöglichen.[480]

Für den Medienkonsumenten stellt dies ein interessantes, weil durchaus vertrautes Angebot dar: der Fernseher ist in den meisten Haushalten integriert. Mittels *Hybrid-TV* oder weiterer in den Fernsehgeräten integrierten Hybridfunktionen können direkt und unkompliziert Anwendungen auf dem ohnehin im Haushalt etablierte Fernsehgerät genutzt werden.[481]

Ein für die. kartellrechtliche Beurteilung der Werbemärkte interessantes, im Rahmen von *Hybrid-TV* ermöglichtes Werbemittel ist die Schaltung sog. *Overlays*.[482] Bei dieser Werbeform, die ihren Ursprung in der über den Computer via Internet gezeigten Darstellung von Videos hat, wird eine grafische Anzeige über den gezeigten Fernsehinhalt gelegt. Die so im *Hybrid-TV* geschaltete Werbung basiert auf Telemedien, der Rezipient konsumiert sie allerdings über den Fernsehbildschirm.[483] Neben den über Fernsehinhalten geschalteten *Overlays* werden mittlerweile auch immer mehr *Overlays* auf Websites mit textbasierten Inhalten geschaltet. Dies führt zu einer Vermischung der Werbeformen und ermöglicht somit auch den Presse- oder presseähnlichen Onlineprodukten, die textbasierte Inhalte zeigen, die Nutzung der Vorteile der Werbung durch bewegte Bilder.

Neben *Hybrid-TV* spiegelt wohl kaum eine andere Technik die Konvergenzentwicklung der Endgeräte eindrucksvoller wieder als die Entwicklung der Smartphones. Nutze man vor fünfzehn Jahren ein Handy lediglich zum

---

479 Vgl. Kluth/Schulz, Konvergenz und regulatorische Folgen, S. 28; Vgl. Boss, Technische Konvergenz im Hybrid-TV und divergenter Rechtsrahmen für Fernsehen und Internet, S. 12.

480 Kluth/Schulz, Konvergenz und regulatorische Folgen, S. 28.

481 Vgl. Deutsche Bank Research v. 06.06.2011 „Konvergenzmärkte", S. 9, abzurufen unter: https://www.db.com/fk/de/docs/Konvergenzmaerkte_Smartphones_und_Triple_Play_oeffnen_Branchengrenzen.pdf.

482 Auch Layer Ads oder Hover Ads genannt.

483 Vgl. Kluth/Schulz, Konvergenz und regulatorische Folgen, S. 28.

Telefonieren oder um eine SMS zu versenden, handelt es sich bei den aktuellen Modellen der Smartphone Hersteller geradezu um tragbare Multimediacentren.

Die technologische Entwicklung führte dazu, dass innerhalb weniger Jahre aus einem mobilen Telefon ein handliches Endgeräte geworden ist, das viele verschiedene Funktionen in sich vereint. Der Trend, der hinter dieser Entwicklung steht, nennt sich *Miniaturisierung*. Damit ist die kontinuierliche Verkleinerung von Bestandteilen technischer Geräte zu verstehen, „um die Leistung und Geschwindigkeit zu steigern, aber auch um Gewicht und Energiebedarf zu reduzieren.“[484] Dies bezieht sich jedoch eher auf die inneren als auf die äußeren Werte eines Smartphones.

Smartphones bieten mit einer großen Bedienungsfreundlichkeit und immer größeren Displays von guter Qualität die Möglichkeit, diese nicht nur für die Telefonie, sondern auch zum Abspielen von Musik und Videos zu nutzen sowie für den Konsum von textbasierten Presseprodukten. Eine flächendeckende Verfügbarkeit schneller Internetverbindungen im Mobilfunkbereich ermöglicht dabei das qualitativ hochwertige Rezipieren komplexer medialer Inhalte über Smartphones. Die vielfältigen Angebote medialer Inhalte und Aktivitäten für mobile Endgeräte verschärfen den Wettbewerb um die Aufmerksamkeit des Nutzers zusätzlich. Des Weiteren führen günstigere Tarife sowie Internetflatrates dazu, dass die Popularität dieser Art des Medienkonsums steigt.[485]

Diese Entwicklung wird noch ergänzt durch Tablet-PCs, die im Markt der Geräte zur mobilen Internetnutzung eine immer wichtigere Rolle spielen. Durch hochwertige Displays und schlanke Designs wird dem Nutzer die ortsunabhängige Rezeption von Internetinhalten unterschiedlichster Formen angeboten. Gleichzeitig können mit einem Tablet-PC die üblichen Computeranwendungen genutzt werden. Damit schließen Tablet-PCs die Lücke zwischen Smartphones und Computern/Laptops bzw. internetfähigen Fernsehern.

Vor diesem Hintergrund wird deutlich, dass es in Zukunft nicht unbedingt zu einer All-in-one Gerätelösung kommen muss, sondern dass der Markt sich dahingehend entwickelt, dass zwar alle Geräte vom Smartphone bis hin zum

---

484 Deutsche Bank Research v. 06.06.2011 „Konvergenzmärkte“, S. 2 abzurufen unter: https://www.dbresearch.de/PROD/DBR_INTERNET_DE-PROD/PROD0000000000274081/Konvergenzm%C3%A4rkte%3A+Smartphones+und+Triple+Play+%C3%B6ffn.PDF.

485 Vgl. Vgl. Deutsche Bank Research v. 06.06.2011 „Konvergenzmärkte“, S. 4, S. 7, abzurufen unter: https://www.dbresearch.de/PROD/DBR_INTERNET_DE-PROD/PROD0000000000274081/Konvergenzm%C3%A4rkte%3A+Smartphones+und+Triple+Play+%C3%B6ffn.PDF.

Fernseher den Konsum digitaler sowie konventioneller Medienangebote ermöglichen, die Geräte von den Rezipienten jedoch komplementär je nach Aufenthaltsort und Nutzungsinteresse eingesetzt werden. Somit vollzieht sich eine zunehmende Unabhängigkeit des Contents von der Technik seiner Übertragung.

2. Inhaltliche Konvergenz medialer Produkte

Zwar haben die einzelnen Mediengattungen ihre ursprünglichen, charakteristischen Züge bislang nicht verloren. Die technologische Konvergenz bleibt allerdings nicht ohne Einfluss auf die inhaltliche Ebene der angebotenen Medien.[486]

Aus unternehmerischer Sicht ermöglicht die technologische Konvergenz kostengünstige sowie effiziente Möglichkeiten zur Mehrfachverwertung eines einmal produzierten Contents. Somit ist es nicht verwunderlich, dass Unternehmen, die einen Inhalt für das Medium produziert haben, dessen Verbreitung ihr Kerngeschäft ist, diesen Inhalt zusätzlich oder ergänzend auch auf digitalem Wege, mitunter auch in anderen Darstellungsformen, verbreitet. Den etablierten Medienhäusern kommt bei der crossmedialen Verwertung von Inhalten ihre Verfügungsbefugnis über die selbst produzierten oder gekauften Inhalte zugute. Dabei können sie auf ihre redaktionelle Infrastruktur sowie Archive zurückgreifen.[487] Dies macht es kleineren Anbietern schwer in ähnlicher Aktualität und Quantität Inhalte medienübergreifend anzubieten. Selbst qualitativ hochwertige, mediale Inhalte mit geringerer Reichweite erreichen nicht so leicht eine breite Masse wie Onlineableger bereits bekannter Fernseh-, Presse-, oder Hörfunkformate.

Wenn ein und derselbe Inhalt von einem Anbieter in unterschiedlichen Formaten dargestellt und auf unterschiedlichen Kanälen verbreitet wird, entstehen sog. konvergierender Medieninhalte. Die große Anzahl der Angebote im Internet verleitet dazu Fehleinschätzungen über die tatsächliche Vielfalt der medialen Angebote zu treffen. So dominieren beispielsweise im Bereich der publizistischen Angebote klassische Medienunternehmen mit ihren Onlineablegern, wie *Spiegel Online, FAZ.net* oder *BILD.de* den deutschen Onlinemarkt.[488] Problematisch bei der Mehrfachverwertung medialer Angebote im redaktionell-journalistischen Bereich ist, dass eine Information aus ein und derselben Quelle stammt, für den

486 Ähnlich. Beckmann/Müller in Hoeren/Sieber/Holznagel, Multimedia-Recht, Teil 10, Rn. 26.

487 Fischer, Medienrecht und Medienmärkte, S. 198.

488 KEK, Von der Fernsehzentrierung zur Medienfokussierung – Anforderungen an eine zeitgemäße Sicherung medialer Meinungsvielfalt, S. 43.

Rezipienten aber auf unterschiedliche Weise sowie auf unterschiedlichen Plattformen dargestellt und angeboten wird. Da dieser Zusammenhang nicht immer auf den ersten Blick ersichtlich ist, kann, insbesondere bei der Informationsbeschaffung im Internet, zu schnell seitens des Rezipienten leicht angenommen werden, dass er sich aus mehreren unabhängigen Quellen informiert hat. Dieses Problem ist allerdings nicht neu. Es bestand aufgrund der zum Teil medienübergreifenden Dominanz großer Medienhäuser, die sich innerhalb des klassischen Medienangebotes breit aufgestellt haben, bereits vor der Zeit der technischen Konvergenz der Medien, hat durch die Digitalisierung jedoch eine bedeutende Verstärkung erfahren.[489]

Die Konvergenz der Medien hat nicht nur positive Auswirkungen auf die Vielfalt des medialen Angebots. Zeitungs- sowie Zeitschriftenverleger sind zunehmend gezwungen ihre Verluste bei den klassischen Druckmedien durch Onlineangebote, zum Teil in Form von Paid-Content, zu kompensieren. Dabei ergänzen sie ihr Onlineangebot immer häufiger durch filmische Sequenzen. Rundfunkveranstalter wiederum ergänzen ihre Angebote durch umfassende textbasierte Angebote. Damit verschwimmen zunehmend nicht nur die Grenzen zwischen den Darbietungsformen.[490] Durch Mehrfachverwertung bzw. Ergänzung steigt auch die Anzahl der konvergierenden Inhalte der angebotenen Medien. Ob und in welchem Maße die konvergierenden Inhalte im Mediensektor eine Bedrohung für Meinungsvielfalt sind, ist Grundlage vieler rechtspolitischer Diskussionen des Medienkonzentrationsrechts, auf die an dieser Stelle verwiesen werden kann.[491]

II. Einfluss der Konvergenzentwicklung auf das Nutzungsverhalten der Rezipienten

Durch die technischen Entwicklungen im Bereich der Übertragungswege und der Endgeräte sind die einzelnen Mediendienste auch aus Sicht des Rezipienten näher zusammengerückt. Dies gilt insbesondere für die klassischen Mediengattungen in ihrem Verhältnis zu den Onlinemedien. Die technische Konvergenz

489 Die technische Konvergenz verstärkt diese bereits bekannte Problematik m.E., indem insbesondere das Internet den Medienhäusern die Möglichkeit gibt, sich breiter und unabhängiger von der Darstellungsform mit unterschiedlichen voneinander unabhängigen Onlineangeboten aufzustellen.

490 Dörr „Die Zukunft des umkämpften „Medienmarkts“ in ZRP 2008, S. 133 (133).

491 Vgl. zum Beispiel ausführlich zum Thema Konvergenz uns Meinungsvielfalt: KEK, Meinungsbildung und Meinungsvielfalt in Zeiten der Konvergenz.

führt zu einer steigenden Konkurrenz zwischen den klassischen Mediengattung und den im Internet verfügbaren Medieninhalten sowie zu neuen Substitutionsbeziehungen aus Sicht der Nutzer.[492]

Der Konsum klassischer Medien, wie beispielsweise das Lesen von gedruckten Zeitungen oder das Anschauen von linear verbreiteten TV-Serien, verlagert sich zunehmend auf ein einziges internetfähiges Gerät, von dem aus individuell und unabhängig des gewählten Zeitpunktes oder Ortes Inhalte abgerufen werden können.[493] Aufgrund der Konvergenz der Endgeräte, die sich immer mehr zu multifunktionalen Geräten entwickeln auf denen, unabhängig von der Darstellungs- oder Übertragungsform, jegliche mediale Inhalte digital abzurufen sind, werden Rezipienten immer mehr zu Medien-Rezipienten deren Nachfrage sich primär an dem angebotenem Content orientiert.[494]

Insbesondere im Bereich der audiovisuellen Medien stellt sich für den Nutzer der neuen Generation von Endgeräten nicht mehr die Frage nach der Übertragungsart. Ob mobiles Smartphone, internetfähiger Fernseher, Tablet-PC, Laptop oder auch Spielekonsole, lineare sowie nicht-lineare Angebote scheinen mehr und mehr auf demselben Bildschirm miteinander zu konkurrieren.[495] Wachsende Möglichkeiten individueller Abrufbarkeit von Inhalten aufgrund der Verbreitung hochentwickelter Endgeräte sowie das stetig wachsende Angebot an Video-on-Demand Plattformen lassen die Bereitschaft der Rezipienten sinken, sich bei dem Konsum audiovisueller Inhalte auf bestimmte Zeiten oder Orte festzulegen. Die weitestgehend orts- sowie zeitunabhängige Rezeption medialer Inhalte in digitaler Form hat längst Einzug in den modernen Alltag gehalten. Dies gilt gleichermaßen für audiovisuelle wie auch für textbasierte Inhalte.

Das Internet als Übertragungsweg für Kommunikationsmittel, originäre Web-Contents sowie klassische mediale Inhalte hat sich mittlerweile auch in

---

492 Deutsche Bank Research v. 06.06.2011 „Konvergenzmärkte“, S. 10, abzurufen unter: https://www.dbresearch.de/PROD/DBR_INTERNET_DE-PROD/PROD0000000000274081/Konvergenzm%C3%A4rkte%3A+Smartphones+und+Triple+Play+%C3%B6ffn.PDF.

493 Vgl. Holznagel „Grünbuch Konvergenz der Medien 2013 – Verpasste Chance oder gangbarer Weg aus dem Globalisierungsdilemma?“ in MMR 2014, S. 18 (20).

494 Vgl. Fischer, Medienrecht und Medienmärkte, S. 202.

495 Vgl. Europäische Kommission, Grünbuch über die Vorbereitung auf die vollständige Konvergenz der audiovisuellen Welt, S. 13; Holznagel „Grünbuch Konvergenz der Medien 2013 – Verpasste Chance oder gangbarer Weg aus dem Globalisierungsdilemma?“ in MMR 2014, S. 18 (20).

Deutschland etabliert.[496] Entgegen früherer Annahmen hat die zunehmende Verbreitung des Internets im Zusammenspiel mit der Konvergenz der Medien jedoch nicht zu einer vollständigen Abkehr der Rezipienten von den alten Nutzungsmustern im vor-digitalen Zeitalter geführt. Nach wie vor erfreuen sich klassisches Fernsehen und der Hörfunk in Deutschland einer hohen Beliebtheit.[497] Zwar blieb der Grad an Substitution zwischen Fernsehen und Radio mit dem entsprechenden Onlineangeboten aus Sicht der Rezipienten in Bezug auf die Gesamtbevölkerung hinter den Erwartungen zurück, es darf jedoch nicht übersehen werden, dass sich bei den Jugendlichen eine verstärkte Tendenz zu einem deutlich gewandeltem Nutzungsverhalten zeigt.[498] Gerade bei der Generation der sog. *Digital Natives*, die mit digitalen Angeboten aufgewachsen sind, werden sich die neuen Formen des Medienkonsums, auch aufgrund des vielfältigen Angebots an konvergenten Endgeräten, selbstverständlicher in den Alltag integrieren.[499]

Neben der Entstehung neuer Substitutionsverhältnisse hat die Multimedialität weitere Effekte auf das Nutzungsverhalten der Rezipienten: Medien werden vermehrt parallel oder auch zeitgleich ergänzend zueinander genutzt. Rezipienten nutzen beispielsweise Smartphones oder auch Tablet-PCs während sie fernsehen um ergänzende Informationen oder zusätzliche Perspektiven nachzufragen oder sich mit anderen Rezipienten live auszutauschen.[500] Das Internet dient dabei der punktuellen Ergänzung der Fernseh-, Hörfunk oder Presseangebote.

---

496 KEK, Von der Fernsehzentrierung zur Medienfokussierung – Anforderungen an eine zeitgemäße Sicherung medialer Meinungsvielfalt, S. 44.

497 Vgl. Koch/Liebholz „Bewegtbildnutzung im Internet und Funktion von Videoportalen im Vergleich zum Fernsehen" in Media Perspektiven 7-8 2014, S. 397 (397); KEK, Von der Fernsehzentrierung zur Medienfokussierung – Anforderungen an eine zeitgemäße Sicherung medialer Meinungsvielfalt, S. 48.

498 Zu der Entwicklung der Internetnutzung vgl. KEK, Von der Fernsehzentrierung zur Medienfokussierung – Anforderungen an eine zeitgemäße Sicherung medialer Meinungsvielfalt, S. 44–49. Aktuell ist auch bei den Jugendlichen und Kindern das Fernsehen das wichtigste Medium. Laut dem Bericht der KEK wird sich zunächst an der dominanten Stellung des Fernsehens nichts grundlegenden ändern, allerdings sind die Veränderungen des Nutzungsverhaltens bei den Jugendlichen stärker zu sehen als bei den Erwachsenen woraus sich der Schluss ziehen lässt, dass jüngere Generationen zunehmend auf digitale Inhalte anstatt oder ergänzend zu den herkömmlichen Medien zugreifen aufgrund eines natürlicheren Umgangs mit dem Internet.

499 Siehe dazu ausführlich mit Bezug zu Bewegtbildern B.

500 Vgl. Europäische Kommission, Grünbuch über die Vorbereitung auf die vollständige Konvergenz der audiovisuellen Welt, S. 3.

Insbesondere im Bereich des Fernsehens zeichnet sich in Deutschland bei den 14- bis 29-jährigen Zuschauern eine zunehmende parallele Nutzung mit Internetdiensten ab.[501]

Für Rezipienten ist durch die mit dem Internet verbundenen Endgeräte mittlerweile die Möglichkeit entstanden alle Mediengattungen über ein und denselben Kanal, der nicht nur Übertragungsweg, sondern auch Kommunikationskanal ist, zu rezipieren. Die angebotenen Kerninhalte betten sich dabei in ein vielschichtiges, ergänzend von den Rezipienten zu nutzendes Rahmenangebot ein, das zusätzliche, korrespondierende Inhalte und Funktionen bereithält.[502]

III. Auswirkungen auf die Medienmärkte

In Folge der Entwicklung konvergenter Endgeräte sowie die sich damit allmählich wandelnden Rezipientengewohnheiten können aus ursprünglich komplementären Angeboten Substitute werden oder umgekehrt.[503] Das Zusammenwachsen der Medienmärkte bietet aus unternehmerischer Sicht vielfältige Möglichkeiten zur Erschließung neuer Absatzmärkte im Bereich der digital Medien, die sich durch schnelles Wachstum auszeichnen.[504]

Ein gewichtiger Faktor der strukturellen Veränderungen der Medienmärkte mit der rasanten Entwicklung des Onlinesegments ist die durch die Digitalisierung ermöglichte kostengünstige Produktion und Verbreitung medialer Onlineprodukte.[505] Die dank der Digitalisierung ermöglichte Datenkompression hat eine erhebliche Senkung der Übertragungskosten für mediale Inhalte zur Folge.[506] Die Möglichkeit, Medienprodukte in digitalisierte Inhalte umzuwandeln, diese ohne erheblichen Qualitätsverlust zu speichern, verhältnismäßig kostenneutral

501 KEK, Von der Fernsehzentrierung zur Medienfokussierung – Anforderungen an eine zeitgemäße Sicherung medialer Meinungsvielfalt, S. 48.

502 Ähnlich: Krone in CARTA v. 12.06.2014 „Zwischen Information und Unterhaltung: Publizistische Divergenz in der Medienkonvergenz“, abzurufen unter: http://www.carta.info/73020/zwischen-information-und-unterhaltung-publizistische-divergenz-in-der-medienkonvergenz/.

503 Fischer, Medienrecht und Medienmärkte, S. 189.

504 Vgl. Vgl. Deutsche Bank Research v. 06.06.2011 „Konvergenzmärkte“, S. 4, abzurufen unter: https://www.dbresearch.de/PROD/DBR_INTERNET_DE-PROD/PROD00000000000[illegible]1001/Konvergenzm[illegible]Tri-ple+Play+%C3%B6ffn.PDF.

505 Vgl. Fischer, Medienrecht und Medienmärkte, S. 192.

506 Holznagel „Konvergenz der Medien – Herausforderung an das Recht“ in NJW 2002, S. 2351 (2352).

über Datennetze zu verbreiten oder zu vervielfältigen, schafft gegenüber analog verbreiteten Inhalten technische sowie wirtschaftliche Vorteile.[507] Vor diesem Hintergrund wird erkennbar, dass die beschriebene Konvergenzentwicklung nicht ohne Auswirkungen auf die Stufen der Wertschöpfungskette bleibt. Unternehmen, die ihr Tätigkeitsfeld bereits in den klassischen Medien haben, verfügen aufgrund der bereits vorhandenen Strukturen zur Herstellung von Inhalten über Marktzutritts- sowie Wettbewerbsvorteile.[508] Neben den bereits bestehenden Produktionskapazitäten sowie den bestehenden Rechten an Inhalten, kommt den etablierten Medienunternehmen die Möglichkeit zugute, ihren digitalen Content bei ihrem durch die klassischen Medien eroberten Kundenstamm mit verhältnismäßig geringem Marketingaufwand zu bewerben.[509]

Damit hat die technologische sowie inhaltliche Konvergenz auch Einfluss auf die in den Medien geschaltete Werbung. Aufgrund der Schnittstellen, die durch die technische Konvergenz zwischen den einzelnen Medienplattformen bestehen, ist es für die werbetreibende Industrie zunehmend lukrativ, entsprechend der konvergenten Medieninhalte auch konvergente Werbeformen zu entwickeln.[510]

Allerdings sind keineswegs nur etablierte Medienunternehmen in den konvergierenden Märkten tätig. Aktuelle Marktentwicklungen zeigen, dass ein vermehrtes Aufkommen sog. *Over-the-Top* Dienste im Internet beispielsweise in Form von Video-on-Demand Plattformen wie *Netflix* oder *Hulu* zu verzeichnen ist.[511] Unter *Over-the-Top* wird dabei die Technik verstanden, Videoinhalte *über den Kopf* des Internetproviders hinweg zu übertragen d.h. der Empfang des Dienstes ist unabhängig vom Internetprovider mit jedem internetfähigen Endgerät möglich.[512] Erforderlich ist lediglich das Anlegen eines kostenlosen oder kostenpflichtigen Accounts oder der Download einer App.[513] Diese Form des Angebots stellt eine fundamentale Loslösung von den früheren

---

507 Fischer, Medienrecht und Medienmärkte, S. 194.

508 Vgl. Fischer, Medienrecht und Medienmärkte, S. 192.

509 Vgl. Fischer, Medienrecht und Medienmärkte, S. 198.

510 Vgl. Fischer, Medienrecht und Medienmärkte, S. 197/198.

511 Holznagel „Grünbuch Konvergenz der Medien 2013 – Verpasste Chance oder gangbarer Weg aus dem Globalisierungsdilemma“ in MMR 2014, S. 18 (20).

512 Die *Over-the-Top* Technik der Verbreitung von Videoinhalten über das Internet stellt dabei das Gegenteil zur IPTV Übertragung dar, bei der die Provider involviert werden indem der Dienst nur bei der Nutzung des bestimmten Internetproviders sowie nach Abschluss eines entsprechenden Vertrages möglich ist.

513 Kühling/Schall/Biendl, Telekommunikationsrecht, S. 85 Rn. 137.

Geschäftsmodellen dar: *Over-the-Top* Anbieter offerieren im offenen Internet audiovisuelle Dienste, sind dabei aber weder selbst Betreiber von elektronischen Kommunikationsdiensten noch Betreiber elektronischer Kommunikationsnetze.[514] Die Europäische Kommission unterstreicht die Relevanz dieser Onlinemärkte, indem sie insbesondere im Bereich der Videoplattformen, deren Angebot sich über Kinofilme, Fernsehsendungen und Videos erstreckt, das größte ökonomische Entwicklungspotenzial sieht.[515] Prognosen erwarten, dass der Abruf bzw. das Versenden von Videoinhalten bereits 2019 80 % des Internetdatenverkehrs ausmachen wird.[516]

Für die vor- sowie nachgelagerten Märkte führen diese rasante Entwicklung der Medien und das veränderte Nutzungsverhalten der Verbraucher zu wachsenden, neuen Märkten. Hersteller von Endgeräten sowie Technologieentwickler bieten Rezipienten Multimedia-Lösungen einschließlich benutzerfreundlicher Schnittstellen sowie entsprechende Zugangsmöglichkeiten an. Für die Netzbetreiber steigen, aufgrund des gehobenen Interesses an für die qualitativ hochwertige Übertragung audiovisueller Medien erforderlichen höheren Brandbreiten, die Investitionen in den Ausbau von Hochgeschwindigkeitsnetzen.[517]

Die oben genannten Konvergenzprozesse führen zu einer Veränderung der Marktstrukturen. Diese Veränderung macht unter Umständen eine Anpassung der rechtlichen Rahmenbedingungen bzw. ihrer Anwendung in der Rechtspraxis erforderlich, um unter den veränderten Bedingungen die wettbewerbliche Situation in den Medienmärkten sachgemäß und der wirtschaftlichen Realität entsprechend beurteilen zu könne.[518] Die Herausforderungen für Gesetzgebung und Rechtsanwender, die mit der zunehmenden Medienkonvergenz einhergehen, sind nicht nur Inhalt vielschichtiger rechtspolitischer Diskussionen auf deutscher Ebene, auch auf europäischer Ebene wird der Einfluss der Konvergenz der Medien in diesem Bereich diskutiert.

---

514 Holznagel „Grünbuch Konvergenz der Medien 2013 – Verpasste Chance oder gangbarer Weg aus dem Globalisierungsdilemma" in MMR 2014, S. 18 (20).

515 Holznagel „Grünbuch Konvergenz der Medien 2013 – Verpasste Chance oder gangbarer Weg aus dem Globalisierungsdilemma" in MMR 2014, S. 18 (20).

516 Siehe dazu: CISCO, Cisco Visual Networking Index: Forecast and Methodology, 2016 – 2021, S. 2/9, abzurufen unter: http://www.cisco.com/c/en/us/solutions/collateral/service-provider/ip-ngn-ip-next-generation-network/white_paper_c11-481360.pdf.

517 Vgl. Europäische Kommission, Grünbuch über die Vorbereitung auf die vollständige Konvergenz der audiovisuellen Welt: Wachstum, Schöpfung und Werte.

518 Ähnlich: Fischer, Medienrecht und Medienmärkte, S. 194.

IV. Konvergenz der Medien in der rechtspolitischen Diskussionen auf europäischer Ebene

Bereits seit mehreren Jahren ist die fortschreitende Konvergenz der Medien Inhalt rechtspolitischer Diskussionen auf europäischer Ebene. Dabei geht es nicht nur um wettbewerbsrechtliche Thematiken, sondern auch um den Schutz der Meinungsfreiheit sowie der Medienvielfalt. Regulierungen durch den EU-Rechtsrahmen müssen einen Spagat vollziehen zwischen der Förderung und der Sicherung des Wettbewerbes und dem Schutz publizistischer Werte, insbesondere in Form einer Medienvielfaltssicherung.

Seitens der Europäischen Union wurden mittlerweile verschiedene Vorbereitungsdokumente sowie Rechtsakte mit Bezug auf die Medien bzw. die Medienmärkte erstellt und erlassen. Vorliegend sollen lediglich solche Aktivitäten skizziert werden, die im Zusammenhang mit der konvergenten Entwicklung der Medien stehen.

1989, als die technische Entwicklung noch weit von der konkreten Schaffung einer konvergierenden Medienwelt entfernt war, erließ die Europäische Gemeinschaft die Richtlinie 89/552/EWG *„Fernsehen ohne Grenzen"*.[519] Diese Richtlinie diente dem Abbau von Hindernissen für freie und grenzüberschreitende Rundfunkveranstaltungen in der Europäischen Gemeinschaft sowie dem Schutze des Wettbewerbes innerhalb des europäischen Marktes.[520] Darüber hinaus stellte diese Richtlinie eine Rahmenvorschrift u.a. für Jugendschutz, Werbung und die Zugangsregelungen für Zuschauer zu Großereignissen dar.[521] Erstmalig geändert wurde diese sog. *Fernsehrichtlinie* 1997. Allerdings bezog sich die Richtlinie auch nach der 1997 vorgenommenen Änderung lediglich auf linear verbreitete audiovisuelle Mediendienste. Im Zuge des technischen Fortschrittes und der damit verbundenen Dynamisierung der Konvergenz der Medien schien eine Beschränkungen der durch die *Fernsehrichtlinie* geschaffenen Regelungen nicht mehr zeitgemäß und so wurde die Richtlinie 89/522/EWG 2007 vor dem Hintergrund der damals aktuellen Entwicklung der Medien vom Europäischen Parlament weiterentwickelt und in Form der *Richtlinie über audiovisuelle Mediendienste* am 29.11.

519 Genaue Bezeichnung: Richtlinie des Rates zur Koordinierung bestimmter Rechts- und Verwaltungsvorschriften der Mitgliedsstaaten über die Ausübung der Fernsehtätigkeit (ABl. Nr. L 298 vom 17.10.1989).

520 Schulz „Medienkonvergenz light – Zur neuen Europäischen Richtlinie über audiovisuelle Mediendienste" in EuZW 2008, S. 107 (108).

521 Bergmann in Bergmann, Handlexikon der Europäischen Union, Buchstabe F, Fernsehrichtlinie.

2007 verabschiedet.[522] Bemerkenswert ist daran insbesondere, dass durch diesen Schritt der Anwendungsbereich der Richtlinie auch auf nicht lineare audiovisuelle Mediendienste erweitert wurde und sich somit auch auf Live-Streaming, Webcasting, sowie Near-Video-on-Demand, also den zeitversetzten Videoabruf erstreckt. Maßgebliches Kriterium für die Eröffnung des sachlichen Anwendungsbereichs der Richtlinie ist das Bereitstellen eines Fernsehprogrammes zum zeitgleichen Empfang auf der Grundlage eines Sendeplanes. Gemeint sind somit Dienste, die von einem Veranstalter einem dispersen Publikum zum selben Zeitpunkt zugeleitet werden. Diese Definition des Anwendungsbereichs hat zur Folge, dass auch Internet-TV vom Anwendungsbereich der Richtlinie umfasst ist, während Video-on-Demand Angebote ausgeklammert werden müssen, da sie auf Abruf zu einem vom Rezipienten gewählten Zeitpunkt zur Verfügung gestellt werden.[523]

Die Notwendigkeit zur Weiterentwicklung dieses Rechtsaktes und die damit verbundene Erweiterung des Anwendungsbereichs der Richtlinie der Europäischen Union zeigt, dass das Problem der Konvergenz der Medien mit der Weiterentwicklung medialer Angebote auch auf Ebene der Politik der Gemeinschaft von wachsender Relevanz ist.

Noch deutlicher kommt diese Entwicklung in den von der Europäischen Kommission angefertigten Grünbüchern zur Konvergenz der Medien zum Ausdruck. Da wäre zunächst das 1997 veröffentliche Grünbuch *Konvergenz der Branchen Telekommunikation, Medien und Informationstechnologien und ihre ordnungspolitischen Auswirkungen*[524]. Aus diesem Grünbuch geht hervor, dass die Kommission sich zu diesem Zeitpunkt noch am Anfang einer sich erst entwickelnden Diskussion über den zu schaffenden Rechtsrahmen für die konvergierenden Telekommunikations-, Technologie- und Medienmärkte befand. Während der Telekommunikationssektor bereits weitestgehend harmonierst war und es überwiegend um die Öffnung der Netze für den IP-Verkehr ging, war das Vorgehen in Bezug auf den Bereich der Medien sowie mit Blick auf die mit der explosionsartigen Verbreitung des Internets verbundenen Herausforderungen

522 Bergmann in Handlexikon der Europäischen Union, Buchstabe F, Fernsehrichtlinie.

523 Ahrens in Gloy/Loschelder/Erdmann, Handbuch des Wettbewerbsrechts, § 68 Rn. 16/17.

524 Veröffentlich am 03. Dezember 1997, Europäische Kommission: Grünbuch zur Konvergenz der Branchen Telekommunikation, Medien und Informationstechnologie und ihren ordnungspolitischen Auswirkungen. Ein Schritt in Richtung Informationsgesellschaft.

umstritten.[525] Die Kommission war sich damals bereits der stetig wachsenden Bedeutung des Onlinesektors für die Medien bewusst. Ziel in wirtschaftlicher Hinsicht war die Nutzung der mit der Digitalisierung verbundenen Chancen für die europäischen Märkte. Wobei der Kommission durchaus bewusst gewesen ist, dass die Wettbewerbsfähigkeit europäischer Unternehmen ohne eine entsprechend geeignete technische Infrastruktur nicht gestärkt werden könne.[526] Ein in diesem Zusammenhang interessanter Rechtsakt, der aus dieser Diskussion im Rahmen des Grünbuchs zu Konvergenz von 1997 hervorging, ist die *E-Commerce Richtlinie* von 2000.[527] Hintergrund des Erlasses der Richtlinie war das Bestreben, für Dienste der Informationsgesellschaft die Binnenmarktgrundsätze der Dienstleistungs- und Niederlassungsfreiheit gelten zu lassen. Darüber hinaus sollen diese Dienste in der gesamten Europäischen Union angeboten werden können, vorausgesetzt, sie entsprechen den im Land des Anbieters geltenden Rechtsvorschriften.[528] Ein weiterer Rechtsakt folgte in Form der oben bereits dargestellten, 2007 erlassenen *Richtlinie über audiovisuelle Mediendienste*.

Auf das erste Grünbuch zum Thema Konvergenz folgte 2013 das von der Kommission vorgelegte *Grünbuch über die Vorbereitung auf die vollständige Konvergenz der audiovisuellen Welt: Wachstum, Schöpfung und Werte*. In Anbetracht des vielversprechenden Titels stellt sich die Frage, ob und wie sich die Europäische Union mit ihren umgesetzten Rechtsakten auf Grundlage des ersten Grünbuchs von 1997 den aktuellen Herausforderungen der Konvergenzentwicklungen im Mediensektor stellen konnte.

Zutreffender Weise führt das *Grünbuch über die Vorbereitung auf die vollständige Konvergenz der audiovisuellen Welt* aus, wie der Titel bereits implizier, dass die mit der Digitalisierung, dem Fortschritt der Technik und dem Ausbau der Übertragungsnetze zu erwartende Konvergenzentwickelung tatsächlich in den letzten Jahren rasant und fortwährend vorangeschritten sei. Dabei geht die Kommission auch auf die sich verändernden Nutzungsgewohnheiten der Rezipienten ein. Die Konsummuster zwischen herkömmlichem, über

525 Vgl. Holznagel „Grünbuch der Konvergenz der Medien 2013 – Verpasste Chance oder gangbarer Weg aus dem Globalisierungsdilemma?“ in MMR 2014, S. 18 (19).

526 Vgl. Holznagel „Grünbuch der Konvergenz der Medien 2013 – Verpasste Chance oder gangbarer Weg aus dem Globalisierungsdilemma?“ in MMR 2014, S. 18 (19).

527 Richtlinie 2000/31/EG über den elektronischen Geschäftsverkehr.

528 Europäische Kommission, Press Release Database „Elektronischer Geschäftsverkehr: Kommissar Bolkestein begrüßt Verabschiedung der Richtlinie“, IP/00/442, Brüssel 04.05.2000, abzurufen unter: http://europa.eu/rapid/press-release_IP-00-442_de.htm?locale=de.

Fernsehgeräten ausgestrahltem Rundfunk und online abrufbaren Diensten verschwimme rasch, was u.a. durch Endgeräte abseits des klassischen Fernsehers bedingt sei, auf denen mittels Internetanbindung audiovisuelle Mediendienste abrufbar seien.[529] Dabei konstatiert die Kommission ein enormes ökonomisches Entwicklungspotenzial im Bereich der Onlinedienste. Ausgehend von einer stetig fortschreitenden Konvergenz im Laufe der nächsten Jahre, erstrecken sich die diesbezüglichen wirtschaftlichen Hoffnungen der Kommission auch auf den Bereich der Gerätehersteller, Technologieentwickler sowie auf Netzbetreiber.[530] Dabei stellen sich seitens der Europäischen Kommission zwei zentrale, mit der Konvergenz zusammenhängende ordnungspolitische Fragen: Zum einen geht es nach wie vor darum, einen entsprechenden Binnenmarkt aufzubauen und einen einheitlichen Rechtsrahmen für diesen Bereich zu schaffen. Zum anderen sollen trotz der Förderung der wettbewerblichen Aspekte die Grundwerte geschützt werden „auf die sich die Regulierung audiovisueller Mediendienste stützt".[531]

Mit dem *Grünbuch über die Vorbereitung auf die vollständige Konvergenz der audiovisuellen Welt* wirft die Europäische Kommission den technischen Entwicklungen sowie Veränderungen der Nutzungsgewohnheiten entsprechende, aktuelle Fragen auf und stellt die europäische Medienregulierung erneut zur Disposition. Betrachtet man die Entwicklungen der letzten Jahre, so wird in jedem Fall deutlich, dass die Grenzen zwischen den einzelnen Mediengattungen mit dem Fortschritt der Technik zunehmend abgetragen werden. Verbreitung und Konsum gleicher oder ähnlicher Inhalte sind auf unterschiedlichen Wegen möglich.[532] Ob es überhaupt noch sinnvoll ist, die über das Internet übertragenen, unterschiedlichen medialen Angebote nach Mediengattungen zu trennen, lässt sich nicht einheitlich bewerten. Anknüpfungspunkt sollte insbesondere in Anbetracht der sich schnell wandelnden Märkte nicht die Art des Mediums, sondern die Funktion, der Inhalt sowie die vorgesehene Nutzung sein.[533]

529 Vgl. Europäische Kommission, Grünbuch über die Vorbereitung auf die vollständige Konvergenz der audiovisuellen Welt: Wachstum, Schöpfung und Werte, S. 3; ebenfalls eine Rolle spielen bei dieser Entwicklung auch die bereits angesprochenen Smart-TV Angebote.

530 Vgl. Europäische Kommission, Grünbuch über die Vorbereitung auf die vollständige Konvergenz der audiovisuellen Welt: Wachstum, Schöpfung und Werte, S. 4/5.

531 Europäische Kommission, Grünbuch über die Vorbereitung auf die vollständige Konvergenz der audiovisuellen Welt: Wachstum, Schöpfung und Werte, S. 5.

532 Hasebrink/Schulz/Deterding/Schmidt/Schröder/Sprenger, Leitmedium Internet?, Arbeitspapiere des Hans-Bredow-Instituts Nr. 27, S. 25.

533 Ähnlich: Hasebrink/Schulz/Deterding/Schmidt/Schröder/Sprenger, Leitmedium Internet?, Arbeitspapiere des Hans-Bredow-Instituts Nr. 27, S. 13.

Angesicht der sich schnell wandelnden Märkte im Mediensektor und der Komplexität dieses Themas, insbesondere auf europäischer Ebene scheint lediglich ein Punkt diesbezüglich sicher zu sein: Die Konvergenz der Medien wird auch weiterhin Inhalt kontroverser rechtspolitischer Diskussionen auf europäischer Ebene sein.

B. Der Konsum von Bewegtbildern im Internet und seine Bedeutung für die Medienwerbemärkte

Eine signifikante Rolle für die Konvergenzentwicklung der Medien spielen durch die Digitalisierung veränderte Bewegtbildangebote und der damit einhergehende Wandel des Nutzungsverhaltens.

Fernsehen war und ist das präferierte Medium der Europäer.[534] Allerdings haben sich die Nutzungsgewohnheiten im Zuge der Digitalisierung verändert. Ein Effekt der Konvergenz der Medien ist die Unabhängigkeit der Verbreitung von Bewegtbildern von einem bestimmten Kanal.[535] Durch das Internet und den Ausbau breitbandiger Verbindungen ist für Rezipienten eine neue, zum Teil qualitativ gleichwertige Möglichkeit – abseits des klassischen Fernsehens – zum Konsum von bewegten Bildern entstanden. Die vielfältigen Substitutionsmöglichkeiten, die Rezipienten beispielsweise über PC, Laptop, Tablet-PCs und Smartphone als technische Empfangsgeräte zur Verfügung stehen, bleiben gleichwohl nicht ohne Auswirkungen auf die Medienwerbemärkte und ihre kartellrechtliche Bewertung.[536]

I. Nutzungsentwicklung von Bewegtbildern seit dem Beginn der Digitalisierung

Bevor es die Möglichkeit gab, Bilder, Töne und Texte zu digitalisieren, war das Massenmedium Fernsehen zum Abruf von Bewegtbildern alternativlos.[537] Im Vergleich zu den anderen klassischen Medien, wie Hörfunk und Presse, nimmt das Fernsehen seit den fünfziger Jahren eine besondere Stellung ein. Diese erklärt sich nicht nur mit der speziellen Suggestivkraft des Fernsehens, sondern auch damit, dass dieses Medium von den Rezipienten lange Zeit als mit

---

534 Vgl. Europäische Kommission, Standard Eurobarometer 84 – Media Use, S. 4.

535 Amlung/Fisch „Digitale Rundfunkangebote im Netz“ in ZUM 2009, S. 442 (447).

536 Dabei ist die Rezeption von Bewegtbildern abzugrenzen von dem sog. *IPTV*, also dem Internet Protocol Television, bei der digitale TV-Inhalte per Internet Protocol über ein geschlossenes Netzwerk übertragen werden.

537 Seitdem das Fernsehen zum flächendeckenden Medium wurde, dient das Kino nicht mehr Informationszwecken sondern lediglich dem Konsum von Filmen und Dokumentationen.

Abstand vielseitigstes Medium geschätzt wurde.[538] Auch heute ist das Fernsehen noch das präferierte Medium der Europäer.[539] Doch auch der Konsum von Videos im Internet gehört für viele, insbesondere jüngere Menschen mittlerweile zum Alltag. Die Bewegtbildnutzung im Internet erstreckt sich dabei vom Live-Fernsehen über das zeitversetzte Fernsehen on-Demand bis hin zur Nutzung von Videoportalen. Unabhängig davon, ob es sich um professionell produzierte Videos aus dem TV- oder Kino-Kontext handelt, oder um Werbevideos, Videos von Privatpersonen oder in andere Webinhalte eingebettete Videos.[540]

Die digitale Verbreitung bietet für die etablierten Medienproduzenten die Möglichkeit der Nutzung weiterer, reichweitenstarker Distributionskanäle, während kleinere Anbieter in diesem Rahmen ebenfalls die Möglichkeit haben ihren Content unter Umständen an einen großen Rezipientenkreis verbreiten zu können.[541]

Gerade jüngere Nutzer zeigen eine starke Tendenz zum Konsum von Bewegtbildern im Internet. Die sog. Generation der *Digital Natives* wächst mit der Selbstverständlichkeit der Internetnutzung und dem Konsum von Onlinemedien auf. Für die *Digital Natives* ist das Internet ein unverzichtbarer Begleiter im Alltag. Die Mediennutzung von Jugendlichen, insbesondere von Kindern unterscheidet sich von dem Nutzungsverhalten Erwachsener erheblich. Gerade die Altersgruppe der unter 14 jährigen, die mit der Digitalisierung groß geworden ist, zeigt aufgrund des bereits seit der Kindheit verfügbaren und genutzten Angebots digitaler Produkte sowie der entsprechenden Endgeräte, eine hohe Affinität zu Onlineangeboten. Dazu gehört die Faszination von Bewegtbildern im Internet. Man kann davon ausgehen, dass mit dem Nachwachsen weiterer *Digital Native* Generationen gerade die Nutzung von Bewegtbildangeboten im Internet weiter zunehmen wird.

II. Bedeutung für die Medienwerbemärkte

Das Internet und seine vielfältigen digitalen Programm- und Informationsangebote haben, wie gezeigt, das Nutzungsverhalten der Medienrezipienten zum Teil

538 Vgl. Hasebrink/Schulz/Deterding/Schmidt/Schröder/Sprenger, Leitmedium Internet?, Arbeitspapiere des Hans-Bredow-Instituts Nr. 27, S. 10.

539 Vgl. Europäische Kommission, Standard Eurobarometer 84 – Media Use, S. 4.

540 Koch/Liebholz „Bewegtbildnutzung im Internet und Funktionen von Videoportalen im Vergleich zum Fernsehen“ in Media Perspektiven 7-8 2014, S. 397 (397/398).

541 Grimme Institut/MMB-Institut für Medien und Kompetenzforschung, Bewegtbild 2020, S. 7.

radikal verändert. Gerade bei jüngeren Menschen und der Nachfolgegeneration der *Digital Natives* wird der Trend weg von der klassischen Massenkommunikation hin zu digitalen Individualkommunikation eine bedeutsame Dynamik entwickeln. Der Marktplatz Internet wird zur zentralen Ansprechstation für die Medienkonsumenten der postanalogen Kommunikationsgesellschaft. Die tiefgreifenden Effekte für Medienmärkte und ihre Protagonisten sind bereits jetzt erkennbar. Auch die Medienwerbemärkte stehen vor großen Herausforderungen.

Die Digitalisierung von Inhalten hat der werbetreibenden Industrie effizienzsteigernde Möglichkeiten von großem Ausmaß beschert. Der für die werbetreibende Industrie maßgebliche Vorteil digitaler Werbeformen liegt darin, dass über die Generierung von Nutzerdaten zielgerichtet und individuell Werbung platziert werden kann. Diese digitalen Werbeformen bedeuten enorme Effizienzsteigerungen der Werbewirkung, nicht nur auf Grund der gezielten Ansprache einer Zielgruppe, sondern auch durch die Möglichkeit der direkten Verknüpfung von Vermarktung und Verkauf.

Aus Sicht der werbetreibenden Industrie sind digitale Angebote der Medienunternehmen aus einem weiterem Grund interessant: Medienunternehmen stellen sich im Internet durch die geringen Distributionskosten zunehmend breiter auf und erweitern ihr Angebot. Dies macht einen Werbe-Mediamix auf unterschiedlichen Kanälen möglich. So positionieren sich private und zu einem gewissen Grad auch öffentlich-rechtliche Rundfunkanbieter im Internet beispielsweise mit einem deutlich erweiterten Angebot. Angefangen bei Mediatheken, die den linearen und nicht-linearen Abruf der im Fernsehen ausgestrahlten Sendungen ermöglichen, über Podcasts, Videokooperationen mit anderen, klassischer Weise textbasierten Onlineangeboten[542] sowie verschiedene Kanälen auf Videoportalen wie *Youtube*, die zum Teil die Interaktion mit dem Rezipienten ermöglichen.

Doch nicht nur Rundfunkanbieter erweitern ihr Angebot, auch die Online-Angebote der Printmedien setzen vermehrt auf ein erweitertes Videoangebot sowie die Einbettung von Videos in die bereits bestehenden Angebote.

542 Seit 2000 kooperiert beispielsweise das ZDF mit Zeit Online und stellt die Nachrichtensendung „heute 100 Sekunden“ auf zeit.de zur Verfügung. Dies wird als Win-Win Situation angesehen, da das ZDF die Reichweite der Sendung erweitern kann und Zeit Online sein Angebot um Bewegtbilder erweitern kann. Siehe Amlung/Fisch „Digitale Rundfunkangebote im Netz“ in ZUM 2009, S. 442 (443).

Aufgrund dieser Entwicklung bietet sich aus Sicht der werbetreibenden Industrie die Möglichkeit, crossmediale Werbepakete zu schnüren. Interessant ist dabei für Werbekunden auch, dass online angebotene Inhalte – und damit auch die dort geschaltete Werbung – durch einfache Funktionen per Klick in sozialen Netzwerken oder per Mail geteilt werden können.[543] So werden beispielsweise *Facebook* und *YouTube* plötzlich zum einem wichtigen strategischen Partner der Unternehmen, wenn es um die Verbreitung von Videowerbebotschaften geht. Unternehmen investieren zunehmend in virales Marketing, oftmals in Form aufwendig produzierter Videos. Die Bedeutung von viralem Marketing hat in den letzten Jahren deutlich zugenommen.[544] Ist die Maschinerie des viralen Marketings mit der Produktion der Videobotschaft und der Platzierung im Netz erst einmal angestoßen, entstehen für das werbende Unternehmen grundsätzlich keine weiteren wesentlichen Kosten. Hinzu kommt, dass das Internet mit dieser Werbeform die Möglichkeit bietet, die Grenzen zwischen Werbung und vom Nutzer selbstgewähltem Content verschwimmen zu lassen. Für die werbetreibende Industrie ist dieser Faktor auf Grund der sich verselbständigenden Netzwerkeffekte von großem Wert.

Auch die Einbindung des Nutzers spielt bei der Werbung im Internet eine wichtige Rolle. Bei der klassischen Fernsehwerbung besteht für den der Werbung überdrüssigen Nutzer die Möglichkeit das Programm vorübergehend zu wechseln oder bei *IPTV* die Werbung auszublenden. Im Internet wird In-Stream-Video Werbung zumeist vor einem abzuspielenden Video oder als Unterbrecherwerbung gezeigt. Der Nutzer wird durch die geringe Anzahl an Werbevideos dazu angehalten, die Werbung, im Vergleich zu längeren Werbeblocks im klassischen Fernsehen, bewusster zu konsumieren. Eine relativ neue Form der Videowerbung im Internet geht jedoch noch einen, für die Unternehmen zur Wahrnehmung des beworbenen Produktes entscheidenden Schritt weiter: Der Nutzer erhält einen grundsätzlich kostenpflichtigen Premiuminhalt auf einer bestimmten Website kostenfrei, sofern er bereit ist, vorab eine großflächige, mitten im bzw. über dem Content geschaltete Videowerbung zu akzeptieren und daraufhin Fragen zum Inhalt der Werbung zu beantwortet. Damit wird nicht nur sichergestellt, dass der Nutzer die Werbung wahrnimmt, sondern möglichst

543 Vgl. Amlung/Fisch „Digitale Rundfunkangebote im Netz" in ZUM 2009, S. 442 (446).

544 Vgl. Schögel/Herhausen/Mrkwicka „Virales Marketing" in Social Media Magazin, Nr. 2011 – IV; Als ein Paradebeispiel viralen Marketings wird das von EDEKA mit Friedrich Liechtenstein produzierte YouTube Video „Supergeil" angesehen.

auch, dass er die Werbebotschaft verstanden hat.[545] Anhand dieses Beispiels wird einmal mehr deutlich, dass die im Internet geschaffene Möglichkeit der interaktiven Einbindung des Rezipienten in Verbindung mit der Darstellung bewegter Bilder für die Werbeindustrie von ganz besonderem Wert sind, wobei die Möglichkeiten innovativer, interaktiver Werbeformen bei weitem noch nicht ausgereizt zu sein scheinen.

Das klassische Fernsehen spielt auf Grund seiner Reichweitenstärke immer noch die wichtigste Rolle in den Medienwerbemärkten. Betrachtet man die jüngsten Entwicklungen sowohl in den Werbemärkten als auch im Nutzerverhalten, liegt es nahe, dass ein gegenseitiger Ausschluss nicht anzunehmen ist, sondern die unterschiedlichen Darstellungsformen sich auch aus Sicht der Werbekunden komplementär anbieten.

Diese Entwicklung sollte auch in der kartellrechtlichen Definition des sachlich relevanten Marktes Berücksichtigung finden.[546] Dabei hat die Konvergenz der Medien kein vollständiges Zusammenwachsen der einzelnen Medienmärkte zur Folge. Allerdings kann sich in den Onlinemedien die Darstellungsform der Werbung von der Darstellungsform des angebotenen Contents auf der Plattform lösen. So kann beispielsweise Videowerbung in einem sonst lediglich textbasierten Umfeld geschaltet werden, dennoch hat diese Werbung dieselbe Suggestivkraft wie Fernsehwerbung, wobei auch die geringere Reichweite der Onlinewerbung durch *Targeting* zu einem gewissen Maß auszugleichen vermag. Dies wirft die Frage auf, wie diese Werbung einzuordnen ist. Die Annahme eines allgemeinen Onlinemedienwerbemarktes scheint den unterschiedlichen Darstellungsformen der Onlinewerbung sowie deren Platzierung auf verschiedenen Plattformen vor diesem Hintergrund nicht mehr gerecht zu werden. Diese Feststellung ist richtungsweisend für die im vierten Teil dieser Arbeit entwickelte Neubewertung der Medienwerbemärkte.

545 Vgl. dazu OMS, Pressemitteilung vom 10.08.2015 „Neues Video Engagement Ad der OMS bietet Werbekunden interaktive Nutzereinbindung", abzurufen unter: http://www.oms-kombi.de/unternehmen/presse/neues-video-engagement-ad-der-oms-bietet-werbekunden-interaktive-nutzereinbindung.

546 Siehe dazu ausführlich Teil 4.

C. Crossmediale Effekte bei konglomeraten Unternehmenszusammenschlüssen und ihre Auswirkungen auf die Medienwerbemärkte

Eine Folge der aufgezeigten Entwicklungen in den Medienmärkten ist, dass Unternehmen vermehrt auf multimediale Strategien bauen. Zu diesem Zweck und zur Erschließung neuer Märkte wird häufig auf externes Wachstum oder strategische Allianzen in Form von Joint Ventures gesetzt. Eine wichtige Rolle spielen in diesem Zusammenhang sog. konglomerate Unternehmensfusionen. Die adäquate wettbewerbsrechtliche Erfassung und Beurteilung konglomerater Unternehmenszusammenschlüsse - nicht nur auf den Medienmärkten - ist Inhalt umfassender juristischer Debatten, die nicht zuletzt der ökonomischen Komplexität solcher Fusionen geschuldet sind.[547]

I. Konglomerate Unternehmenszusammenschlüsse

Eine konglomerate Fusion kann derart gelagert sein, dass auf Grund der Unternehmensstrukturen der beteiligten Unternehmen sowie der Marktstrukturen der betroffenen sachlichen und/oder räumlichen Märkte von ihr keine Gefahren für den Wettbewerb ausgehen oder sogar positive Effekte bewirkt werden, wie beispielsweise die Anfachung des Wettbewerbes durch eine durch die Fusion bewirkte Verstärkung der Finanzkraft oder des Know-hows eines zuvor schwachen Marktteilnehmers.[548] Problematisch wird die Bewertung konglomerater Unternehmenszusammenschlüsse allerdings in Konstellationen, in denen zu befürchten ist, dass das konglomerate Zusammenführen von Unternehmen zu einer spürbaren Verringerung des Wettbewerbes auf den von der Fusion betroffenen Märkten führt.

---

547 Vgl. Nothhelfer „Wann behindern konglomerate Fusionen den Wettbewerb“ in EuZW 2007, S. 332 (332); Sabel, Neuere Entwicklungen in der europäischen und deutschen Kontrolle konglomerater Unternehmenszusammenschlüsse, S. 15/16; BKartA, Konglomerate Zusammenschlüsse in der Fusionskontrolle – Bestandsaufnahme und Ausblick 2006, S. 1.

548 Siehe ausführlich zu den positiven Effekten von konglomeraten Unternehmenszusammenschlüssen: Sabel, Neuere Entwicklungen in der europäischen und deutschen Kontrolle konglomerater Unternehmenszusammenschlüsse, S. 31 ff.

1. Begriffsbestimmung

Nach überwiegender Ansicht dient zur Bestimmung des Begriffes der konglomeraten Unternehmenszusammenschlüsse die negative Abgrenzung zu horizontalen sowie vertikalen Zusammenschlüssen.[549] Ein konglomerater Zusammenschluss von Unternehmen liegt demnach immer dann vor, wenn der Zusammenschluss weder als horizontal noch als vertikal definiert werden kann, d.h. Aktivitäten der beteiligten Unternehmen finden weder auf demselben Markt statt noch auf unterschiedlichen Märkten, die vor- oder nachgelagert sind. Folglich stehen sich die an der konglomeraten Zusammenführung beteiligten Unternehmen weder als potentielle Wettbewerber auf dem sachlich und/oder räumlich relevantem Markt gegenüber, noch als potentielle Nachfrager oder Lieferanten auf vor- oder nachgelagerten Märkten.[550] Es kommt somit durch die Fusion nicht zu direkten Marktanteilssteigerungen.[551]

2. Gefahren konglomerater Fusionen

In Anbetracht des Konstrukts konglomerater Zusammenschlüsse, sind diese Art von Unternehmenszusammenführungen per se nicht problematisch, da es anders als bei horizontalen Fusionen grundsätzlich nicht zu einer Erhöhung der Marktkonzentration oder wie bei vertikalen Fusionen zu einer möglichen Zugangserschwerung zu Absatz- oder Beschaffungsmärkten kommt.[552] Definitionsgemäß wird somit auch bei konglomeraten Zusammenschlüssen keine Marktanteilsaddition vorgenommen. Vom Grundsatz her sind konglomerate Fusionen weniger bedenklich als horizontale oder vertikale Zusammenschlüsse.[553] Auch der

549 Körber in Immenga/Mestmäcker, EU Wettbewerbsrecht, Art. 2 FKVO, Rn. 580; Beckmann/Müller in Hoeren/Sieber/Holznagel, Multimedia-Recht, Teil 10, Rn. 97; Mestmäcker/Schweitzer, Europäisches Wettbewerbsrecht, § 26 Rn. 176; BKartA, Leitfaden zur Marktbeherrschung in der Fusionskontrolle, S. 65 Rn. 160; Darüber hinaus gibt es auch einen positiven Ansatz zur Definition des Begriffes, der zusätzlich die Bildung von bestimmten Fallgruppen vorsieht, siehe dazu: Sabel, Neuere Entwicklungen in der europäischen und deutschen Kontrolle konglomerater Unternehmenszusammenschlüsse, S. 19/20.

550 Körber in Immenga/Mestmäcker, EU Wettbewerbsrecht, Art. 2 FKVO, Rn. 580; Beckmann/Müller in Hoeren/Sieber/Holznagel, Multimedia-Recht, Teil 10, Rn. 97; Mestmäcker/Schweitzer, Europäisches Wettbewerbsrecht, § 26 Rn. 176.

551 Nothhelfer „Wann behindern konglomerate Fusionen den Wettbewerb?“ in EuZW 2007, S. 332 (332).

552 Thomas in Immenga/Mestmäcker GWB, § 36, Rn. 507.

553 Körber in Immenga/Mestmäcker, EU Wettbewerbsrecht, Art. 2 FKVO, Rn. 582.

EuGH betont, dass im Falle konglomerater Unternehmenszusammenschlüsse nicht generell eine wettbewerbswidrige Auswirkung unterstellt werden könne.[554]

Allerdings gibt es Konstellationen, in denen von einem konglomeraten Unternehmenszusammenschluss Gefahren für den Wettbewerb ausgehen können. In den Leitlinien zur Bewertung nichthorizontaler Zusammenschlüsse der Europäischen Kommission wird zum Ausdruck gebracht, dass die Hauptbedenken bei konglomeraten Fusionen die Abschottung marktstarker Unternehmen betreffen. „Durch die Zusammenführung von Produkten in verwandten Märkten erlangt die fusionierte Einheit die Fähigkeit und den Anreiz, unter Ausnutzung ihrer starken Marktstellung in einem Markt durch Binden oder Koppeln oder andere ausschließende Praktiken eine Hebelwirkung in einem anderen Markt auszuüben."[555] Solche Probleme, die bei konglomeraten Unternehmensfusionen auftreten können, werden als nicht koordinierte oder auch unilaterale Effekte bezeichnet.

Zusätzlich zu den unilateralen Effekten besteht die Gefahr sog. koordinierter Effekte. Koordinierte Effekte bezeichnen bei konglomeraten Unternehmenszusammenschlüssen die durch eine Transaktion geschaffene Möglichkeit, wettbewerbswidrige Koordinierung zu erleichtern.[556] Da koordinierte Effekte bei konglomeraten Unternehmensfusionen in der Praxis ein eher unterzuordnendes Problem darstellen, wird im Folgenden maßgeblich auf die unilateralen Effekte und die davon ausgehenden Gefahren für den Wettbewerb eingegangen.[557]

Bei der Fusionskontrolle ist der Anknüpfungspunkt für mögliche wettbewerbsschädigende Wirkungen von Fusionen, nach zuvor erfolgter Marktabgrenzung, das Marktmachtmodell. Dabei wird, wie bereits dargestellt, die Marktmacht der beteiligten Unternehmen auf den relevanten Märkten bewertet. Allerdings liegt die Besonderheit konglomerater Fusionen gerade darin, dass stets verschiedene Märkte von den Zusammenschlüssen betroffen sind. Das Marktmachtmodell bildet die Effekte, die konglomerate Fusionen über die Märkte hinweg haben können, nicht immer hinreichend ab, da die Marktmacht lediglich für den relevanten Markt festgestellt wird, eine Marktanteilsaddition bei konglomeraten Unternehmenszusammenschlüssen aber grundsätzlich nicht

554 EuG vom 25.10.2002, Rs. T-5/02, Slg. 2002, II-4381 Tz. 142 „Tetra Laval".

555 Europäische Kommission, Leitlinien zur Bewertung nichthorizontaler Zusammenschlüsse, Rn. 93.

556 Hirsbrunner/Hacker in von der Groeben/Schwarze/Hatje, Europäisches Unionsrecht, VO (EG) 139/2004, Art. 2 Rn. 454.

557 Vgl. Nothhelfer „Wann behindern konglomerate Fusionen den Wettbewerb?" in EuZW 2007, S. 332 (333).

stattfindet. Da aber neben der Marktmacht noch andere Faktoren die Möglichkeit negativer Auswirkungen auf den Wettbewerb bedingen können, stellt sich die Frage, wie diese Effekte dargestellt bzw. im kartellrechtlichen Verfahren beurteilt werden können. Die Vielschichtigkeit der zu berücksichtigenden Effekte macht die Beurteilung der aus dem Zusammenschluss möglichen Auswirkungen für die Kontrollbehörden und Gerichte in kartellrechtlichen Verfahren zu einer schwierigen Aufgabe.[558]

Die vorgenommene Darstellung beschränkt sich auf die in der Praxis bedeutendsten Effekte und damit verbundenen Gefahren für den Wettbewerb, die von konglomeraten Fusionen ausgehen können.

a) Leverage Effects

Konglomerat zusammengeschlossene Unternehmen können ihre Marktstellung unter bestimmten Umständen von einen in den anderen Markt übertragen. Bei einer Marktmachtübertragung wird die in einem Markt bestehende Marktmacht als Hebel eingesetzt, um in dem anderen, von der Fusion betroffenen Markt, Wettbewerber zu verdrängen oder die Marktposition als Wettbewerbsvorteil zu nutzen und/oder den Marktzutritt für neu hinzukommende potentielle Wettbewerber unattraktiv zu machen.[559] Unter Ausnutzung einer starken Marktstellung wird einem marktstarken Unternehmen durch die konglomerate Fusion in einen anderen Markt unter Umständen die Möglichkeit gegeben, angebotene Produkte oder Dienstleistungen zu koppeln oder zu bündeln,[560] was wiederum zu einem Transfer der Marktmacht auf den durch die Fusion hinzugewonnen Absatzmarkt führen kann.[561] Diese Hebelwirkung – auch *leverage effect* genannt – kommt immer dann in Betracht, wenn die Güter oder Dienstleistungen der fusionierten Unternehmen sich sachlich nahestehen, mitunter komplementär oder

---

558 Vgl. Sabel, Neuere Entwicklungen in der europäischen und deutschen Kontrolle konglomerater Unternehmenszusammenschlüsse, S. 22/23.

559 Sabel, Neuere Entwicklungen in der europäischen und deutschen Kontrolle konglomerater Unternehmenszusammenschlüsse, S. 25; Körber in Immenga/Mestmäcker, EU-Wettbewerbsrecht, Art. 2 FKVO, Art. 2 Rn. 587.

560 Die Begriffe „Kopplung“ und „Bündelung“ werden in dieser Arbeit synonym verwandt, da die Unterscheidung, die insbesondere im europäischen Recht zwischen „bundling“ und „tying“ vorgenommen wird, für die Betrachtung im Rahmen dieser Arbeit keine Rolle spielt.

561 Vgl. Körber in Immenga/Mestmäcker, EU-Wettbewerbsrecht, Art. 2 FKVO, Rn. 587; Beckmann/Müller in Hoeren/Siebert/Holznagel, Multimedia-Recht, Teil 10 Kartellrecht, Rn. 97.

substituierbar sind.[562] Von den so ermöglichten Abschottungseffekten gehen laut der Kommission die Hauptbedenken bei konglomeraten Unternehmenszusammenschlüssen aus.[563] *Leverage effects* können durch unterschiedliche Unternehmensstrategien bewirkt werden, wie beispielsweise Preisstrategien in Form von Quersubventionen von Produkten und Angeboten, Kampfpreisstrategien, Boykottaufrufe oder auch technische Inkompatibilitäten. Die größten Bedenken richten sich bei der Kontrolle konglomerater Unternehmenszusammenschlüsse allerdings gegen die bereits angesprochenen Kopplungs- bzw. Bündelungsstrategien der fusionierten Einheiten.[564] Dabei ist zwischen reinen und gemischten Bündelungspraktiken zu unterscheiden. Bei der reinen Bündelung handelt es sich um Angebote, bei denen mehrere Produkte und/oder Dienstleistungen nur gemeinsam abgenommen werden können, bei der gemischten Bündelung werden die Güter im Gegensatz dazu auch einzeln veräußert, allerdings zu einem deutlich höheren Preis als im Falle der Abnahme als gekoppelte Güter – hier ist auch eine Rabattierung im Falle der Abnahme mehrerer Produkte denkbar.[565] Da bei der reinen Bündelung keine Preisreduzierung der gekoppelten Güter erforderlich ist, spricht man auch von Höchstpreiskoppelung.[566] Anhand der vielschichtigen Möglichkeiten Produkte oder Dienstleistungen miteinander zu koppeln bzw. zu bündeln, wird schnell deutlich, dass eine Kopplung oder Bindung nicht per se zu einer Verschlechterung der Marktsituation bzw. des Wettbewerbes auf den betroffenen Märkten führen muss. Von einer Gefahr für den Wettbewerb kann hingegen insbesondere in den oben bereits angesprochenen zwei Fällen von Bündelungspraktiken ausgegangen werden: Zum einen bei der Nutzung der Bündelung zur Verstärkung einer auf einem der betroffenen Märkte bereits bestehenden Marktmacht, zum anderen bei der Nutzung der Bündelung für den Transfer der Marktmacht in den Markt des gekoppelten Gutes.[567] Die Verdrängung bereits bestehender Wettbewerber kann beispielsweise dadurch bewirkt werden, dass die Bündelung zweier Produkte zu einer Senkung der

562 Thomas in Immenga/Mestmäcker, Wettbewerbsrecht, GWB, § 36, Rn. 519.

563 Europäische Kommission, Leitlinien zur Bewertung nichthorizontaler Zusammenschlüsse, Rn. 93.

564 Körber in Immenga/Mestmäcker, Eu-Wettbewerbsrecht, FKVO, Art. 2 Rn. 588.

565 Sabel, Neuere Entwicklungen in der europäischen und deutschen Kontrolle konglomerater Unternehmenszusammenschlüsse, S. 27; Körber in Immenga/Mestmäcker, EU-Wettbewerbsrecht, Art. 2 FKVO Rn. 589.

566 Thomas in Immenga/Mestmäcker, Wettbewerbsrecht, GWB, § 36 Rn. 521.

567 Sabel, Neuere Entwicklungen in der europäischen und deutschen Kontrolle konglomerater Unternehmenszusammenschlüsse, S. 27/28.

Produktionskosten führt, was dem Anbieter wiederum die Möglichkeit gibt, die Preise zu senken. Bewirkt dies bei den Wettbewerbern erhebliche Gewinneinbußen, besteht die Gefahr, dass die Fixkosten der Wettbewerber die Gewinne übersteigen und die Wettbewerber dadurch aus dem Markt verdrängt werden.[568] Des Weiteren können Preissenkungen – die zu einer Abschottung führen können – für das fusionierte Unternehmen dadurch ermöglicht werden, dass durch den konglomeraten Zusammenschluss Kundenverluste in dem einen Markt, durch Kundengewinne in dem anderen Markt aufgefangen werden können.[569] Dies ist insbesondere bei substitutiven Gütern der Fall und spielt damit auch im Bereich der Medienmärkte, mit Blick auf die Nutzergewohnheiten insbesondere im Bereich der Rezipientenmärkte, eine Rolle.

Kopplungspraktiken erscheinen umso erfolgreicher und damit für die Aufrechterhaltung des Wettbewerbes bedrohlicher, wenn es sich um komplementäre Güter handelt, die von den Nachfragern kumulativ nachgefragt werden. Bei substitutiven Gütern macht eine Kopplung meist wenig Sinn, da das Interesse der Nachfrager sich entweder auf das eine oder auf das andere Gut bezieht. Bei komplementären Gütern ist der Anreiz der Unternehmen zur Bündelung dafür umso größer, da die Nachfrager, die die Produkte oder Dienstleistungen kumulativ nachfragen, ein großes Interesse an einem gebündelten Erwerb haben, der einen preislichen Vorteil im Verhältnis zum Einzelerwerb enthält.

Grundsätzlich werden die *leverage effects* durch die Nähe der betroffenen Güter, die Nähe der durch die Fusion verbundenen Märkte sowie die Überschneidungen in der Nachfrage der betroffenen Güter bestimmt.[570]

b) Portfolioeffekte

Eine weitere aus einem konglomeraten Zusammenschluss möglicherweise entstehende Gefahr für den Wettbewerb können sog. *Portfolioeffekte* sein. Dabei geht es um die Möglichkeit zur Abrundung der Produktpalette durch konglomerate Zusammenschlüsse von Unternehmen, die komplementäre Produkte anbieten.[571] Grundsätzlich ist auch hier davon auszugehen, dass eine Erweiterung der Produktpalette durch eine Fusion nicht per se negative Auswirkungen

---

568 Nothhelfer „Wann behindern konglomerate Fusionen den Wettbewerb?“ in EuZW 2007, S. 332 (334).

569 Thomas in Immenga/Mestmäcker, GWB, § 36 Rn. 524.

570 Mestmäcker/Schweitzer in Mestmäcker/Schweitzer, Europäisches Wettbewerbsrecht, § 26 Rn. 179.

571 Vgl. Körber in Immenga/Mestmäcker, EU Wettbewerbsrecht, Art. 2 FKVO Rn. 603.

auf den Wettbewerb in den betroffenen Märkten hat. Möglicherweise können sogar Effizienzvorteile für die Abnehmer entstehen.[572] Allerdings gibt es bei konglomeraten Unternehmenszusammenschlüssen Konstellationen, in denen die Marktmacht, die aus einem breiten Sortiment resultiert, mitunter größer sein kann als die Summe der mit den einzelnen Produkten verbundenen Marktanteile, d.h. die Verstärkung oder Begründung einer Marktbeherrschung kann bei einer konglomeraten Fusion durch die Ausweitung des Produktportfolios begründet werden.[573] Gefahren für die Marktstrukturen ergeben sich auch in diesem Falle insbesondere, wenn durch die konglomerate Fusion sich nahestehende Produkte oder Dienstleistungen miteinander verknüpft werden können und so ursprünglich unterschiedliche Märkte verbunden werden.[574] Das fusionierte Unternehmen verstärkt dadurch seine Position gegenüber dem Abnehmer. Es kann ein gesamtes Sortiment anbieten, was für Abnehmer interessant ist, die alles *aus einer Hand* beziehen wollen, da beispielsweise bürokratischer Aufwand verringert werden kann. Zudem kann das Unternehmen durch die Erweiterung des Sortiments die Preise durch verschiedene Größen- und Diversifikationsvorteile flexibler gestalten und die oben bereits angesprochenen Kopplungsstrategien verfolgen, die dem fusionierten Unternehmen im Verhältnis zu den Wettbewerbern mit einer kleineren Produktpalette wettbewerbliche Vorteile verschaffen.[575]

Handelt es sich bei den Abnehmern der Produkte oder Dienstleistungen überwiegend um global tätige Unternehmen, die *Global Sourcing* betreiben d.h. die weltweit von demselben Lieferanten beziehen wollen, kann auch eine geografische Markterweiterung durch Zusammenschlüsse zu *Portfolioeffekten* im oben genannten Sinne führen.[576]

---

572 Siehe zu den möglichen positiven Auswirkungen einer Portfolioerweiterung: Körber in Immenga/Mestmäcker, EU Wettbewerbsrecht, Art. 2 FKVO, Rn. 604.

573 Beispielhaft hierfür ist der Fall der Europäischen Kommission vom 15.10.1997, Fall IV/M.938 „Guiness/Grand Metropolitan", Rn. 38 ff.; vgl. auch Thomas in Immenga/Mestmäcker, Wettbewerbsrecht, GWB, § 36, Rn. 512; Hirsbrunner/Hacker in von der Groeben/Schwarze/Hatje, Europäisches Unionsrecht, VO (EG) 139/2004, Art. 2 Rn. 413.

574 Vgl. Hirsbrunner/Hacker in von der Groeben/Schwarze/Hatje, Europäisches Unionsrecht, VO (EG) 139/2004, Art. 2 Rn. 412.

575 Vgl. Hirsbrunner/Hacker in von der Groeben/Schwarze/Hatje, Europäisches Unionsrecht, VO (EG) 139/2004, Art. 2 Rn. 413.

576 Thomas in Immenga/Mestmäcker, Wettbewerbsrecht, § 36 GWB Rn. 516.

c) *Weitere nicht koordinierte Effekte*

Neben den von der Kommission in den Mittelpunkt der Betrachtung gerückten Abschottungseffekten,[577] können konglomerate Unternehmenszusammenschlüsse noch weitere, den Wettbewerb gefährdende, nicht koordinierte Effekte mit sich ziehen.

aa) Spillover Effekte

Unter *Spillover Effekt* versteht man die Möglichkeit der Nutzung des Zugangs zu technologischem Know-how und/oder einer bestehenden Infrastruktur durch eine konglomerate Fusion. In bestimmten Fällen kann somit durch einen konglomeraten Unternehmenszusammenschluss ein Technologietransfer stattfinden, der sich negativ auf den Wettbewerb der betroffenen Märkte auswirkt.[578] Die fusionierte Einheit kann zum einen den besseren Zugang zu Forschungs- sowie Entwicklungsmitteln haben, zum anderen können die daraus resultierenden Forschungs- und Entwicklungsergebnisse auf unterschiedlichen Märkten genutzt und verwertet werden.[579] Auf diese Weise können beispielsweise Technologierückstände zum Marktführer aufgeholt oder Technologievorteile ausgebaut werden. Allerdings muss zur Begründung einer wettbewerbsschädlichen Wirkung eines Technologietransfers nachgewiesen werden, dass dieser *Spillover* bei dem Empfänger zu einem merklichen Wettbewerbsvorteil führt.[580] Die Möglichkeit eines durch einen konglomeraten Unternehmenszusammenschluss herbeigeführten *Spillovers* besteht insbesondere im technologischen Bereich.[581]

bb) Ressourcenzuwachs

Ein weiterer Effekt, der bei konglomeraten Unternehmensfusionen entstehen kann, ist die Ausweitung bzw. Entstehung von Marktmacht durch den Zuwachs

577 Siehe Europäische Kommission, Leitlinien zur Bewertung nichthorizontaler Zusammenschlüsse, Rn. 93 ff.

578 Thomas in Immenga/Mestmäcker, Wettbewerbsrecht, § 36 GWB Rn. 517; Hirsbrunner/Hacker in von der Groeben/Schwarze/Hatje, Europäisches Unionsrecht, VO (EG) 139/2004, Art. 2 Rn. 410.

579 Thomas in Immenga/Mestmäcker, Wettbewerbsrecht, § 36 GWB Rn. 517; Hirsbrunner/Hacker in von der Groeben/Schwarze/Hatje, Europäisches Unionsrecht, VO (EG) 139/2004, Art. 2 Rn. 410; Körber in Immenga/Mestmäcker, EU Wettbewerbsrecht, Art. 2 FKVO Rn. 606.

580 Vgl Thomas in Immenga/Mestmäcker, Wettbewerbsrecht, § 36 GWB Rn. 517.

581 Thomas in Immenga/Mestmäcker, Wettbewerbsrecht, § 36 GWB Rn. 517.

an Ressourcen. Durch einen mittels Fusion ermöglichten Ressourcentransfer kann ein vormals kleineres Unternehmen zu größerer wirtschaftlicher Potenz im Zielmarkt gelangen, was wiederum zu einer Abschreckung oder Entmutigung von potentiellen oder aktuellen Wettbewerbern führen kann. Dies kann sich in der Gesamtheit negativ beispielsweise auf die Investitionsbereitschaft in dem betroffenen Markt auswirken oder vergleichbare unerwünschte Effekte mit sich ziehen, die die Wettbewerbsstrukturen negativ verändern können.[582]

Im Hinblick auf einen möglichen Ressourcentransfer ist insbesondere die Verstärkung von Finanzkraft i.S.v. § 18 Abs. 3 Nr. 2 GWB sowie i.S.v. Art. 2 Abs. 1 lit. b Alt. 2 und 3 FKVO für die Kartellbehörden und Gerichte beachtlich.[583] Bei der Beurteilung horizontaler Zusammenschlüsse spielt die finanzielle Aufstellung eines Unternehmens zwar eine tendenziell untergeordnete Rolle, anders kann dies jedoch bei konglomeraten Unternehmensfusionen sein: hat der Zusammenschluss eine signifikante Verbesserung der Finanzkraft der fusionierten Einheit zur Folge und verfügen die Wettbewerber auf den betroffenen Märkten nicht über eine ähnlich finanzielle Stärke, so kann sich aus dieser überlegenen finanziellen Stellung ein erheblich erweiterter Verhaltensspielraum für die fusionierte Einheit ergeben, von dem ein Droh- und Abwehrpotenzial gegenüber den Wettbewerbern ausgehen kann.[584] Mit einer deutlich gestärkten Finanzkraft kann das Unternehmen in die Lage versetzt werden, in dem einen Markt gegebenenfalls entstehende Verluste ebenso auszugleichen, wie mögliche konjunkturelle Schwankungen. Zudem kann ein Vorteil bezüglich der Erschließung neuer Märkte, bei Preiskämpfen oder auch beim Forschungswettbewerb entstehen. Allerdings ist zu berücksichtigen, dass bei der Begutachtung des durch die konglomerate Fusion entstehenden Zuwachses an Finanzkraft nicht notwendigerweise die angesprochenen Effekte eintreten müssen. Zum einen kann nicht direkt von finanzieller Stärke auf wirtschaftlichen Erfolg in bestimmten Märkten geschlossen werden. Zum anderen kann eine Tochtergesellschaft nicht selbstverständlicher Weise auf die finanziellen Ressourcen des Mutterkonzern zurückgreifen. Vielmehr besteht auch bei nicht profitablen Tochtergesellschaften die Gefahr der Abstoßung vom Gesamtunternehmen oder der Schließung.[585]

---

582 Vgl. Sabel, Neuere Entwicklungen in der europäischen und deutschen Kontrolle konglomerater Unternehmenszusammenschlüsse, S. 24.

583 Thomas in Immenga/Mestmäcker, Wettbewerbsrecht, § 36 GWB Rn. 557.

584 Vgl. Nothhelfer „Wann behindern konglomerate Fusionen den Wettbewerb?“ in EuZW 2007, S. 332 (333).

585 Vgl. Thomas in Immenga/Mestmäcker, Wettbewerbsrecht, § 36 GWB Rn. 558/560.

Auch jenseits der Verstärkung der Finanzkraft kann es zu einem Ressourcentransfer kommen. Durch die Fusion kann das Zusammenlegen oder der Gebrauch von personellen und sachlichen Mittel ermöglicht werden, der zu einer Verbesserung der Marktstellung führen kann.[586] Ein Abschreckungseffekt für aktuelle und potentielle Wettbewerber wurde beispielsweise im Rahmen von Pressefusionen durch die Nutzung einer durch die Fusion hinzugewonnen redaktionellen Infrastruktur angenommen.[587]

Ebenso wie bei den zuvor genannten Effekten ist auch der Ressourcentransfer für die fusionierenden Unternehmen umso erfolgsversprechender, je näher sich die von dem konglomeraten Zusammenschluss betroffenen Märkte in sachlicher Hinsicht stehen.[588]

3. Beurteilungskriterien

Die Komplexität der Ausgestaltung sowie die unterschiedlichen Wirkungsweisen konglomerater Unternehmensfusionen machen die kartellrechtliche Prüfung solcher Vorhaben für Behörden und Gerichte zu einer diffizilen Angelegenheit, bei der es auf Grund der unterschiedlichen Sachlagen sowie Intensität von zu erwartenden Effekten schwierig erscheint, einheitliche Prüfkriterien aufzustellen.[589] Grundsätzlich gilt in der Fusionskontrolle zunächst die Vermutung, dass von konglomeraten Zusammenschlüssen keine negativen Auswirkungen für den Wettbewerb ausgehen, allerdings sind wie oben erläutert bei bestimmten Konstellationen wettbewerbsschädigende Effekte möglich.[590]

Ausgangspunkt für die Einschätzung, ob ein konglomerater Unternehmenszusammenschluss im Rahmen der deutschen oder europäischen Fusionskontrolle untersagt werden muss, ist die Abgrenzung der betroffenen Märkte.[591]

---

586 Thomas in Immenga/Mestmäcker, Wettbewerbsrecht, § 36 GWB Rn. 573.

587 Vgl. BKartA vom 26.01.2006 WuW/E DE-V 1191, (1195 ff.) – „SZ/Lokalzeitung"; BGH vom 27.05.1986 WuW/E BGH 2276 (2283) – „Süddeutscher Verlag/Donau Kurier".

588 Sabel, Neuere Entwicklungen in der europäischen und deutschen Kontrolle konglomerater Unternehmenszusammenschlüsse, S. 24.

589 Ähnlich Körber in Immenga/Mestmäcker, EU Wettbewerbsrecht, Art. 2 FKVO Rn. 584.

590 Mestmäcker/Schweitzer in Mestmäcker/Schweitzer, Europäisches Wettbewerbsrecht, § 26, Rn. 178.

591 Neben einer Untersagung besteht für die Kartellbehörden die Möglichkeit einen Zusammenschluss mit Verhaltensauflagen bzw. Verhaltenszusagen seitens der an der Fusion beteiligten Unternehmen zu genehmigen, deren Kontrolle im Rahmen der Missbrauchsaufsicht stattfindet.

Daran anknüpfend spricht es für die Untersagung einer geplanten Fusion, wenn die beteiligten Unternehmen auf eng miteinander verknüpften Märkten tätig sind, Produkte produzieren, die derselben oder einer ähnlichen Produktpallette angehören oder von den gleichen Kunden nachgefragt werden.[592] Wettbewerbsschädigende Effekte sind umso wahrscheinlicher, je näher sich die Märkte der fusionierenden Unternehmen in sachlicher Hinsicht stehen, da dies in den meisten Fällen eine Grundvoraussetzung für die Entstehung von *leverage* oder anderen nicht koordinierten Effekten darstellt. Insbesondere bei Märkten, zwischen denen eine Substitutionsbeziehung besteht oder die einen gewissen Grad an Konvergenz aufweisen, besteht eine höhere Wahrscheinlichkeit, dass der Zusammenschluss zu unerwünschten, wettbewerbswidrigen Effekte führen kann und demnach untersagt werden müsste.[593] Darüber hinaus muss jedoch auch im Bereich der konglomeraten Zusammenschlüsse für eine Untersagung mindestens von einem der an der Fusion beteiligten Unternehmen eine deutliches Maß an Marktmacht in zumindest einem der betroffenen relevanten Märkte gegeben sein, ansonsten liegen die Untersagungsvoraussetzungen nicht vor.[594] Kartellrechtlich besonders bedeutsam sind Konstellationen, in denen eine beherrschende Stellung eines Unternehmens auf einem der betroffenen Märkte durch die Fusion mit einer markstarken Position eines anderen beteiligten Unternehmens in einem weiteren, durch die Fusion betroffenen Markt, zusammentreffen.[595] Dabei kann – wie oben bereits dargestellt – auch der Zuwachs finanzieller Ressourcen durch den konglomeraten Zusammenschluss für die Beurteilung des Zusammenschlusses von Bedeutung sein. Für dieses Argument zur Untersagung wurden in der deutschen Fusionskontrolle vom Bundeskartellamt jedoch strenge Prüfkriterien herausgearbeitet, die kumulativ vorliegen müssen: es muss ein Ressourcenpotential gegeben sein; dieses Ressourcenpotential muss eine hinreichende Marktrelevanz aufweisen; es muss seitens des fusionierenden Unternehmens ein starkes Interesse am Einsatz dieser Ressourcen gegeben sein und es muss den aktuellen oder potentiellen Wettbewerbern an hinreichenden Reaktionsmöglichkeiten auf den Ressourcentransfer fehlen.[596]

---

592 Körber in Immenga/Mestmäcker, EU Wettbewerbsrecht, Art. 2 FKVO Rn. 585.

593 Vgl. Mestmäcker/Schweitzer in Mestmäcker/Schweitzer, Europäisches Wettbewerbsrecht, § 26 Rn. 101.

594 BKartA, Leitfaden zur Marktbeherrschung in der Fusionskontrolle, S. 65 Rn. 160.

595 Mestmäcker/Schweitzer in Mestmäcker/Schweitzer, Europäisches Wettbewerbsrecht, § 26 Rn. 184.

596 Thomas in Immenga/Mestmäcker. Wettbewerbsrecht, § 36 GWB Rn. 561.

Werden sowohl eine Marktnähe als auch eine markstarke Stellung der fusionierten Unternehmen von den Kartellbehörden oder Gerichten bejaht, ist es für die Untersagung des Vorhabens erforderlich, dass der Zusammenschluss mit einer hinreichenden Wahrscheinlichkeit zu einer maßgeblichen Behinderung des Wettbewerbes auf mindestens einer Marktstufe führt. Für diese Beurteilung ausschlaggebend ist die durch den Zusammenschluss entstandene oder zumindest erleichterte Möglichkeit zur Nutzung marktverschließender Strategien. Diese marktverschließenden Strategien versetzten die fusionierenden Unternehmen in die Lage, den eigenen Handlungsspielraum so auszubauen, dass der Wettbewerbsdruck gemindert würde und somit die genannten Abschottungs- oder Abschreckungseffekte entstünden. Von einer Entstehung dieser Effekte kann seitens der Kartellämter oder Gerichte jedoch nur ausgegangen werden, wenn der fusionierten Einheit in dem betroffenen Markt keine Wettbewerber mit vergleichbar starker Marktposition gegenüberstehen, mithin, wenn den aktuellen oder potentiellen Wettbewerbern keine wirksamen Gegenmaßnahmen gegenüberstünden. Zudem muss die erhebliche Wettbewerbsbehinderung mit hinreichender Sicherheit in absehbarer Zukunft zu erwarten sein.[597] Demgemäß beruht die Beurteilung der Wirkung eines konglomeraten Zusammenschlusses auf einer durch die Kartellbehörden und/oder Gerichte getroffenen Prognose. Dies birgt wiederum ein gewisses Maß an Rechtsunsicherheit, insbesondere für die betroffenen Unternehmen. Allerdings hat die europäische Rechtsprechung die Anforderungen, die an eine Untersagung eines konglomeraten Zusammenschlusses gestellt werden, entsprechend hoch angesetzt und fordert den Nachweis einer konkreten Gefährdungslage für den Wettbewerb.[598] Demgegenüber verhältnismäßig großzügig geht das Bundeskartellamt mit der Untersagung konglomerater Fusionen um, was an dem Paradebeispiel *Springer/ProSieben-Sat.1* erkennbar wird.[599]

Anhand der Divergenz zwischen den Anforderungen an eine Untersagung auf europäischer Ebene und den Anforderungen einer Untersagung auf deutscher Ebene wird deutlich, dass die Diskussionen über die Bewertung konglomerater

---

597 Körber in Immenga/Mestmäcker, EU Wettbewerbsrecht, Art. 2 FKVO Rn. 585; Mestmäcker/Schweitzer in Mestmäcker/Schweitzer, Europäisches Wettbewerbsrecht, § 26 Rn. 184.

598 Vgl. die Anforderungen in den Fällen: EuG vom 14.12.2005, RS. T-210/01, Rn. 406 – „General Electric“; EuG vom 25.10.2002, Rs. T-5/02, Slg. 2002 II-4389, Rn. 217 – „Tetra/Sidel“.

599 Siehe dazu ausführlich Teil 3 D.I.

Zusammenschlüsse noch nicht zu einem einheitlichen Ergebnis geführt werden konnten.

Neben einer dezidierten ökonomischen Argumentation, müssen in diesen Fällen sowohl die positiven als auch die negativen Effekte der jeweiligen Fusion sachgemäß erfasst und angemessen gewichtet werden. Die wettbewerbsrechtliche Analyse sollte die gegenläufigen Auswirkungen ex ante mit möglichst hoher Präzision zutreffend prognostizieren.

Umso wichtiger erscheint es – auch mit Blick auf die wünschenswerte Rechtssicherheit für die Beteiligten – die Märkte in sachlicher Hinsicht sowohl auf deutscher, als auch auf europäischer Ebene nicht zu eng abzugrenzen, um im Falle einer geplanten Fusion nicht zu leicht in der Komplexität der Prüfung einer konglomeraten Fusion gefangen zu sein.

II. Konglomerate Unternehmenszusammenschlüsse im Mediensektor

Betrachtet man die Strukturen von Medienkonzernen, national wie auch international, wird deutlich, dass Expansionen ohne Durchdringung der neuen Medienmärkte kaum mehr denkbar zu sein scheint, um im Zeitalter der Digitalisierung mit der Konkurrenz Schritt halten zu können. Dabei bieten sich die Medienmärkte für konglomerate Unternehmenszusammenschlüsse geradezu an, da die in den Medienmärkten angebotenen Produkte eine starke inhaltliche Nähe aufweisen und zudem die Möglichkeit der Nutzung crossmedialer Effekte zur Stärkung bzw. zum Ausbau von Marktpositionen besteht.

1. Strategische Erwägungen bei konglomeraten Unternehmensfusionen

Hinter einer konglomeraten Unternehmensfusion können verschiedene strategische Erwägungen stehen. Für die kartellrechtliche Kontrolle konglomerater Fusionen stehen strategische Erwägungen der Beteiligten zwar nicht im Vordergrund, als Teil der ökonomischen Realität sollten sie bei der Beurteilung der Vorhaben jedoch nicht gänzlich außer Acht gelassen werden, da sich mitunter aus den Motiven des Zusammenschlusses auch Rückschlüsse auf zu erwartende Effekte in den betroffenen Märkten ziehen lassen können.[600]

600 Sabel, Neuere Entwicklungen in der europäischen und deutschen Kontrolle konglomerater Unternehmenszusammenschlüsse, S. 40.

Eine der Strategien, die hinter konglomeraten Fusionen stecken kann, ist eine Erweiterung der Produktpallette. Dabei geht es den fusionierenden Unternehmen um die Möglichkeit, ein zusätzliches, von den eigenen Produkten differenziertes Produkt im bisherigen Absatzgebiet anbieten zu können. Dadurch können neben Verbundvorteilen, wie einer gesteigerten Effizienz durch die gemeinsame Nutzung vorhandener Ressourcen, eine gebündelte Vermarktung oder ein größerer Spielraum in der Gestaltung der Preispolitik u.a. auch Portfolioeffekte erreicht werden, die zu einer Absicherung oder Erweiterung der Marktmacht in den betroffenen Märkten führen können.[601]

Ein anderes Motiv für eine konglomerate Unternehmensverbindung kann die geographische Ausweitung des Absatzgebiets sein und stellt damit die räumliche Komponente der Tätigkeit der sich zusammenschließenden Unternehmen in den Fokus. In diesem Fall fusionieren Unternehmen, die sachlich das gleiche Produkt anbieten, räumlich jedoch auf unterschiedlichen Märkten tätig sind. Im Mediensektor sind solche Gebietsausweitungsverbindungen sowohl auf den Presse- als auch auf den Rundfunkmärkten möglich.

Auch die Verkettung der einzelnen Wertschöpfungsschritte kann als strategisches Motiv hinter einer konglomeraten Fusion stehen. Dabei fusionieren Unternehmen, die auf unterschiedlichen Stufen der Wertschöpfungskette tätig sind, um so nicht nur interne Vorteile der Verknüpfung nutzen zu können, sondern auch den Druck auf Wettbewerber sowie Nachfrager zu erhöhen, die nunmehr unter Umständen auf zwei unterschiedlichen Marktstufen mit ein und demselben Konzern verhandeln.[602]

Grundsätzlich gilt, dass eine Diversifizierung des Angebots sowohl in räumlicher als auch in sachlicher Hinsicht meistens von den Erwartungen der Erzielung einer höheren Rendite getrieben ist. Die Erschließung neuer Geschäftsfelder ist auch für Unternehmen, die auf bestimmten Märkten stark marktbeherrschend sind, interessant, da für sie ein externes Wachstum in räumlicher oder sachlicher Hinsicht im eigenen sachlich oder räumlich relevanten Markt aus kartellrechtlicher Sicht nicht mehr möglich ist.[603]

Es soll innerhalb dieses Abschnittes nicht verkannt werden, dass die Motive und strategischen Erwägungen, die hinter einer konglomeraten Unternehmensfusion stehen, in der Praxis zumeist weitaus vielschichtiger sein können als die

---

601 Siehe zu den Portfolioeffekten Teil 3 C.I. 2. b).

602 Zu der strategischen Einordnung konglomerater Unternehmensverbindungen siehe: Schaarschmidt, Cross-Promotion durch Medienkonglomerate, S. 8.

603 Vgl. Schaarschmidt, Cross-Promotion durch Medienkonglomerate, S. 13.

zuvor Dargestellten. Aufgrund der unterschiedlichen Ausgestaltung der Konzerne, der unterschiedlichen Managementstrategien und der Komplexität der wirtschaftlichen Realität in den Märkten, ist es nicht möglich, einen allumfassenden Katalog der Intentionen für konglomerate Fusionen zu erstellen. Zumal vor diesem Hintergrund in den seltensten Fällen nur ein Motiv allein ausschlaggebend ist, sondern die Entscheidung über einen Zusammenschluss oder die Gründung eines Gemeinschaftsunternehmens meisten aufgrund eines Mosaiks aus Motiven getroffen wird.[604]

2. Strategischen Allianzen

Ein Zusammenschluss von Unternehmen, die auf unterschiedlichen Märkten tätig sind, kann neben der gesellschaftsrechtlichen, direkten Verknüpfung mehrerer Unternehmen auch in Form der Zusammenarbeit verschiedener, rechtlicher voneinander unabhängiger Unternehmen ausgestaltet sein. Es geht den kooperierenden Unternehmen dann in der Regel um ein langfristiges Bündnis, abgesichert beispielsweise durch gegenseitige Minderheitsbeteiligungen oder einen Kooperationsvertrag, um gemeinsame Wettbewerbsvorteile zu erzielen. Bei strategischen Allianzen kann es Unternehmen sowohl darum gehen, Vorteile in einem gemeinsamen Markt zu erzielen, der sachlich bereits zu ihrem Tätigkeitsfeld gehört, als auch neue Märkte zu erschließen. Eine in der Praxis häufig gewählte Form dieser Zusammenarbeit stellt die Gründung eines Joint Ventures dar. Dabei wird von mehreren Unternehmen ein Gemeinschaftsunternehmen gegründet, welches das anvisierte Geschäftsfeld erschließt, um das mit der Kooperation verfolgte Ziel zu erreichen.

Kartellrechtlich können Joint Ventures sowohl im deutschen als auch im europäischen Recht in den Anwendungsbereich der Zusammenschlusskontrolle fallen. Voraussetzung dafür ist zum einen die Erreichung der jeweiligen Umsatzschwellen, zum anderen die Erfüllung des Tatbestandes des Zusammenschlusses.[605]

Im deutschen Kartellrecht richtet sich die Definition des Zusammenschlusses nach § 37 GWB. Ein Joint Venture kann demnach sowohl in der Form eines Vermögenserwerbes (§ 37 Abs. 1 Nr. 1 GWB), eines Kontrollerwerbs (§ 37 Abs. 1 Nr. 2 GWB) als auch in der Form eines Anteilserwerbs (§ 37 Abs. 1 Nr. 3 GWB) vorliegen, wobei letztere eine der einschlägigsten

604 Ähnlich: Schaarschmidt, Cross-Promotion durch Medienkonglomerate, S. 12.

605 Zur Beurteilung nach deutschem Recht siehe ausführlich: K. Westermann/Bergmann in Fett/Spiering, Handbuch Joint Venture, S. 164 Rn. 98 ff.

Formen darstellt, da gemäß § 37 Abs. 1 Nr. 3 GWB bereits dann die Gründung eines Gemeinschaftsunternehmens vorliegt, wenn sich mehrere Gesellschaften an einem Unternehmen mit mindestens 25% der Stimmrechtsanteile oder des Stammkapitals an einem dritten Unternehmen beteiligen.[606] Darüber hinaus kann der Zusammenschlusstatbestand ebenfalls erfüllt sein, wenn durch die geplante Beteiligung ein wettbewerblich erheblicher Einfluss auf ein anderes Unternehmen begründet wird. Grundlage der Beurteilung ist dabei das zwischen den beteiligten Unternehmen bestehende Beziehungsgeflecht und eine mit dem Zusammenschluss einhergehende negative Auswirkung auf die Unabhängigkeit eines der beteiligten Unternehmen.[607]

Sofern das europäische Kartellrecht zur Anwendung kommt, richtet sich die Definition des Zusammenschlusses nach Art. 3 FKVO. Dabei gibt es im Gegensatz zum deutschen Recht bezüglich der Gründung eines Gemeinschaftsunternehmens die zusätzliche Einschränkung, dass ein kontrollfähiger Zusammenschluss im Falle eines Joint Ventures nur vorliegen kann, wenn es sich um die Gründung eines Vollfunktionsunternehmens handelt, d.h. das zu gründende Unternehmen darf nicht lediglich Hilfsfunktionen für die bereits bestehenden Gesellschaften erfüllen, sondern muss laut Fusionskontrollverordnung „auf Dauer alle Funktionen einer selbständigen wirtschaftlichen Einheit“[608] erfüllen.[609] Im deutschen Recht gibt es wiederum die Besonderheit, dass bei einem Anteilserwerb nach § 37 Abs. 1 Nr. 3 GWB, bei dem es unbeachtlich ist, ob der jeweilige Anteilserwerb in der Mindesthöhe von 25 % zeitgleich aufgrund gemeinsamer strategischer Ausgangsüberlegungen oder zeitversetzt vollzogen wird, zu einer Fingierung eines horizontalen Zusammenschlusses nach § 37 Abs. 1 Nr. 3 Satz 3 GWB zwischen den sich beteiligenden Unternehmen kommt. Diese fingierte Fusion der Muttergesellschaft des Gemeinschaftsunternehmens beschränkt sich jedoch auf die Märkte, in denen das Gemeinschaftsunternehmen tätig ist.[610] Auswirkungen hat dieser fingierte Zusammenschluss in diesen Fällen insbesondere auf die Umsatzschwellenberechnung.[611]

---

606 K.Westermann/Bergmann in Fett/Spiering, Handbuch Joint Venture, S. 168 Rn. 112.

607 Bauer/Akbarian in Janott/Frodermann, Handbuch der Europäischen Aktiengesellschaft – Societas Europaea, S. 541 Rn. 50.

608 Art. 3 Abs. 4 FKVO.

609 Vgl. dazu K.Westermann/Bergmann in Fett/Spiering, Handbuch Joint Venture, S. 168 Rn. 112.

610 Bauer/Akbarian in Janott/Frodermann, Handbuch der Europäischen Aktiengesellschaft – Societas Europaea, S. 541 Rn. 49.

611 K.Westermann/Bergmann in Fett/Spiering, Handbuch Joint Venture, S. 168 Rn. 112.

Die Gründung eines Joint Ventures bietet neben der Freiheit der gesellschaftsrechtlichen Ausgestaltung auch den Vorteil, dass Gründungen neuer Unternehmen wesentlich kürzeren Prozessen unterliegen als Zusammenschlüsse zweier Unternehmen, denen regelmäßig aufwendige Due-Diligence Prüfungen und Unternehmensbewertungsverfahren voraus gehen. Gerade im schnelllebigen Mediensektor ist diese Form der Zusammenarbeit ein geeignetes und beliebtes Mittel, um den Anschluss an innovative Märkte nicht zu verlieren und sich den im Wandel befindenden und durch die Entwicklung neuer Technologien stetig weiterentwickelnden Marktgegebenheiten anzupassen zu können.[612] Durch ein Joint Venture wird den gründenden Unternehmen die Möglichkeit eröffnet, als rechtlich voneinander unabhängige Konzerne eine gemeinsame Gesellschaft zu gründen, die bei geteiltem Risiko und je nach Ausgestaltung gemeinschaftlicher Einflussnahme von dem Know-how und gegebenenfalls den Ressourcen beider Unternehmen profitieren kann.[613]

Eines der wohl bekanntesten jüngeren Beispiele eines geplanten Joint Ventures im Mediensektor, dessen Gründung an der Untersagung der deutschen Kartellbehörden scheiterte, ist der Fall *Amazonas*.[614] Geplant war die Gründung eines Gemeinschaftsunternehmens von der *ProSiebenSat.1 Media AG*[615] sowie der RTL interactive GmbH, einer 100 % Tochtergesellschaft der *RTL Group Deutschland*[616], das eine Video-on-Demand Plattform im Internet betreiben sollte.[617]

3. Hintergründe und Ziele konglomerater Zusammenschlüsse im Mediensektor

Die Hintergründe konglomerater Zusammenschlüsse im Mediensektor sowie damit verfolgte Ziele sind vielschichtig. Allerdings scheint die Entwicklung des aktuellen Medienmarktes die strategischen Erwägungen der Diversifizierung des

---

612 So auch zur Besonderheit strategischer Allianzen: Schaarschmidt, Cross-Promotion durch Medienkonglomerate, S. 9 u. 10.

613 Der klassische Fall des Joint Ventures ist bei zwei Gründungsunternehmen eine Beteiligung zu jeweils 50 % an der neu gegründeten Gesellschaft. Vgl. Köhler in Kessler/Kröner/Köhler, Konzernsteuerrecht, § 4 Konzernstruktur und Umstrukturierung, Rn. 140.

614 BKartA, Beschluss v. 17.03.2011, B6 – 94/10 in BeckRS 2012, 01190 (01190), „ProSiebenSat.1 Media AG/ RTL interactive GmbH“.

615 Heute ProSiebenSat.1 Media SE.

616 RTL Group SA.

617 Siehe dazu ausführlich: D.II.

Portfolios für die Medienkonzerne in den Vordergrund gerückt zu haben: Die dramatischen Auflagen- und Ertragsverluste in den Printmedienmärkten durch konkurrierende Digitalangebote sowie der rasche Wandel der Mediennutzungsgewohnheiten haben zu einem bedeutsamen Wandel in weiten Teilen der Printmedienmärkte geführt. Die Strategie, sich lediglich in einem Medienmarkt zu bewegen, z.B. dem Markt der Druckerzeugnisse, scheint im digitalen Zeitalter nicht mehr konkurrenzfähig. Ohne Diversifikation der Angebotspalette unter Einbeziehung neuer digitaler Produkte wäre die Zukunft solcher Unternehmen mehr als ungewiss.

Fusionen von Unternehmen, die auf unterschiedlichen Medienmärkten tätig sind, bieten auf Grund der starken sachlichen Nähe ihrer angebotenen Produkte und/oder Dienstleistungen ein hohes Synergiepotenzial. So können beispielsweise bestehende Infrastrukturen genutzt werden und Vertriebe zusammengelegt werden, woraus sich erhebliche Potenziale für Kostenersparnisse durch gesteigerte Effizienz für die Unternehmen ergeben. Fusioniert ein Unternehmen in einen für den Konzern neuen Medienmarkt, so steht der fusionierten Einheit ein weiterer Distributionskanal zur Verbreitung eines vorhandenen Inhalts zur Verfügung. Dies bewirkt Effizienzsteigerung bei der Vermarktung einmal erworbener oder produzierter medialer Contents. Produkte und Dienstleistungen können ergänzt und erweitert werden, um so den entwickelten oder erworbenen Content so breit wie möglich vermarkten zu können. Die Entwicklung der Nutzungsgewohnheiten der Rezipienten zeigt, dass bereits heute eine starke Tendenz zum Parallelkonsum verschiedener Medien zu verzeichnen ist. Mediale Produkte werden jedoch nicht notwendigerweise subsidiär konsumiert, sondern vielmehr komplementär. Dies macht für die Unternehmen einen breiteren Vertrieb des angebotenen Contents und eine crossmediale Vermarktung zunehmend interessant. Neben Videoangeboten und textlichen Inhalten mit zusätzlich Informationen können durch das Internet auch darüber hinausgehende komplementäre Produkte angeboten und direkt an die Rezipienten weitergegeben werden.

Eine Diversifikation ihrer medialen Aktivitäten kann für Unternehmen im schnelllebigen Mediensektor auch die wünschenswerte Verteilung einzelner Risikofaktoren bedeuten. Je breiter Unternehmen oder deren Tochtergesellschaften aufgestellt sind, desto unabhängiger sind diese in ihrer Gesamtheit von auf einzelnen Märkten auftretenden Stagnationen oder negativen Veränderungen konjunktureller oder saisonaler Art. Dies ist nicht nur in sich schnell wandelnden Märkten von Vorteil, sondern insbesondere auch in Märkten zwischen denen eine Substitutionsbeziehung besteht oder zukünftig bestehen könnte. In

Medienmärkten gilt dies vor allem da, wo Substitutionsbeziehungen zwischen den einzelnen Mediengattungen sich ständig in Bewegung befinden.[618]

In Anbetracht des schnellen technologischen Fortschritts und des damit verbundenen sich dynamisch entwickelnden Mediensektors geht es Unternehmen bei den durch Fusionen bezweckten Transformationen oder Gründungen von Gemeinschaftsunternehmen zumeist darum, sich den Marktentwicklungen anpassen zu können, um zukunftsfähig zu bleiben.

III. Crossmediale Effekte bei konglomeraten Fusionen von Medienunternehmen

Konglomerate Fusionen in Medienmärkten sind aufgrund der starken sachlichen Nähe der angebotenen Produkte immer wieder von besonderer Relevanz, sowohl für die in diesen Märkten tätigen Unternehmen, als auch für Kartellbehörden und Gerichte, die Medienmärkte grundsätzlich wegen der diffizilen Wettbewerbssituation besonders aufmerksam beobachten.

Im Gegensatz zu konglomeraten Fusionen in Märkten, deren Angebot geringere oder gar keine Ähnlichkeiten aufweisen, widersprechen Fusionen in den Medienmärkten auf Grund der Ähnlichkeit der Produkte in den seltensten Fällen dem Unternehmensimage. Dies macht eine erfolgreiche Markenwerbung sowie eine Verknüpfung der Produkte möglich und damit konglomerate Unternehmensfusionen im Mediensektor so interessant.

Wie bereits dargestellt, schließen sich bei konglomeraten Fusionen Unternehmen zusammen, die nicht in einem gemeinsamen Markt tätig sind.[619] Folglich ist es bereits definitorisch bei der Beurteilung von konglomeraten Unternehmenszusammenschlüssen durch die Kartellbehörden und Gerichte nicht möglich, Marktanteile der fusionierenden Einheiten einfach zu addieren, um so eine marktbeherrschende Stellung und somit eine von dieser Fusion ausgehende Gefahr für den Wettbewerb annehmen zu können.[620] Bei Medienunternehmen, die sich zusammenschließen und auf den, zurzeit noch voneinander getrennt bewerteten, einzelnen Medienmärkten tätig sind, kann sich eine marktstarke Position jedoch insbesondere aus denen durch den Zusammenschluss ermöglichten crossmedialen Effekten ergeben. Die crossmedialen Effekte beziehen sich sowohl auf die Rezipientenmärkte, die – wie bereits dargestellt – in unmittelbarem

618 Ähnlich: Schaarschmidt; Cross-Promotion durch Medienkonglomerate, S. 14.

619 Siehe Teil 3 C.I. 1.

620 Siehe dazu Beurteilungskriterien konglomerater Unternehmenszusammenschlüsse unter Teil 3 C.I. 3.

Zusammenhang mit den Werbemärkten stehen, als auch auf die Werbemärkte. Unternehmen, die crossmedial tätig sind, können ihre Produkte und Dienstleistungen auf unterschiedlichen Plattformen bewerben, ohne dass für die Rezipienten sofort ersichtlich ist, dass es sich um Eigenwerbung handelt. Damit sind neue Wege und Methoden einer effizienten Werbung für eigene (Tochter-) Gesellschaften und ihre Inhalte mit erhöhter Reichweite möglich. Somit ergeben sich durch crossmediale Effekte für solche Unternehmen Synergien, die einen Wettbewerbsvorteil bewirken können, indem sie Rezipienten auf der einen Seite auf mehreren Vertriebskanälen, also crossmedial, erreichen und zugleich auf der anderen Seite der werbetreibenden Industrie attraktive Werbepakete mit Werbeplätzen in unterschiedlichen Medien verkaufen können. Möchte man diese crossmedialen Effekte unter die oben genannten Fachbegriffe[621] subsumieren, so wäre dies sowohl unter Ressourcenzuwachs als auch unter Portfolioeffekte bzw. Bündelungsstrategien möglich.

Das Bundeskartellamt hat in seiner Untersagungsverfügung in der Sache *Springer/ProSiebenSat.1* dezidierte Aussagen in Bezug auf die zu erwartenden crossmedialen Effekte eines solchen Zusammenschlusses gemacht und damit bestimmte Kriterien zur Beurteilung konglomerater Fusionen für den Mediensektor herausgestellt.[622] Laut Bundeskartellamt ist die Möglichkeit zur Cross-Promotion „für ein Medienkonglomerat grundsätzlich eine wirtschaftlich und wettbewerblich vorteilhafte Ressource, die bei wirtschaftlich vernünftigem Verhalten auch genutzt wird.“[623] Die komplementäre Wirkung einzelner Medien zueinander könne bei der Cross-Promotion zu einer Erhöhung der Reichweite sowie zu einer verstärkten Wahrnehmung der Werbebotschaft genutzt werden.[624] Das macht die crossmediale Vermarktung eines Produktes aus Sicht des Nachfragers – hier also der werbetreibenden Industrie – besonders attraktiv. Ist

621 Siehe Teil 3 C.I. 2.

622 BKartA Beschluss vom 19.01.2006, B 6 -92202- Fa – 103/05, „Springer/ProSiebenSat.1 in BeckRS 2009, 27546 (27546), bestätigt durch BGH 8.6.2010 WuW/E DE-R 3067 – „Springer/ProSieben II“; zu OLG Düsseldorf 3.12.2008 WuW/E DE-R 2593 – „Springer/ProSieben II“; Im Fall *Amazonas* hat das OLG Düsseldorf 2012 eine die Internet- sowie Fernsehwerbemärkte betreffende Gründung eines Joint-Ventures mit analoger Begründung untersagt, siehe BKartA 17.3.2011, B6–94/10 Rn. 131 ff. „Amazonas“; OLG Düsseldorf 8.8.2012 VI-Kart 4/11 – „Amazonas“.

623 BKartA Beschluss vom 19.01.2006, B 6 -92202- Fa – 103/05, „Springer/ProSiebenSat.1 in BeckRS 2009, 27546 (27546) Punkt 2.3.2.2.

624 BKartA Beschluss vom 19.01.2006, B 6 -92202- Fa – 103/05, „Springer/ProSiebenSat.1 in BeckRS 2009, 27546 (27546) Punkt 2.3.2.2.

ein Unternehmen aufgrund einer hohen Diversifikation in der Lage, medienübergreifend einzelne Werbeprodukte und –flächen aus einer Hand anzubieten, entstehen Chancen für eine bessere Preisgestaltung und damit zur Abschottung gegenüber Wettbewerbern.

Crossmediale Effekte können bei kongolomeraten Unternehmensfusionen jedoch nicht nur auf Nachfrageseite entstehen. Für Konzerne einer fusionierenden Einheit entstehen darüber hinaus Möglichkeiten, sich gegenseitig zu bewerben. Das Einräumen von Werbezeiten zu Konditionen, die unter der marktüblichen Preisgestaltung liegen, sowie die gegenseitige Gewährung von Werbeflächen und -zeiten kann die Marktposition der einzelnen Unternehmen, die zu der fusionierten Einheit gehören, stärken und ausbauen.[625] Durch gezielte Cross-Promotions Strategien, die, wie das Bundeskartellamt ausführte, bei wirtschaftlich vernünftigem Verhalten zu erwarten sind, wird eine verstärkte Präsenz der konzerneigenen Produkte in der Werbung und damit auch in der Öffentlichkeit erreicht. Durch die kostengünstige Verfügbarkeit von Werbekapazitäten kann eine werbliche Förderung der konzerneigenen Marken, Dienstleistungen und Produkte bewirkt werden, die zu einer Absatzsteigerung führt und damit zu Lasten der Wettbewerber gehen würde.[626] „Diese Vorteile werden durch die Möglichkeit zu Kombinationsstrategien, des Markentransfers sowie Effekte der wechselseitigen Image-Verstärkung oder die Möglichkeit zur Ansprache sonst unerreichbarer Kundengruppen verstärkt und können insgesamt wertvolle Hilfsmittel zur Absatzförderung der Konzernprodukte sein."[627]

Darüber hinaus kann es bei konglomeraten Unternehmensfusionen in Medienmärkten auch zu publizistischer Cross-Promotion kommen. Unter publizistischer Cross-Promotion wird die redaktionelle Bezugnahme auf konzerneigene Produkte oder Markten verstanden, die typischerweise in die übliche Redaktionsform eingeflochten wird.[628] Das Umfeld von journalistischen Produkten hat insofern einen besonderen Werbewert, da redaktionellen

625 BKartA Beschluss vom 19.01.2006, B 6 -92202- Fa – 103/05, „Springer/ProSiebenSat.1 in BeckRS 2009, 27546 (27546) Punkt 2.3.2.2.1

626 BKartA Beschluss vom 19.01.2006, B 6 -92202- Fa – 103/05, „Springer/ProSiebenSat.1 in BeckRS 2009, [illegible]

627 BKartA Beschluss vom 19.01.2006, B 6 -92202- Fa – 103/05, „Springer/ProSiebenSat.1 in BeckRS 2009, 27546 (27546) Punkt 2.3.2.2.1.

628 Krzywicki, Crossmediale Zusammenschlüsse als Sonderform der Konzentration im Medienbereich, S. 88.

Medienprodukten üblicherweise ein höheres Maß an Vertrauen seitens der Rezipienten entgegen gebracht wird, als Werbeblöcken oder Anzeigen.[629]

Hinter konglomeraten Unternehmensfusionen in Medienmärkten steht aufgrund der Wechselbeziehung zwischen den Märkten sowie der durch die sachliche Nähe der Produkte gegebenen Kombinationsmöglichkeiten verschiedener Marken und Produkte fast immer eine Strategie der Diversifizierung des Unternehmens. Medienunternehmen folgen damit gewissermaßen den Mediennutzern, die sich ebenfalls nicht mehr auf ein einzelnes Medium beschränken. Insofern kann man von einer Diversifizierung des Medienkonsums sprechen.

Die durch Gerichte und das Bundeskartellamt in diesen, für die Problematik höchst beispielhaften Fällen *Springer/ProSiebenSat.1* sowie *Amazonas*, getroffenen Entscheidungen sind auf der Grundlage ergangen, dass im ersten Schritt der kartellrechtlichen Prüfung die einzelnen Medienwerbemärkte isoliert voneinander beurteilt worden sind. Aus der in diesem Fall vorgenommene Definition der sachlich relevanten Märkte, ergeben sich allerdings Argumentationsschwierigkeiten und Unschärfen bei der Begründung der Entstehung oder Verstärkung einer marktbeherrschenden Stellung abseits der nicht möglichen Marktanteilsaddition.[630]

IV. Die aktuelle Situation in den Medienmärkten

Der Mediensektor gehört – nicht zuletzt auf Grund seiner engen Verknüpfung mit dem Technologiesektor – zu einem der dynamischsten Märkte unserer Zeit. Dabei spielen die Konvergenz der Medien und die durch stetig weiterentwickelte Endgeräte bedingte Veränderung des Nutzungsverhaltens für die ökonomischen Akteure in diesen Märkten eine zentrale Rolle bei der Positionierung der Unternehmen in den einzelnen Märkten.

Die Dynamik der Medienmärkte erfordert eine verhältnismäßig breite Aufstellung der Medienkonzerne, um möglichst flexibel und effizient auf sich verändernde Marktumstände reagieren zu können. Der *digitale Urknall* hat die Branche zum Umdenken gezwungen. Immer mehr Unternehmen haben sich bereits crossmedial, auch abseits ihrer angestammten Plattformen aufgestellt. Die Digitalisierung setzt in der Medienlandschaft immer wieder neue Umsatzpotentiale frei, welche die Marktakteuren unter anderem mittels crossmedialer

---

629 Sabel, Neuere Entwicklungen in der europäischen und deutschen Kontrolle konglomerater Unternehmenszusammenschlüsse, S. 127.

630 Siehe zu den Argumentationsschwierigkeiten in diesen Fällen ausführlich: Teil 3 D. III.

Aufstellung, sowohl durch Kooperationen mit anderen Unternehmen, als auch durch Übernahmen, ausschöpfen wollen.[631] Beobachtet man Neu-Gründungen, Transaktionen sowie Joint Ventures in den Medienmärkten, so verfestigt sich der Eindruck, dass ein Verdrängungswettbewerb in Gang gesetzt worden ist, den die größeren Medienunternehmen für sich entscheiden wollen, indem sie die durch die Digitalisierung entstandenen und weiterhin entstehenden Märkte möglichst frühzeitig besetzen, um so Substitutionswettbewerbern den Eintritt zu erschweren.[632]

1. Konzernstrukturen der größten deutschen Medienunternehmen

In den letzten Jahren haben eine Reihe von Übernahmen, Ein- sowie Ausstiege von Kapitalinvestoren sowie eine Reihe von Joint Ventures für Unruhe in den Medienmärkten gesorgt. Dies liegt nicht zuletzt daran, dass sich das Bild der Medienunternehmen vor dem Hintergrund zunehmend globalisierter Märkte allmählich verändert. Betrachtet man die deutschen Medienmärkte, reicht die Ausgestaltung der dort tätigen Unternehmen zwar immer noch vom Familienunternehmen bis hin zum international agierenden Großkonzern. Allerdings haben im deutschen Mediensystem vermehrt internationale Kapitalinvestoren an Einfluss gewonnen.[633] Dies führt dazu, dass sich auch Medienunternehmen an Kapitalmarktstrategien orientieren und je nach ihrer gesellschaftsrechtlichen Ausgestaltungsform im Wettbewerb mit anderen Kapitalanlagenformen und -verwertungen stehen.

---

631 Vgl. zur crossmedialen Aufstellung der Medienunternehmen: PWC, Executive Summary German Entertainment and Media Outlook 2014–2018, S. 11, abzurufen unter: https://www.pwc.de/de/managementberatung/assets/wirtschaftswoche_pwc-gewinnt-in-der-kategorie-business-excellence.pdf.

632 Vgl. Reed Smith, Wired up: The convergence of technology, media and entertainment, S. 8, abzurufen unter: https://www.reedsmith.com/en/perspectives/2015/06/wired-up-the-convergence-of-technology-media-and-e.

633 Dabei wurden die größten europäischen Transaktionen von *Corporate Buyern* vorgenommen, Private Equity Investoren spielen hingegen insbesondere bei den Transaktion auf den UK-Medienmärkten eine größere Rolle. In Großbritannien zeichneten sich 2011 für ca. 30 % der Transaktionen auf den Medienmärkten Privat Equity Firmen verantwortlich. Siehe dazu: PWC, M&A trends in the European Entertainment & Media Industry, Pinpointing the drivers of media M&A, S. 5., abzurufen unter: https://www.pwc.de/de/technologie-medien-und-telekommunikation/assets/reshaping-europes-media-landscape-pinpointing-the-drivers-of-media-manda.pdf.

Ein Blick auf die gesellschaftsrechtlichen Strukturen von fünf der größten – ursprünglich – deutschen Medienhäuser sowie auf die Transaktionsaktivitäten auf den Medienmärkten der letzten Jahre soll dies verdeutlichen.

a) Bertelsmann SE & Co. KGaA

Die *Bertelsmann SE & Co KGaA* ist mit einem Jahresumsatz von 17 Mrd. Euro nicht nur das umsatzstärkste deutsche Medienunternehmen.[634] Das Unternehmenskonglomerat, das sich aus ca. 1.200 Einzelfirmen und Firmenbeteiligungen zusammensetzt und Tochterunternehmen in über 50 Ländern besitzt, ist gleichzeitig auch das größte Medienhaus Europas und gehört zu den Konzernen der Medienbranche, die sich mit weltweitem Wirkungskreis an internationalen Produktions- und Absatzmärkten ausrichten.[635] Allein der Tochtergesellschaft *RTL Group*, an der die Bertelsmann SE 75,1 % hält, gehören 52 Fernsehsender und 29 Radiostationen in Europa und Südostasien.[636] Abgesehen davon, dass die *RTL Group* mit *FrementleMedia* einen großen internationalen Content Entwickler mit an Bord hat, ist sie auch im Bereich Onlinevideo die führende europäische Mediengruppe. Neben verschiedenen Multichannel-Netzwerken hat sich die Sendergruppe mit Onlinevideoformaten wie *clipfish* und Mediatheken der einzelnen, zur Mediengruppe gehörenden Sender früh in Deutschland im Bereich Video-on-Demand platziert. Mittlerweile betreibt die *RTL Group* das senderübergreifende Mediathekenformat *TVnow*. Auf der Plattform finden sich gebündelt die TV-Formate der einzelnen Sender zum Abruf on-Demand sowie entsprechende Zusatz- und Hintergrundinformationen zu den Formaten. Bei Abschluss eines kostenpflichtigen Abonnements können Rezipienten zudem alle TV-Angebote der Sendergruppe im Live-Stream empfangen. Damit überträgt die *RTL Group* ihr TV-Angebot zusätzlich vollumfänglich ins Internet. Das ganzheitliche, an der jeweils aktuellen Medienentwicklung orientierte Konzept der *RTL Group* sowie des Mutterkonzerns *Bertelsmann SE & Co. KGaA*, zeigt sich auch am Beispiel *SpotX*, der führende Technologieplattform zur automatisierten

---

634 Stand Oktober 2017; vgl. Bertelsmann Unternehmenspräsentation 2017, S. 3, abzurufen unter: https://www.bertelsmann.de/media/news-und-media/downloads/1701005-unternehmenspraesentation-2017-de-2.pdf.

635 IfM, Mediendatenbank, Datenbank, Deutsche Medienkonzerne, Bertelsmann, abzu rufen unter: http://www.mediadb.eu/datenbanken/deutsche-medienkonzerne/bertelsmann.html.

636 Bertelsmann, Unternehmenspräsentation 2017, S. 7, abzurufen unter: https://www.bertelsmann.de/media/news-und-media/downloads/1701005-unternehmenspraesentation-2017-de-2.pdf.

Vermarktung von Online-Videowerbung, die ebenfalls zum Portfolio der Unternehmensgruppe gehört.[637]

Doch nicht nur im Bereich Fernsehen, Radio und Online verfügt die Bertelsmanngruppe über bedeutende und weitreichende Medienbeteiligungen. Der Konzern hat mit *Penguin Random House* sowie *Gruner & Jahr* zwei Verlagsriesen im Portfolio. Alleine *Gruner & Jahr* verfügt über mehr als 500 Medienaktivitäten, Magazine sowie digitale Angebote.[638]

Als Zukunftsziel für die Strukturierung ihres Portfolios hat die *Bertelsmann SE & Co. KGaA* den Ausbau eines wachstumsstärkeren, vermehrt digitalen sowie verstärkt internationalem Portfolios definiert.[639] Dazu passend hat die *Bertelsmann SE & Co. KGaA* verschiedene Venture Capital Fonds die sich an Start-ups aus dem Digitalbereich sowie Unternehmen in Wachstumsregionen wie Asien, Brasilien und Indien beteiligten.[640] Der *Bertelsmann Digital Media Investments Fond* hat rund 50 Beteiligungen im Bereich digitale Medien, die dem Konzern den Zugang zu den durch die Digitalisierung entstandenen Märkte und den damit verbundenen Technologien sichern sollen.[641] Diese weltumspannenden Aktivitäten machen deutlich, dass die Konzernstrategie neben der internationalen Aufstellung auf die digitale Transformation des Kerngeschäfts sowie die Erschließung der durch die Digitalisierung neu entstehenden Geschäftsfelder setzt.

637 Bertelsmann, Unternehmenspräsentation 2017, S. 7, abzurufen unter: https://www.bertelsmann.de/media/news-und-media/downloads/1701005-unternehmenspraesentation-2017-de-2.pdf

638 Bertelsmann, Unternehmenspräsentation 2017, S. 11, abzurufen unter: https://www.bertelsmann.de/media/news-und-media/downloads/1701005-unternehmenspraesentation-2017-de-2.pdf.

639 Bertelsmann, Unternehmenspräsentation 2017, S. 6, abzurufen unter: https://www.bertelsmann.de/media/news-und-media/downloads/1701005-unternehmenspraesentation-2017-de-2.pdf.

640 Bertelsmann, Unternehmenspräsentation 2017, S. 18 abzurufen unter: https://www.bertelsmann.de/media/news-und-media/downloads/1701005-unternehmenspraesentation-2017-de-2.pdf.

641 IfM, Mediendatenbank, Datenbank, Deutsche Medienkonzerne, Bertelsmann, abzurufen unter: http://www.mediadb.eu/datenbanken/deutsche-medienkonzerne/bertelsmann.html.

b) *Axel Springer SE*

Geht es um das Thema konglomerate Unternehmensfusionen im Mediensektor so kommt man an der geplanten Übernahme des TV-Konzerns *ProSiebenSat.1 Media SE*[642] durch die *Axel Springer SE*[643] im Jahr 2006 nicht vorbei. Das Übernahmevorhaben, das an einer Untersagungsverfügung scheiterte, bot erstmalig in dieser Ausführlichkeit Anlass für deutsche Kartellbehörden und Gerichte, sich eingehend mit der Thematik crossmedialer Effekte bei Fusionen über einzelne Medienmärkte hinweg auseinander zu setzen.[644]

Abgesehen von der nicht zu Stande gekommen Übernahme der *ProSiebenSat.1 SE* verfügt die *Axel Springer SE* über ein breites Portfolio an Beteiligungen, insbesondere im Bereich digitale Medien. Eine wichtige Säule der *Axel Springer SE* bilden nach wie vor Printmedien sowie deren digitaler Vertrieb. In Deutschland gehören dazu u.a. die umsatzstarken Zugpferde der Branche *BILD* sowie *Die Welt.* Aber auch darüber hinaus verfügt die *Axel Springer SE* über ein beachtliches Portfolio an Zeitschriften und Zeitungen sowie Onlineangeboten, welche die unterschiedlichsten Zielgruppen bedienen.[645]

Die *Axel Springer SE* gliedert seine Konzernstruktur in drei wesentliche operative Segmente: *Bezahlangebote, Vermarktungsangebote und Rubrikenangebote. Bezahlangebote* sind vor allem die klassischen Printmedien sowie die Paid-Content Angebote der Onlinemedien. Das Segment *Vermarktungsangebote* fasst alle Geschäftsmodelle zusammen, die ihren Umsatz vornehmlich durch Werbekunden in der reichenweitenbasierten und performancebasierten Vermarktung generieren. Unter *Rubrikenangeboten* sind Angebote zu verstehen, die ihren Erlös vornehmlich durch Stellen- sowie Immobilienanzeigen generieren, darunter fallen insbesondere auch Online-Portale, die nicht journalistischen Inhalts sind. Diese Sparte ist mittlerweile der zweitumsatzstärkste Bereiche des Konzerns und verzeichnet den höchsten operativen Gewinn.[646]

642 Damals gesellschaftsrechtlich noch als AG organisiert.

643 Damals gesellschaftsrechtlich noch als AG organisiert.

644 Siehe ausführlich zum Übernahmevorhaben sowie den damit einhergegangenen Entscheidungen: D.I.

645 Axel Springer, Konzernstruktur, abzurufen unter: http://www.axelspringer.de/artikel/Konzernstruktur_40338.html.

646 Axel Springer Quartalsmitteilung zum 30. September 2016, S. 2, abzurufen unter: http://www.axelspringer.de/dl/25416170/AS_Q3_2016_Quartalsmitteilung.pdf.

Darüber hinaus gibt es bei der *Axel Springer SE* noch das Segment *Services/Holdings.*[647]

Die *Axel Springer SE* hat das Ziel, durch eine Strategie des profitablen Wachstums der führende digitale Verlag zu werden. Dies soll insbesondere durch eine Portfolioerweiterung erreicht werden, die auf die Stärkung sowie Internationalisierung des digitalen Geschäftsfeldes ausgerichtet ist.[648] Bereits jetzt übersteigen die Gewinne aus den digitalen Geschäftsfeldern die der traditionellen Medien deutlich und machen über 70 % des operativen Konzerngewinnes aus.[649]

Wie bereits erläutert, spielen im digitalen Bereich auch strategische Allianzen mit vermeintlichen Wettbewerbern eine Rolle. Im Juli 2015 starteten die *Axel Springer SE* und die *ProSiebenSat.1 Media SE* ein gemeinsames Projekt zur Förderungen digitaler Startups. Das Projekt beschränkt sich dabei nicht auf Startups mit medialen Inhalten, sondern soll aus digitaler Sicht ganzheitlicher, mittels gemeinsamer Investitionen in Unternehmen sowie Fonds eine „Vernetzung der Inkubations- und Accelerator-Programme sowie Media-for-Equity-Investionen"[650] bewirken.

Bezüglich journalistischer, digitaler Angebote war die *Axel Springer SE* eine der ersten Unternehmensgruppen, die bei Teilen ihrer journalistischen Inhalte auf Paid-Content umgestellt hat, um so aus der Abwanderung der Printkunden ins Internet auch auf Rezipientenseite zumindest einen geringfügigen Umsatz erwirtschaften zu können. Neben bezahlpflichtigen Inhalten auf dem wohl größten deutschen digitalen Nachrichtenportal *BILD.de*, die im Rahmen eines sog. *BILDPlus* Abonnements abgerufen werden können, versucht der Konzern insbesondere bei den Onlineangeboten der Lokalzeitungen Bezahlschranken in Form digitaler Abonnements einzuführen. Aufgrund dieser sehr frühzeitig erfolgten

647 Axel Springer, Konzernstruktur, abzurufen unter: http://www.axelspringer.de/artikel/Konzernstruktur_40338.html.

648 Axel Springer, Quartalsfinanzbericht zum 30. September 2015, S. 2 (abzurufen unter: http://www.axelspringer.de/dl/21176115/AS_9M_2015_Quartalsfinanzbericht.pdf).

649 Der Anteil der digitalen Medien am EBITDA (earnings before interest, taxes, despreciation and amortization) lag im dritten Quartal 2016 bezogen auf das operative Geschäft des Gesamtkonzerns bei 72,4 %. Vgl. dazu: Axel Springer Quartalsmitteilung zum 30. September 2016, S. 4, abzurufen unter: http://www.axelspringer.de/dl/25416170/AS_Q3_2016_Quartalsmitteilung.pdf.

650 Axel Springer, Quartalsfinanzbericht zum 30. September 2015, S. 4, abzurufen unter: http://www.axelspringer.de/dl/21176115/AS_9M_2015_Quartalsfinanzbericht.pdf.

Einführung von kostenpflichtigen journalistischen Inhalten im Internet kommt der *Axel Springer SE* eine Pionierrolle in diesem Segment zu.[651] Der strategischen Mehrwert dieser Vorreiterrolle im Bereich Paid-Content ist nicht abschließend zu beurteilen. Bis heute hallt ein Satz nach, den ein Journalist des Abendblattes bereits 2009 im Rahmen der Umstellung der digitalen Ausgabe des Hamburger Abendblattes von einem kostenlosen zu einem kostenpflichtigen Angebot formulierte: „Vielleicht ist es aussichtslos. Vielleicht ist es selbstmörderisch. Vielleicht ist es auch unverschämt. Doch vor allem ist es eins: Es ist alternativlos."[652]

Aktuell hat Paid-Content im journalistischen Bereich der Onlinemedien noch um die Akzeptanz bei den Rezipienten zu kämpfen und vermag die Verluste aus dem Auflagenrückgang der Printmedien zum jetzigen Zeitpunkt nicht auszugleichen. Dementsprechend stehen bei den medialen Onlineangeboten auch bei der *Axel Springer SE* nach wie vor die Werbeeinnahmen im Vordergrund.

Die Aufstellung der *Axel Springer SE* verdeutlicht die Bemühungen der Konzerne, sich mittels eines stark diversifizierten Unternehmensportfolios zu multimedialen, möglichst international tätigen Medienhäusern zu entwickeln, die sich von der Abhängigkeit von nur wenigen Medienangeboten lösen wollen.

c) ProSiebenSat.1 Media SE

Zwar stellt sich auch die *ProSiebenSat.1 Media SE* immer multimedialer auf, das Kerngeschäft des in Unterföhring ansässigen Unternehmens liegt jedoch nach wie vor im werbefinanzierten Free-TV.[653] Die *ProSiebenSat.1 Media SE* ist durch ihr umfangreiches Senderangebot, das sich sowohl über das Free- als auch über das Pay-TV erstreckt, führend im deutschen Fernsehwerbemarkt.[654] Daneben bietet der Konzern für Werbekunden auch im Onlinemarkt ein hohe Reichweite. Die Unternehmensgruppe ist führend im Bereich der Vermarktung von Bewegtbildern im Internet. Zu den Bewegtbildmärkten kommt noch ein breites Vertriebs- sowie Programmproduktionsnetzwerk, das sich über sieben Länder

---

651 Vgl.: IfM, Mediendatenbank, Datenbank, Deutsche Medienkonzerne, Axel Springer SE, abzurufen unter: http://www.mediadb.eu/datenbanken/deutsche-medienkonzerne/axel-springer-se.html.

652 Iken, „Der Webfehler" in Hamburger Abendblatt vom 15.12.09, abzurufen unter: http://www.abendblatt.de/kultur-live/article107604409/Der-Webfehler.html.

653 ProSiebenSat.1 Media SE, Unternehmensporträt, abzurufen unter: http://www.prosiebensat1.de/unternehmen/unternehmensportraet.

654 ProSiebenSat.1 Media SE, Unternehmensporträt, abzurufen unter: http://www.prosiebensat1.de/unternehmen/unternehmensportraet.

erstreckt.[655] Das in den letzten Jahren aufgebaute umfangreiche E-Commerce Portfolio gehört allerdings, abgesehen vom Kerngeschäft, zu den wichtigsten Wachstumstreibern des Unternehmens. Dazu passt es, dass die *ProSiebenSat.1 Media SE* bis zum Jahr 2018 rund 50 % der erwirtschafteten Erlöse außerhalb des klassischen Fernsehwerbegeschäftes erzielen will.[656]

Die *ProSiebenSat.1 Media SE* stand lange Zeit unter dem Einfluss internationaler Kapitalinvestoren. Der Konzern ist ein prominentes Beispiel für den kurzfristigen Ein- und Ausstieg internationaler Investoren sowie die damit verfolgten Strategien: Sieben Jahre nachdem die Finanzinvestoren *KKR* und *Permira*, die lange Zeit Hauptaktionäre waren, bei *ProSiebenSat.1 Media SE* eingestiegen sind, verkauften diese Anfang 2014 ihr noch verbliebenes Aktienpaket in Höhe von 17 % für 1,26 Milliarden Euro, was wiederum zu einem Streubesitz des Fernsehkonzerns führte, der sich zurzeit auf 59,40 % der Stammaktien[657] beläuft.[658] Die ehemaligen Hauptaktionäre *KKR* und *Permira* sollen mit der Transaktion insgesamt rund 1,2 Milliarden Euro Gewinn gemacht haben.[659] Sie waren es auch, die 2007 für die Verschmelzung der *ProSiebenSat.1 Group* mit der paneuropäischen *SBS Broadcasting Group* verantwortlich waren und damit die Unternehmensgruppe zum zweitgrößten Fernsehkonzern Europas gemacht haben, der seitdem allerdings eine hohe Schuldenlast zu tragen hat.[660]

Im Zusammenhang mit den Wachstumsstrategien der *ProSiebenSat.1 Media SE* kann im Rahmen einer kartellrechtlichen Betrachtung die geplante Fusion mit der *Axel Springer SE* nicht unerwähnt bleiben.[661] Abgesehen von diesem – nicht

---

655 ProSiebenSat.1 Media SE, Unternehmensporträt, abzurufen unter: http://www.prosiebensat1.de/unternehmen/vision-strategie.

656 ProSiebenSat.1 Media SE, Unternehmensporträt, abzurufen unter: http://www.prosiebensat1.de/unternehmen/vision-strategie.

657 Stand: 13. November 2017. Mit einem Anteil von 15,87 % (Stand 13. November 2017) hält die US-Amerikanische Investmentgesellschaft *The Capital Group Companies, Inc.* zurzeit das größte Aktienpaket an der ProSiebenSat.1 Media SE.

658 Siehe dazu: Handelsblatt vom 17.01.2014 „ProSiebenSat.1 nach Investoren-Ausstieg auf DAX-Kurs, abzurufen unter: http://www.handelsblatt.com/finanzen/maerkte/aktien/finanzinvestoren-prosiebensat-1-nach-investoren-ausstieg-auf-dax-kurs/9347118.html.

659 dpa „ProSiebenSat.1 Chef Ebeling erhält 23 Millionen Euro Bonus“ in Manager Magazin vom 13.08.2014, abzurufen unter: http://www.manager-magazin.de/finanzen/artikel/a-985872.html.

660 IfM, EU-Länderportraits, Deutschland, ProSiebenSat.1, abzurufen unter: http://www.mediadb.eu/europa/deutschland.html.

661 Siehe dazu ausführlich: J., I., 1.

zustande gekommenen – Großvorhaben hat die *ProSiebenSat.1 Media SE* ihr Markenportfolio insbesondere in den digitalen Geschäftsfeldern weiter ausgebaut. Dabei positioniert sich das Unternehmen bewusst auch im Markt der digitalen Medien mit einer forcierten Verbreitung von Bewegtbildern, um so die Vorteile der Synergien zwischen der Verbreitung sowie der Vermarktung klassischer Fernsehinhalte und Bewegtbildinhalte im Internet optimal ausschöpfen zu können. Ziel der Unternehmensstrategie ist es dabei, die *ProSiebenSat.1 Media SE* zu einem integrierten Broadcasting, Digital Entertainment sowie Commerce Powerhouse aufzubauen.[662] Dabei hat das Unternehmen in der Verknüpfung des reichweitenstraken TV-Angebots mit der schnell wachsenden Digitalindustrie das größte Umsatzpotential identifiziert. Die breite Aufstellung des Konzerns soll zudem eine größere Unabhängigkeit von dem konjunktursensiblen Werbemarkt sicherstellen.[663]

d) Hubert Burda Media KG

Auch die *Hubert Burda Media Holding KG* will sich in Anbetracht der Veränderungen der Medienlandschaft nicht mehr ausschließlich auf die Printmedien als tragende Säule des Konzerns verlassen. Der Verlag hat als einer der letzten Großverlage die Weichen auf den internationalen Medienmärkten umgestellt, um sich als multimedialen Konzern zu positionieren.[664]

Das Unternehmen unterteilt seine operativen Geschäfte in vier Bereiche: *Digitalmarken national, Medienmarken national, Medienmarken international* sowie *Druck*.[665] Im digitalen Sektor ist die *Hubert Burda Media KG* an mehr als 50 Unternehmen beteiligt, der inländische Verlagsbereich publiziert mehr als 80 Zeitschriften, international ist der Konzern mit gut 240 Titeln vertreten. Dabei setzt das Unternehmen auch auf verlagsübergreifende Kooperationen und betont

---

662 Vgl. ProSiebenSat.1 Media SE, Geschäftsbericht 2014, Segmente und Markenportfolio, Strategie und Steuerung, abzurufen unter: http://geschaeftsbericht2014.prosiebensat1.com/konzernlagebericht/unser-konzern-grundlagen/strategie-und-steuerung.html.

663 ProSiebenSat.1 Media SE, Geschäftsbericht 2014, Prognosebericht, Künftige wirtschaftliche und branchenspezifische Rahmenbedingungen, Unternehmensgrundlagen, abzurufen unter: http://geschaeftsbericht2014.prosiebensat1.com/konzernlagebericht/prognosebericht/unternehmensausblick.html.

664 Ähnlich: IfM, Mediendatenbank, Mediendatenbank, Datenbank, Deutsche Medienkonzerne, Hubert Burda Media, abzurufen unter: http://www.mediadb.eu/datenbanken/deutsche-medienkonzerne/hubert-burda-media.html.

665 Hubert Burda Media KG, Konzernabschluss 2016, S. 4, abzurufen unter: https://www.burda.com/de/mediathek/konzernabschluss-2016/.

die publizistische sowie unternehmerische Innovationskraft.[666] Das Medienhaus, das sich selbst noch als Familienunternehmen bezeichnet, versucht im Gegensatz zu anderen Konzernen der Branche möglichst unabhängig von Kapitalinvestoren zu bleiben.[667] Bei aller Tradition, welche die *Hubert Burda Media KG* vermitteln will, setzt der Konzern in Anbetracht des Wandels der Medienmärkte ebenfalls verstärkt auf Diversifikation und Risikoverteilung: „Wenn sich Märkte so dynamisch verändern wie die Medienbranche, bedeutet Stillstand nicht einfach nur Rückschritt, sondern existenzielle Gefährdung."[668] Dementsprechend baut die *Hubert Burda Media KG* seit 2015 die neue Sparte *Digitalmarken International* auf, die zukünftig ebenfalls ein eigener operativer Geschäftsbereich des Konzerns sein soll auf. Die Unit ist zuständig für den Auf- sowie Ausbau digitaler Marken außerhalb des deutschen Marktes. Dabei geht es insbesondere um den Bereich Consumer Internet, in dem weltweite Investitionsmöglichkeiten ermittelt werden sollen, um das Unternehmensportfolio dahingehend auszubauen und sich den Veränderungen der Medienlandschaft anzupassen.[669]

2. Umdenken in der Medienbranche

Getrieben von der fortschreitenden Digitalisierung im Mediensektor und dem sich veränderndem Nutzungsverhalten, finden in deutschen sowie europäischen Medienmärkten immer wieder neue Transaktionen statt. Viele Medienhäuser versuchen mit neu eingerichteten Geschäftsbereichen das eigene Unternehmensportfolio durch Investitionen, Übernahmen oder Joint Ventures verstärkt im zukunftsträchtigen digitalen Mediensektor auszubauen.[670] Gerade im Bereich

---

666 Hubert Burda Media KG, Geschäftsfelder, abzurufen unter: http://www.hubert-burda-media.de/geschaeftsfelder/.

667 Vgl. Hubert Burda Media KG, Unternehmen, abzurufen unter: http://www.hubert-burda-media.de/unternehmen/.

668 Hubert Burda Media KG, Geschäftsfelder, abzurufen unter: http://www.hubert-burda-media.de/geschaeftsfelder/.

669 Vgl. Hubert Burda Media KG „Burdas zentrale M&A Einheit" Pressemitteilung vom 22.12.2015, abzurufen unter: https://www.burda.com/de/news/burdas-zentrale-m-einheit/.

670 Vgl. PWC, M&A trends in the European Entertainment & Media Industry, Pinpointing the drivers of media M&A, S. 8 u. 10, abzurufen unter: https://www.pwc.de/de/technologie-medien-und-telekommunikation/assets/reshaping-europes-media-landscape-pinpointing-the-drivers-of-media-manda.pdf; zu den Geschäftsbereichen siehe beispielhaft C.IV. 1.

Printmedien bemühen sich Konzerne den rückläufigen Umsatz durch die Erschließung digitaler Medienangebote auszugleichen bzw. abzufangen.

Die durch den technischen Fortschritt induzierte Veränderung der Medienlandschaft führt dazu, dass Medienkonzerne, die sich in den letzten Jahrzenten auf ihre Umsätze aus den klassischen Medien verlassen haben, zum Umdenken gezwungen sind, um den Anschluss an die sich wandelnden Märkte nicht zu verpassen. Die Rückläufigkeit der Einnahmen aus dem Printmediengeschäft, deren Ausgleich durch digitale Angebote aufgrund einer großen Selbstverständlichkeit seitens der Konsumenten für die Unentgeltlichkeit digitalen textbasierten Contents für die Verlage ein großes Problem darstellt, ist ein Effekt der ersten Stunde der digitalen Medien. Durch den technischen Fortschritt, den Ausbau des Breitbandnetzes und der damit verbundenen Möglichkeit der schnellen Übertragung großer Datenpakete sieht sich jedoch mittlerweile auch die etablierte Fernsehbranche durch das Internet bedroht. Dabei liegt der wirtschaftliche Fokus im Bereich des Free-TVs auf dem Fernsehwerbemarkt.[671] Das Internet stellt aufgrund der Möglichkeit der gezielten Individualisierung und der damit verbundenen Minimierung von Streuverlusten einen äußerst attraktiven Markt aus Sicht der werbetreibenden Industrie dar. Zum anderen erleben Video-on-Demand Angebote auch hinsichtlich der Nutzerzahlen einen regelrechten Höhenflug.[672] Ebenso wie die Verlage, steht die Fernsehbranche vor einem grundlegenden Wandel, der es erforderlich macht, neue Geschäftsfelder digitalen Inhalts möglichst schnell zu erfassen und zu erschließen.[673] Dennoch erfordert die Notwendigkeit zur crossmedialen Aufstellung nicht nur eine breitere Aufstellung des Angebots gegenüber den Rezipienten und den Werbekunden. Das Erfordernis crossmedialer Aufstellung ist auch ein gewichtiger Strategie-Faktor der Medienkonzerne, um mit Blick auf global tätige, marktstarke Akteure wettbewerbsfähig bleiben zu können. Viele Zukäufe oder Joint Ventures in den Medienmärkten spielen sich dabei abseits der kartellrechtlichen Relevanz ab, verdeutlichen aber den Veränderungsdruck der auf der Medienbranche und ihren Akteuren lastet.

671 Siehe zum Vorliegen eines Rezipientenmarktes beim Free-TV B.II. 2. a).

672 Ähnlich: Siebenhaar „Das goldene TV-Zeitalter neigt sich dem Ende zu" in Handelsblatt vom 13.04.205, abzurufen unter: http://www.handelsblatt.com/unternehmen/it-medien/medienkommissar/der-medien-kommissar-das-goldene-tv-zeitalter-neigt-sich-dem-ende-zu/11626762.html.

673 So auch Siebenhaar „Das goldene TV-Zeitalter neigt sich dem Ende zu" in Handelsblatt vom 13.04.205, abzurufen unter: http://www.handelsblatt.com/unternehmen/it-medien/medienkommissar/der-medien-kommissar-das-goldene-tv-zeitalter-neigt-sich-dem-ende-zu/11626762.html.

Die Untersagung geplanter Fusionen großen Ausmaßes auf nationaler aber auch europäischer Ebene, wie beispielsweise im Falle des Zusammenschlussvorhabens *Springer/ProSiebenSat.1*, lässt die Frage mitschwingen, ob in Anbetracht der Investitionskraft globaler Unternehmen in den europäischen Märkten, inländische Investoren durch das deutsche und europäische Wettbewerbsrecht zu sehr benachteiligt werden. Dies kann gleichermaßen für die Gründung strategischer Allianzen gelten, sofern sie der deutschen bzw. europäischen kartellrechtlichen Kontrolle unterstellt sind, wie der Fall *Amazonas* zeigt.[674]

674 Siehe zum Fall „Springer/ProSieben Sat.1" sowie „Amazonas" Teil 3 D.

D. Exemplarische Grenzfälle im deutschen Medienkartellrecht

Den dargestellten Entwicklungen, die sich in den Medienmärkten vollzogen haben und immer noch vollziehen zum Trotz, sind die Kartellbehörden aktuell häufig noch eher zögerlich in der Anpassung ihrer Abgrenzungspraxis.[675] Obwohl Medienmärkte durch die Konvergenz auf technischer Ebene und die damit einhergehenden Veränderungen des Nutzungsverhaltens der Rezipienten stetig zusammenwachsen, findet in der Kartellrechtspraxis auf deutscher und auf europäischer Ebene, abgesehen von wenigen Ausnahmen, immer noch eine klassische Trennung der Medienwerbemärkt statt. Dies kann mitunter zu sachlichen Argumentationsschwierigkeiten bei einzelnen Schritten der Entscheidungsbegründung führen, wie eine Betrachtung der aktuellen Marktabgrenzungspraxis in Fällen sich nahestehender bzw. konvergierender Medienmärkte zeigt.

Besonders deutlich wird dies bei der Auseinandersetzungen mit zwei, für die Problematik der sachlichen Marktabgrenzung der Medienwerbemärkte exemplarischen Fällen: den Entscheidungen im Fall *Springer/ProSiebenSat.1* sowie im Fall *Amazonas*, die im Folgenden näher erläutert werden.

I. Der Fall Springer/ProSiebenSat.1

Kein anderer Fall hat bis dato so konkret die Problematik der Entstehung von crossmedialen Effekten bei konglomeraten Fusionen im Mediensektor herausgestellt wie das Zusammenschlussvorhaben der beiden Mediengiganten *Axel Springer SE*[676] und *ProSiebenSat.1 Media SE*[677], das im Jahr 2005 beim Bundeskartellamt angemeldet wurde. Die Prüfung sowie die sich daran anschließenden Entscheidungen in kartellrechtlicher Hinsicht zogen sich bis ins Jahr 2010.[678]

---

675 Beckmann/Müller in Hoeren/Siebert/Holznagel, Multimedia-Recht, Teil 10 Rn. 30.

676 Damals gesellschaftsrechtlich noch als AG organisiert.

677 Damals gesellschaftsrechtlich noch als AG organisiert. Axel Springer SE nachfolgend mit „Springer" abgekürzt; ProSiebenSat.1 Media SE nachfolgend mit ProSiebenSat.1 abgekürzt.

678 Auf Ebene der von der KEK vorgenommenen Medienkonzentrationskontrolle erstreckten sich die Entscheidungen sogar bis in das Jahr 2014. Nach der Anmeldung des Vorhabens durch die Beteiligten im August 2005 verweigerte die KEK mit Beschluss vom 10.01.2006 (KEK 293 Springer/ProSieben) die Erteilung der medienrechtlichen Unbedenklichkeitsbestätigung. Nach dem Durchlaufen mehrerer

1. Das Vorhaben

Mit Schreiben vom 12. August 2005 meldeten *Springer* und *ProSiebenSat.1* ein Zusammenschlussvorhaben nach den Grundsätzen der präventiven Fusionskontrolle gemäß §§ 35 ff. GWB beim Bundeskartellamt an.[679] Das Vorhaben beinhaltete die vollständige Übernahme von *ProSiebenSat.1* durch *Springer*. Die Übernahme sollte in zwei Schritten geschehen. Die Anmeldung sah vor, dass *Springer* zunächst auf Grundlage eines Aktien- und Geschäftsanteilskaufvertrages sämtliche zu diesem Zeitpunkt von der *ProSiebenSat.1 Holding* gehaltenen Stamm- und Vorzugsaktien erwerben würde. Unmittelbar hielt die *ProSiebenSat.1 Holding* 75,1 % der *ProSiebenSat.1* Stammaktien sowie 0,1 % der Vorzugsaktien. Ferner hielt die *ProSiebenSat.1 Holding* eine Beteiligung von 51,84 % an der *Sat.1 Beteiligungs-GmbH*, die ihrerseits 24,9 % der *ProSiebenSat.1* Stammaktien hielt. Diese mittelbare Beteiligung sollte ebenfalls übergehen, so dass *Springer* nach Vollzug 100 % der Stammaktien halten würde. In einem zweiten Schritt war eine Verschmelzung von *ProSiebenSat.1* auf *Springer* vorgesehen.[680]

Zum Zeitpunkt der Entscheidung des Bundeskartellamtes war *Springer* ein börsennotiertes, national sowie international tätiges Medienunternehmen, dessen Geschäftsfelder sich insbesondere auf die Bereiche Zeitungen, Zeitschriften, Druckerzeugnisse und neuen Medien erstreckten.[681] Darüber hinaus war *Springer* schon zu diesem Zeitpunkt an einer Vielzahl von Unternehmen, insbesondere Verlagen, Vertriebsunternehmen sowie Unternehmen die im Bereich der elektronischen Medien tätig sind, beteiligt.[682]

ProSiebenSat.1 fungierte zum Zeitpunkt der geplanten Fusion als Holdinggesellschaft der privaten Fernsehprogramme Sat.1, ProSieben, N24, Kabel 1

gerichtlicher Instanzen wurde diese Verweigerung der KEK und die damit einhergehende Annahme der Entstehung einer vorherrschenden Meinungsmacht durch das geplante Vorhaben im Januar 2014 vom Bundesverwaltungsgericht als rechtswidrig erachtet (vgl. BVerwG Entscheidung v. 29.01.2014 (6 C 2.13)).

679 Parallel wurde das Vorhaben auch bei der KEK angemeldet. Da sich die vorliegende Arbeit mit den kartellrechtlichen Aspekten des Zusammenschlussvorhabens auseinandersetz, wird auf eine Darstellung der von der KEK parallel vorgenommenen Medienkonzentrationskontrolle verzichtet.

680 BKartA Beschluss v. 19.01.2006 – B6 – 92292 – Fa – 103/05 – „Springer/ProSiebenSat.1", S. 4/5.

681 BKartA Beschluss v. 19.01.2006 – B6 – 92292 – Fa – 103/05 – „Springer/ProSiebenSat.1", S. 5.

682 BKartA Beschluss v. 19.01.2006 – B6 – 92292 – Fa – 103/05 – „Springer/ProSiebenSat.1", S. 5; Vgl. zur aktuellen Konzernstruktur der Axel Springer SE G., IV., 1., b).

sowie mittelbar über die *Euvia Media AG & Co. KG* dem Sender Neun Live.[683] Das Kerngeschäft von *ProSiebenSat.1* lag somit im Bereich des werbefinanzierten Fernsehens, wobei die Vermarktung der Werbezeiten der Sender Sat.1, ProSieben, Kabel 1 sowie N24 zentral von der 100 % Tochtergesellschaft von *ProSiebenSat.1 Seven One Media GmbH* durchgeführt worden ist.[684] Die *Seven One Media GmbH* vermarktete dabei die gesamte Wertschöpfungskette der *ProSiebenSat.1 Gruppe* und betrieb darüber hinaus über ihre 100 % Tochtergesellschaft *Seven One Intermedia* die Internetseiten *ProSieben.de*, *Sat.1.de*, *N24.de*, *wetter.com* sowie *oktoberfest.de*.[685]

2. Sachliche Marktabgrenzung des Bundeskartellamtes

Im Rahmen der Entscheidung grenzt das Bundekartellamt drei verschiedene sachlich relevante Märkte ab. Sachlich betroffen seien durch den geplanten Zusammenschluss der Fernsehwerbemarkt, der bundesweite Anzeigenmarkt für Zeitungen sowie auf Rezipientenseite der bundesweite Lesermarkt für Zeitungen.[686]

Damit blieb das Bundeskartellamt bei der klassischen Einteilung der Märkte und betonte darüber hinaus die Eigenständigkeit der einzelnen Medienmärkte.[687] Die Ausführungen bezüglich der sachlichen Marktabgrenzung der betroffenen Märkte wurden bei der Entscheidung eher knapp gehalten. Insbesondere finden sich im Rahmen der Marktabgrenzung keine Erläuterungen, in welchem Verhältnis die betroffenen Medienwerbemärkte zueinander stehen.

3. Die kartellrechtliche Beurteilung des Vorhabens

Das Vorhaben wurde mit Beschluss vom 19.01.2006 (B6-92202-Fa-103/05) von der 6. Beschlussabteilung des Bundeskartellamtes untersagt. Zwar würde

---

683 BKartA Beschluss v. 19.01.2006 – B6 – 92292 – Fa – 103/05 – „Springer/ProSiebenSat.1", S. 10.

684 BKartA Beschluss v. 19.01.2006 – B6 – 92292 – Fa – 103/05 – „Springer/ProSiebenSat.1", S. 11/12.

685 BKartA Beschluss v. 19.01.2006 – B6 – 92292 – Fa – 103/05 – „Springer/ProSiebenSat.1", S. 5/13.

686 Da der bundesweite Lesermarkt für Zeitungen für die vorliegende Arbeit von untergeordneter Bedeutung ist, wird auf eine ausführliche Darstellung dieser Marktabgrenzung verzichtet.

687 Siehe BKartA Beschluss v. 19.01.2006 – B6 – 92292 – Fa – 103/05 – „Springer/ProSiebenSat.1", S. 25.

es bei dem Zusammenschluss von Deutschlands größtem Zeitungsverlag und dem führenden deutschen TV-Unternehmen nicht zu einer Marktanteilsaddition kommen, „der Zusammenschluss führt aber aufgrund marktübergreifender Effekte zu einer Verstärkung einer kollektiven Marktbeherrschung auf dem Fernsehwerbemarkt sowie zur Verstärkung der marktbeherrschenden Stellung von AS (Anmerkung: Axel Springer) auf dem bundesweiten Lesermarkt für Straßenverkaufszeitungen und auf dem bundesweiten Anzeigenmarkt für Tageszeitungen."[688]

a) Auswirkungen auf den Fernsehwerbemarkt

Das Bundeskartellamt geht davon aus, dass *ProSiebenSat.1* zum Zeitpunkt des geplanten Zusammenschlusses mit einem Marktanteil von knapp über 40 % und *Bertelsmann SE & Co. KGaA*[689] mit einem Marktanteil von knapp unter 40 % auf dem bundesweiten Fernsehwerbemarkt eine kollektive marktbeherrschende Stellung einnehmen und diese durch das Vorhaben verstärkt werden würde. Der bundesweite Fernsehwerbemarkt sei ein hoch konzentrierter Markt, in dem es sowohl an einem funktionierenden Binnen- als auch Außenwettbewerb fehle.[690] Hinzu käme, dass zwischen den Oligopolisten *Springer* und *Bertelsmann* sowie *ProSiebenSat.1* bereits vor dem Zusammenschluss eine Vielzahl von Verflechtungen beispielsweise in Form von gemeinsamen Minderheitsbeteiligungen an privaten Hörfunksendern bestanden hätten, die durch den Zusammenschluss von *Springer* und *ProSiebenSat.1* im Verhältnis zu *Bertelsmann* noch verstärkt werden würden, so dass die Wahrscheinlichkeit eines wettbewerbsbeschränkenden Parallelverhaltens der Oligopolisten steige.[691] Das Bundeskartell führt bei der Darstellung der wettbewerblichen Situation nach dem Zusammenschluss auf dem Fernsehwerbemarkt an, dass sich das Vergeltungspotenzial der Duopolisten im Falle eines Zusammenschlusses eben nicht mehr allein auf den Fernsehwerbemarkt erstrecken würde, sondern auch auf die anderen Märkte, in denen die Duopolmitglieder tätig sind. Dabei stellt die Kartellbehörde insbesondere die Stellung der *BILD Zeitung* heraus, die nach Ansicht des Bundeskartellamtes zum

---

688 BKartA Beschluss v. 19.01.2006 – B6 – 92292 – Fa – 103/05 – „Springer/ProSiebenSat.1", S. 23.

689 Nachfolgend als „Bertelsmann" bezeichnet.

690 BKartA Beschluss v. 19.01.2006 – B6 – 92292 – Fa – 103/05 – „Springer/ProSiebenSat.1", S. 25–38.

691 BKartA Beschluss v. 19.01.2006 – B6 – 92292 – Fa – 103/05 – „Springer/ProSiebenSat.1", S. 40.

Zeitpunkt des Vorhabens für die Werbetreibenden die alleinige, vergleichbar reichweitenstrake Alternative jenseits des Fernsehwerbemarktes sei und insofern in gewissem Umfang eine Randsubstitution bestünde. Bei einem Zusammenschluss von *Springer* und *ProSiebenSat.1* müssten die Duoplisten auf dem Fernsehwerbemarkt, *ProSiebenSat.1* und *Bertelsmann* keine Rücksicht mehr auf die Preisgestaltung für Anzeigen in der *BILD Zeitung* nehmen und die Randsubstitution entfiele.[692]

Darüber hinaus würde durch den Zusammenschluss eine Angleichung der Finanzressourcen der Duopolmitglieder des bundesweiten Fernsehwerbemarktes bedingt werden und nicht zuletzt auch die bereits bestehenden Marktzutrittsschranken aufgrund des schwachen Wettbewerbes auf dem Fernsehwerbemarkt verstärkt werden.[693]

b) Auswirkungen auf dem bundesweiten Lesermarkt für Zeitungen

Die überragende Marktposition der im Hause *Springer* ansässigen *BILD Zeitung* auf dem bundesweiten Lesermarkt für Zeitungen spielte ebenfalls eine Rolle bei der Begründung der Untersagung, da aufgrund der herausragenden Stellung der Zeitung marktübergreifende Effekte bei der Bewertung des Vorhabens von Relevanz seien.[694] Da die anmeldenden Unternehmen nach Einschätzung des Bundeskartellamtes nicht auf denselben kartellrechtlich relevanten Märkten tätig seien und es sich somit um einen konglomeraten Zusammenschluss handle, fände keine Marktanteilsaddition statt. Dabei führt das Bundeskartellamt richtigerweise aus, dass ein konglomerater Zusammenschluss dennoch negative Auswirkungen auf die betroffenen sowie auf diesen nahestehenden Märkten haben könne.[695] Die *BILD Zeitung* spielt bei der Berücksichtigung dieser marktübergreifenden Effekte im Rahmen des Verfahrens eine besondere Rolle. Dieses Zeitungformat wird vom Bundeskartellamt hinsichtlich jedweder Betrachtung als marktbeherrschend im abgegrenzten bundesweiten Lesermarkt für Straßenverkaufszeitungen beurteilt. Aufgrund dieser herausragenden

---

692 BKartA Beschluss v. 19.01.2006 – B6 – 92292 – Fa – 103/05 – „Springer/ProSiebenSat.1“, S. 39.

693 BKartA Beschluss v. 19.01.2006 – B6 – 92292 – Fa – 103/05 – „Springer/ProSiebenSat.1“, S. 11.

694 BKartA Beschluss v. 19.01.2006 – B6 – 92292 – Fa – 103/05 – „Springer/ProSiebenSat.1“, S. 41–58.

695 BKartA Beschluss v. 19.01.2006 – B6 – 92292 – Fa – 103/05 – „Springer/ProSiebenSat.1“, S. 43/44.

Stellung im Zusammenhang mit der starken Marktposition von *ProSiebenSat.1* auf dem Fernsehwerbemarkt wäre es nach Einschätzung des Bundeskartellamtes, obwohl es bei dem geplanten Zusammenschluss keine Marktanteilsaddition auf dem bundesweiten Lesermarkt für Straßenverkaufszeitungen gegeben hätte, zu marktübergreifenden Effekten gekommen, die die jeweilige Marktposition der am Zusammenschluss beteiligten Unternehmen weiter verstärkt bzw. abgesichert und den Wettbewerb in diesem Sektor somit noch stärker geschwächt hätte.[696] Dabei stellt das Bundeskartellamt insbesondere die Gefahren heraus, die von durch den Zusammenschluss ermöglichter Cross-Promotion ausgehen. Aus wirtschaftlicher sowie wettbewerblicher Sicht sei die Möglichkeit der crossmedialen Promotion für ein Medienklongerat eine vorteilhafte Ressource um die Marktpositionen in unterschiedlichen Medienmärkten abzusichern oder zu stärken.[697]

c) Möglichkeit der Cross-Promotion

Bei der Beurteilung der durch den Zusammenschluss entstehenden Möglichkeit zur crossmedialen Promotion und den damit verbundenen Effekten für den Wettbewerb in den betroffenen Märkten unterscheidet das Bundeskartellamt drei verschiedene Ebenen der Cross-Promotion: crossmediale Werbung zugunsten von Konzernprodukten, crossmediale Werbekampagnen sowie publizistische Cross-Promotion.[698] Bezüglich crossmedialer Werbung zugunsten von Konzernprodukten führt das Bundeskartellamt an, dass die Möglichkeit bestünde, dass die beteiligten Unternehmen sich gegenseitig Werbezeiten zu günstigeren Konditionen einräumen und sich bei der Gewährung von Werbemöglichkeiten bevorzugen könnten.[699] In Anbetracht der Werbestrategien, insbesondere von Springer, sei auch damit zu rechnen, dass von dieser Möglichkeit hinreichend Gebrauch gemacht würde. So stellt das Bundeskartellamt fest: „Durch eine gezielte Cross-Promotion-Strategie ist eine höhere Präsenz der konzerneigenen Produkte in der Öffentlichkeit erreichbar. Durch die in den

---

696 BKartA Beschluss v. 19.01.2006 – B6 – 92292 – Fa – 103/05 – „Springer/ProSiebenSat.1“, S. 43/44.

697 BKartA Beschluss v. 19.01.2006 – B6 – 92292 – Fa – 103/05 – „Springer/ProSiebenSat.1“, S. 46.

698 BKartA Beschluss v. 19.01.2006 – B6 – 92292 – Fa – 103/05 – „Springer/ProSiebenSat.1“, S. 51.

699 BKartA Beschluss v. 19.01.2006 – B6 – 92292 – Fa – 103/05 – „Springer/ProSiebenSat.1“, S. 51.

zusammengeschlossenen Medien kostengünstig verfügbare Werbekapazität zur Förderung der konzerneigenen Produkte und Marken erfolgt eine werbliche Förderung – ggf. zu Lasten der Wettbewerber dieser Produkte – die grundsätzlich geeignet ist, die Marktgegenseite zu beeinflussen und auf diese Weise den wirtschaftlichen Erfolg des Konzerns auf einem oder mehreren der betroffenen Märkte zu fördern."[700]

Ein besonderes Augenmerk legt das Bundeskartellamt zudem auf die durch den Zusammenschluss entstehende Möglichkeit zur publizistischen Cross-Promotion. Publizistische Cross-Promotion genießt bei Rezipienten aufgrund der Darstellung in redaktioneller Form ein größeres Vertrauen als rein werbliche Promotion. Dies führt dazu, dass publizistische Cross-Promotion nicht nur eine besondere Wirkung auf Rezipienten hat, sondern mit ihr eine spezielle Gefahr für den Wettbewerb verbunden ist. Die Vermutung, dass diese Werbeform entsprechend ihrer Wirkung in nicht nur geringfügigem Umfang von den Beteiligten genutzt werden würde, begründet das Bundeskartellamt mit verschiedenen Indizien, die bei wirtschaftlicher Betrachtungsweise naheliegen und beispielsweise durch Äußerungen des *Springer*-Vorstandes gestützt werden. Zur Sprache kommt in diesem Zusammenhang auch der Internetauftritt der *BILD Zeitung BILD.de*, bei dem es sich um ein Joint Venture von *Springer* und *T-Online* handelt. Die Wettbewerbshüter bewerten die Kombination aus Website, Newsletter sowie Print-Beilage als einzigartige Crossmedia-Plattform die für Millionen Nutzer einen umfassenden multimedialen Service biete. Durch die Verbindung zwischen Internet und Print sowie die enge Zusammenarbeit der beiden Redaktionen und damit die optimale Ausschöpfung der vorhandenen Ressourcen werde die Stellung im Lesermarkt weiter gestärkt. Dies würde auch für die Einführung eines *BILD* TV-Formates gelten.[701] Folglich stünden die unterschiedlichen Darstellungsformen der Angebote nicht in Konkurrenz zueinander, sondern würden sich komplementär und medienübergreifend gegenseitig die Marktpositionen absichern.[702]

Aufgrund der herausragenden Marktstellung der *BILD Zeitung* spielt dieses Format auch in Zusammenhang mit crossmedialer Werbung eine hervorgehobene Rolle bei der Bewertung des Vorhabens durch das Bundeskartellamt. Hier

700 BKartA Beschluss v. 19.01.2006 – B6 – 92292 – Fa – 103/05 – „Springer/ProSiebenSat.1", S. 53.

701 BKartA Beschluss v. 19.01.2006 – B6 – 92292 – Fa – 103/05 – „Springer/ProSiebenSat.1", S. 55.

702 BKartA Beschluss v. 19.01.2006 – B6 – 92292 – Fa – 103/05 – „Springer/ProSiebenSat.1", S. 55.

könne das Interesse der am Zusammenschluss beteiligten Unternehmen insbesondere in der Erschließung neuer Zielgruppen liegen. Eine werbliche Ansprache der *ProSiebenSat.1* Zielgruppe zugunsten der *BILD Zeitung* könne eine neue Leserschicht erreichen.[703]

Der wettbewerbliche Vorteil des Ausbaus der Markstellung durch verschiedene, durch den Zusammenschluss ermöglichte Strategie- und Verhaltensmöglichkeiten stehe Unternehmen, die keine Verbindung in eine andere Mediengattung haben, nicht zu.[704]

d) Auswirkungen auf dem bundesweiten Anzeigenmarkt für Zeitungen

Nach Auffassung des Bundeskartellamtes hätte der Zusammenschluss auch eine Verstärkung der überragenden Marktstellung von *Springer* im bundesweiten Anzeigenmarkt zur Folge. *Springer* verfüge in diesem Markt mit seinen Publikationen, auch ohne Einbeziehung der Sonntagszeitungen, über einen Marktanteil von mehr als 40 %.[705] Wie bereits erläutert, kommt es auch in diesem Markt aufgrund des konglomeraten Charakters des geplanten Zusammenschlusses nicht zu einer Marktanteilsaddition. Allerdings berücksichtig das Bundeskartellamt die Möglichkeit, dass durch den Zusammenschluss Wechselwirkungen bezüglich der Verstärkung der Marktmacht der beteiligten Unternehmen auf den jeweilig relevanten Märkten entstehen würden. Auch in diesem Zusammenhang geht das Bundeskartellamt in seiner Entscheidung bei der Beurteilung der wettbewerblichen Situation nach dem Zusammenschluss eindringlich auf die Gefahren für die betroffenen Märkte ein, die crossmediale Werbekampagnen der beteiligten Unternehmen induzieren könnten.[706] Dabei sieht das Bundeskartellamt entgegen der Ausführungen der Beteiligten insbesondere die Überschneidungen im Portfolio der Werbetreibenden von *Springer* und *ProSiebenSat.1* als problematisch an. In Bereichen, in denen es diese Überschneidungen gibt, würde die Möglichkeit crossmedialer Werbekampagnen für das zusammengeschlossene Unternehmen Chancen bieten, in beiden betroffenen Märkten, dem

703 BKartA Beschluss v. 19.01.2006 – B6 – 92292 – Fa – 103/05 – „Springer/ProSiebenSat.1", S. 58.

704 BKartA Beschluss v. 19.01.2006 – B6 – 92292 – Fa – 103/05 – „Springer/ProSiebenSat.1", S. 58.

705 BKartA Beschluss v. 19.01.2006 – B6 – 92292 – Fa – 103/05 – „Springer/ProSiebenSat.1", S. 58/62.

706 BKartA Beschluss v. 19.01.2006 – B6–92292 – Fa – 103/05 – „Springer/ProSiebenSat.1", S. 62–66.

Fernsehwerbemarkt und dem Anzeigenmarkt, ihre Stellung zu verbessern bzw. abzusichern.[707] Dem zugrunde liegt insbesondere die Annahme, dass von der bei *Springer* beheimateten *BILD Zeitung* aufgrund ihrer herausragenden Marktstellung ein Wettbewerbsdruck auf den benachbarten Fernsehwerbemarkt ausgehe. Dieser würde durch den Zusammenschluss beseitigt werden und das Oligopol von *Bertelsmann* und *Springer* eine weitere Verstärkung erfahren.[708]

II. Der Fall Amazonas

Während sich die Entscheidungen im Fall der geplanten Fusion von *Springer* und *ProSiebenSat.1* insbesondere mit der Problematik von crossmedialen Effekten beschäftigt, steht im Fall *Amazons* die Annäherung der Werbemöglichkeiten im Internet mit der klassischen Fernsehwerbung im Mittelpunkt. Die größte Rolle spielen dabei die Onlinewerbeformen In-Stream-Video sowie In-Page-Video Werbung.

1. Das Vorhaben

Mit Schreiben vom 05. August 2010 meldeten die Beteiligten *ProSiebenSat.1* und *RTL interactive*[709] ein Vorhaben bei der Europäischen Kommission an, das die Absicht beinhaltete, ein Gemeinschaftsunternehmen unter dem Arbeitstitel *Amazonas*, das im Bereich Video-on-Demand im Internet tätig sein und eine entsprechende Plattform betreiben sollte, zu gründen.[710] Mit dem Einverständnis des Bundesministeriums für Wirtschaft und Technologie stellte das Bundeskartellamt einen Verweisungsantrag, dem mit Entscheidung vom 24. September 2010 von der Europäischen Kommission nach Art. 9 Abs. 1 FKVO stattgegeben worden ist, so dass die formellen Vorschriften des GWB zur Anwendung kamen.[711]

---

707 BKartA Beschluss v. 19.01.2006 - B6–92292 - Fa - 103/05 - „Springer/ProSiebenSat.1", S. 63/64.

708 BKartA Beschluss v. 19.01.2006 - B6–92292 - Fa - 103/05 - „Springer/ProSiebenSat.1", S. 65.

709 RTL interactive GmbH ist über die RTL Television GmbH sowie die UFA Film und Fernsehen GmbH und die RTL Group Deutschland ein Teil der RTL Group Germany, die wiederum zum Zeitpunkt des Vorhabens eine 100 %ige Tochtergesellschaft der CLT-UFA S.A. Luxemburg ist, die ihrerseits wiederum eine Tochtergesellschaft der Bertelsmann AG ist.

710 BKartA Beschluss v. 17.03.2011 – B6-91/10 – „Amazonas", S. 4.

711 BKartA Beschluss v. 17.03.2011 – B6-91/10 – „Amazonas", S. 8.

An dem von *ProSiebenSat.1* und *RTL interactive* zu gründenden Gemeinschaftsunternehmen wollten die Beteiligten jeweils 50 % der Anteile halten und folglich gemeinsam die Kontrolle ausüben. Das neu zu gründende Gemeinschaftsunternehmen sollte mittels einer Website eine Video-on-Demand Plattform betreiben. Bei Video-on-Demand Diensten kann digitales Videomaterial über eine Datenverbindung entweder heruntergeladen oder mittels eines Video-Streams direkt angesehen werden.[712] Über die geplante Plattform sollten ausschließlich professionell produzierte Inhalte verbreitet werden, die bereits zuvor im deutschen Fernsehen ausgestrahlt worden sind. Avisierte Kunden des Gemeinschaftsunternehmens sollten nach eigenen Angaben deutsche sowie österreichische Inhaber von TV-Inhalten sein. Das Gemeinschaftsunternehmen würde die Inhalte erst nach der tatsächlichen Ausstrahlung im Fernsehen für nicht länger als sieben Tage bereitstellen. Für den Betrachter wären die Inhalte kostenfrei abrufbar. Dafür würde die Plattform entsprechende Werbeflächen enthalten. Primär seien zu diesen Zwecken Video-Werbespots vorgesehen, die vor, während sowie nach des Abrufens der bereitgestellten Videos gezeigt werden würden, hinzu käme herkömmliche Bannerwerbung in den einzelnen Auftraggeberbereichen.[713]

2. Sachliche Marktabgrenzung

Das Bundeskartellamt grenzte in seiner Entscheidung als sachlich relevanten, für die Beurteilung des geplanten Joint Ventures maßgeblichen Markt den bundesweiten Fernsehwerbemarkt ab. Dabei orientierte sich die Beschlusskammer an der ständigen Entscheidungspraxis des Bundeskartellamtes sowie der deutschen Gerichte und betonte, dass ein allgemeiner, alle Medien umfassender Werbemarkt nicht existiere.[714] Dazu wird erläutert, dass die klassischen Werbeträger Print, Radio, Plakat und Kino auf Grund der mangelnden Austauschbarkeit aus Sicht der Werbekunden dem Fernsehwerbemarkt nicht angehören würden.[715] Unterschiede machte das Bundeskartellamt beispielsweise an der erzielbaren Reichweite in den Zielgruppen, dem notwendigen Zeitaufwand zur Erzielung dieser Reichweiten, den Möglichkeiten der Darstellung und Wahrnehmung sowie der Übertragung des Werbemittels fest. Neben den klassischen Werbeträgern würde dies auch für die herkömmliche Online Werbung gelten, die im

---

712 BKartA Beschluss v. 17.03.2011 – B6-91/10 – „Amazonas", S. 6.
713 BKartA Beschluss v. 17.03.2011 – B6-91/10 – „Amazonas", S. 6/7.
714 BKartA Beschluss v. 17.03.2011 – B6-91/10 – „Amazonas", S. 14.
715 BKartA Beschluss v. 17.03.2011 – B6-91/10 – „Amazonas", S. 15.

Wesentlichen aus der Einblendung von Texten sowie Bildern auf Internetseiten besteht. Das maßgebliche Unterscheidungskriterium sei hier vor allem die Darstellungsform der Werbung. Aufgrund der Suggestivkraft der bewegten Bilder der Fernsehwerbung eigneten sich diese im Vergleich zu nicht audiovisuell angelegten Werbeformen besonders gut zur emotionalen Ansprache der Rezipienten, zum Transport komplexer Botschaften sowie zur Imagebildung.[716] Dieses Alleinstellungsmerkmal werde jedoch durch die sich immer weiter verbreitende Video-Online Werbung angegriffen. Durch hinreichend schnelle Internetverbindungen sowie die entsprechenden Endgeräte und die damit verbundene Möglichkeit zur Übertragung höherer Datenraten verbreite sich die Online-Video Werbung, bei der das Bundeskartellamt im Rahmen seiner sachlichen Marktabgrenzung zwischen In-Stream-Video Werbung, die mit einem Video verbunden ist, und der In-Page-Video Werbung, die in eine Website eingebunden ist unterscheidet, zunehmend. Das Bundeskartellamt stellt die In-Stream-Video Werbung dabei als nächstes Substitut zur Fernsehwerbung heraus, was insbesondere mit der Vergleichbarkeit der Eigenschaften der Werbeformen und der Entwicklungen im Mediennutzungsverhalten sowie mit der entsprechenden Endgerätetechnik begründet wird.[717] Die In-Stream-Video Werbung verwende nicht nur die gleiche Form wie die Fernsehwerbung als Werbemitteln, sie nutze auch ein ähnliches Umfeld. Der Rezipient möchte primär das die Werbung einrahmende Video konsumieren und ist am Fortgang dessen interessiert und somit motiviert den geschaltete Werbespot anzuschauen. Vor diesem Hintergrund scheinen Video-on-Demand Portale vor allem auch neue Übertagungswege für audiovisuelle Werbespots zu sein.[718]

Unterschiede zwischen der In-Stream-Video Werbung und der Fernsehwerbung bestünden laut Bundeskartellamt insbesondere noch in der Reichweite der beiden Werbeformen. Dabei wird ausgeführt, dass bei einer Betrachtung der Entwicklungen des Mediennutzungsverhaltens mit einem Gewinn an Reichweite der In-Stream-Video Werbung zu rechnen sei. Darüber hinaus vermögen weitere Faktoren, wie das im Internet mögliche *Targeting* sowie die Nutzung von Werbenetzwerken, die (noch) geringere Reichweite der Online Angebote, verglichen mit der Fernsehwerbung, relativieren.[719] Hinzu komme, dass durch die neue Generation an Endgeräten ermöglicht werde, Internet-Inhalte mit

716 BKartA Beschluss v. 17.03.2011 – B6-91/10 – „Amazonas“, S. 15/16.
717 Vgl. BKartA Beschluss v. 17.03.2011 – B6-91/10 – „Amazonas“, S. 16/17.
718 BKartA Beschluss v. 17.03.2011 – B6-91/10 – „Amazonas“, S. 17/18.
719 BKartA Beschluss v. 17.03.2011 – B6-91/10 – „Amazonas“, S. 19.

demselben Gerät in derselben Konsumsituation wie Fernsehinhalte zu rezipieren. Damit rücke der Zugriff auf Internetangebot auch im Hinblick auf die konkrete Nutzungssituation näher an den Fernsehkonsum heran.[720]

Bezüglich der In-Page-Video Werbung sieht das Bundeskartellamt einen geringen Grad an Austauschbarkeit mit der Fernsehwerbung. Dies würde insbesondere daran liegen, dass In-Page-Videowerbespots nur einen kleinen Teil des Bildschirmes einnehmen und dementsprechend im Vergleich zur bildschirmdeckenden In-Stream-Video oder Fernsehwerbung nicht im selben Umfang Aufmerksamkeit generieren könnten. Auch sei es der Nutzer bei nicht audiovisuellen Inhalten nicht gewohnt, in dieser Form angesprochen zu werden, weswegen In-Page-Video Werbung während des Websurfens im statischen Umfeld auf Widerstand des Rezipienten stoßen dürfte. Im Gegensatz dazu sei bei der In-Stream-Video Werbung, die hinsichtlich der Wahrnehmung der Fernsehwerbung entspreche, kein Umlernen erforderlich, da der Rezipient bei audiovisuellen Inhalten Unterbrechungen durchs Fernsehen gewohnt sei.[721]

3. Die kartellrechtliche Beurteilung des Vorhabens

Das Zusammenschlussvorhaben wurde gemäß § 36 GWB untersagt. *RTL* und *ProSiebenSat.1* bilden laut Bundeskartellamt in dem bundesweiten Markt für Fernsehwerbung ein marktbeherrschendes Duopol, das durch die Gründung des Gemeinschaftsunternehmens verstärkt werden würde.[722] Die beteiligten Unternehmen würden in dem relevanten Markt gemeinsam über einen Marktanteil von 80-90 % verfügen. Nach umfangreichen Ermittlungen der Beschlussabteilung wurde seitens des Bundeskartellamtes festgestellt, dass zwischen *ProSiebenSat.1* und *RTL* im bundesweiten Fernsehwerbemarkt weder Binnen- noch Außenwettbewerb bestünde.[723] Diese Marktstellung der an dem Vorhaben beteiligten Unternehmen werde auch nicht durch einen Substitutionswettbewerb, ausgehend von der In-Stream-Video Werbung, relativiert.[724] Zwar würde von der In-Stream-Video Werbung und dem entsprechenden Markt kein hinreichender Substitutionswettbewerb ausgehen, um den Handlungsspielraum der Duopolisten einschränken zu können, dennoch müsse das geringe Maß an Substitutionswettbewerb bei der Beurteilung des Vorhabens Berücksichtigung finden.[725]

720 BKartA Beschluss v. 17.03.2011 – B6-91/10 – „Amazonas", S. 21.
721 BKartA Beschluss v. 17.03.2011 – B6-91/10 – „Amazonas", S. 21/22.
722 BKartA Beschluss v. 17.03.2011 – B6-91/10 – „Amazonas", S. 14.
723 BKartA Beschluss v. 17.03.2011 – B6-91/10 – „Amazonas", S. 24.
724 BKartA Beschluss v. 17.03.2011 – B6-91/10 – „Amazonas", S. 46.
725 BKartA Beschluss v. 17.03.2011 – B6-91/10 – „Amazonas", S. 54.

Das Bundeskartellamt führt in seinem Beschluss an: „Durch die Gründung des Gemeinschaftsunternehmens und die nach dem *Memorandum of Understanding* angestrebten Joint Venture Vereinbarungen zum Betrieb der Zielplattform wird der von der In-Stream-Video-Werbung mindestens ausgehende Substitutionswettbewerb beschränkt, in dem nach dem beabsichtigten Vorhaben bedeutsame Parameter in diesem Segment beschränkt werden. Dies betreffe insbesondere reichweitenwirksame Parameter sowie Element des Geschäftsmodelles und technische Elemente der Zielplattform, die sich unmittelbar auf wesentliche Parameter der In-Stream-Video-Werbung auswirken.“[726]. Das würde eine Verminderung des Substitutionswettbewerbes zur Folge haben und damit zu einer weiteren Absicherung des Duopols und der damit ermöglichten abgestimmten Verhaltensweisen der beteiligten Unternehmen in dem bundesweiten Fernsehwerbemarkt führen.

Das Bundekartellamt geht davon aus, dass der Markt der In-Stream-Video Werbung unmittelbare Rückwirkungen auf den Fernsehwerbemarkt hat. Bemerkenswert ist dabei die Aussage, dass es sich bei der an Relevanz gewinnenden In-Stream-Video Werbung gerade um das Produkt handle, „das wegen seiner besonderen Nähe zur Fernsehwerbung wie keine anderes geeignet erscheint, in Form des Substitutionswettbewerbes wettbewerblichen Druck auf den Fernsehwerbemarkt auszuüben.“[727]. Dabei müssten die beiden Duopolisten des Fernsehwerbemarktes *ProSiebenSat.1* und *RTL* auf den vom wachsenden In-Stream-Video Werbemarkt ausgehenden Wettbewerbsdruck durch individuelle Strategien reagieren. Durch das geplante Joint Venture würde den beteiligten Unternehmen hingegen auch in diesem Bereich ein Wettbewerbsvorteil zukommen, der ihre marktbeherrschende Stellung im Fernsehwerbemarkt stabilisieren würde.[728]

Darüber hinaus verstoße das geplante Joint Venture nach Beurteilung der Gesamtheit der Bestimmungen, die das *Memorandum of Understanding* fixiert, auf dessen Grundlage die beteiligten Unternehmen das Gemeinschaftsunternehmen gründen wollten, gegen das Kartellverbot gemäß § 1 GWB, Art. 101 AEUV und ist nicht gemäß § 2 GWB, Art. 101 Abs. 3 AEUV freigestellt.[729] Auch in der Begründung für die Erfüllung dieses Tatbestandes stellt das Bundeskartellamt

726 BKartA Beschluss v. 17.03.2011 – B6-91/10 – „Amazonas“, S. 54/55.
727 BKartA Beschluss v. 17.03.2011 – B6-91/10 – „Amazonas“, S. 58.
728 BKartA Beschluss v. 17.03.2011 – B6-91/10 – „Amazonas“, S. 58.
729 BKartA Beschluss v. 17.03.2011 – B6-91/10 – „Amazonas“, S. 80.

im Wesentlichen auf die Nähe der In-Stream-Video Werbung zur Fernsehwerbung sowie der Erhaltung des Substitutionswettbewerbes ab.[730]

III. Kritische Auseinandersetzung mit der vorgenommenen Markabgrenzung und Induktion für zukünftige Verfahren

Die Entscheidungen des Bundeskartellamtes sind in Ihrem Ergebnis zwar weitestgehend nachvollziehbar, dennoch werden bei der genauen Betrachtung der Begründungen sowie der rechtlichen Ausführungen der Entscheidungen, auch unter Berücksichtigung der jüngsten Entwicklungen der Medienwerbemärkte, Problemfelder deutlich, mit denen sich, insbesondere mit Blick auf zukünftige kartellrechtliche Verfahren, kritisch auseinandergesetzt werden sollte.

1. Der Fall Springer/ProSiebenSat.1

Kaum eine Entscheidung des Bundeskartellamtes der letzten Jahre zog ein derart langanhaltendes, kontroverses mediales Echo mit sich wie der Fall *Springer/ProSiebenSat.1*. Betrachtet man das geplante Vorhaben sowie dessen Bewertung durch das Bundeskartellamt aus rein wirtschaftlicher Sicht mit Blick auf die internationalen Märkte, so wurde durch die Untersagung des Vorhabens die Chance verpasst, die Entstehung eines deutschen *Global Players* zu ermöglichen, der im Wettbewerb mit den großen internationalen Medienhäusern auf Augenhöhe operieren könnte. Auch nach der Entscheidung stellt sich für die im Mediensektor tätigen Unternehmen die Frage, ob bei den angenommenen Marktverhältnissen ein externes Wachstum durch Erschließung neuer Märkte auf deutscher Ebene überhaupt noch möglich ist.[731]

Aus wettbewerbsrechtlicher Sicht war die Entscheidung des Bundeskartellamtes sowie die Bestätigung dieser Entscheidung durch die deutschen Gerichte, vor dem Hintergrund des Schutzes der ohnehin auf deutscher Ebene schon stark konzentrierten Medienmärkte, in vielerlei Hinsicht nachvollziehbar. Allerdings stolpert man bei dem Beschluss des Bundeskartellamtes zum Teil über dogmatische wirkende praxisferne Argumente und Lücken in der Begründung. Im Fokus der kritischen Auseinandersetzung mit der Entscheidung soll auch hier die Abgrenzung der sachlich relevanten Märkte stehen.

---

730 BKartA Beschluss v. 17.03.2011 – B6-91/10 – „Amazonas", S. 80–90.

731 Ähnlich Gounalakis/Zagouras „Konglomerate Medienkonzerne und die Wettbewerbsaufsicht – Eine Nachlese zum Fall Springer/ProSiebenSat.1" in NJW 2006, S. 1624 (1627).

Die Marktabgrenzung, die im Rahmen der Entscheidung vom Bundeskartellamt vorgenommen wurde, ist außerordentlich knapp gehalten. Der Einleitung zu den materiellen Untersagungsvoraussetzungen des Beschlusses ist zu entnehmen, dass sich die vom Bundeskartellamt getätigte Abgrenzung des relevanten Marktes nach dem Bedarfsmarktkonzept sowie dem Konzept der Angebotsumstellungsflexibilität richten sollte.[732] Darüber hinaus finden sich in dem Beschluss keine weiteren Ausführungen zu den konkreten Kriterien der vorgenommen Marktdefinition. Zwar spricht das Bundeskartellamt im Rahmen der Marktabgrenzung von *Nachfragern* und *Austauschbarkeit*, so dass sich die Marktabgrenzung offensichtlich, wie in der Einleitung zu den materiellen Untersagungsvoraussetzungen angekündigt, auf das Bedarfsmarktkonzept stützt,[733] auf die Prüfung der Angebotsumstellungsflexibilität weist jedoch im weiteren Verlauf des Beschlusses nichts hin.

Als sachlich betroffene Werbemärkte werden der bundesweite Fernsehwerbemarkt sowie der bundesweite Anzeigenmarkt für Zeitungen abgegrenzt. Bei der Abgrenzung des bundesweiten Fernsehwerbemarktes werden auf sachlicher Ebene lediglich kurz Anbieter sowie Nachfrager des vom Bundeskartellamt definierten Marktes skizziert. Jedwede weitere Erläuterung bleibt aus, es wird lediglich – ohne näher darauf einzugehen – die Feststellung getroffen, dass der Fernsehwerbemarkt gegenüber den Märkten der Hörfunkwerbung sowie den Märkten der Print- und Onlineanzeigen einen eigenen sachlich relevanten Markt darstellt.[734] Dabei verkennt das Bundeskartellamt, insbesondere mit Blick auf die Onlinewerbemärkte, dass bereits im Rahmen der Marktabgrenzung eine Prognose hinsichtlich der Entwicklung der Märkte vorgenommen werden sollte, damit die Definition der Märkte auch über die Entscheidung hinaus für einen gewissen Zeitraum Bestand hat und den am Verfahren Beteiligten so ein hinreichendes Maß an Rechtssicherheit gewähren kann. Zum Zeitpunkt des Beschlusses des Bundeskartellamtes konnte von einem vergleichbar hohen Grad

---

732 BKartA Beschluss v. 19.01.2006 – B6 – 92292 – Fa – 103/05 – „Springer/ProSiebenSat.1", S. 22.

733 So spielt die Austauschbarkeit beispielsweise bei der Abgrenzung des bundesweiten Anzeigenmarktes für Zeitungen eine Rolle (vgl. BKartA Beschluss v. 19.01.2006 – B6 – 92292 – Fa – 103/05 – „Springer/ProSiebenSat.1", S. 59, 4. Absatz), auf die Nachfrager wird explizit im Rahmen der sachlichen Marktabgrenzung des Fernsehwerbemarktes eingegangen (BKartA Beschluss v. 19.01.2006 – B6 – 92292 – Fa – 103/05 – „Springer/ProSiebenSat.1", S. 25., 3. Absatz).

734 BKartA Beschluss v. 19.01.2006 – B6 – 92292 – Fa – 103/05 – „Springer/ProSiebenSat.1", S. 25.

an Austauschbarkeit zwischen Fernsehwerbung und Onlinevideowerbung zwar nicht ohne weiteres ausgegangen werden, allerdings hätte das Bundeskartellamt aufgrund der bereits fortgeschrittenen Digitalisierung sowie der bereits damals in ausreichendem Maße absehbar zu erwartenden Entwicklung der Onlinemärkte wenigstens begründen sollen, warum die einzelnen Medienwerbemärkte, insbesondere unter Berücksichtigung des Onlinewerbemarktes, bei der Marktabgrenzung noch gänzlich getrennt voneinander definiert worden sind.

Ähnlich knapp und ebenfalls ohne Bezug auf die weiteren Medienwerbemärkte sind die Ausführungen des Bundeskartellamtes zur Abgrenzung des bundesweiten Anzeigenmarktes für Zeitungen. Wenngleich hier zumindest in Bezug auf die sachliche Unterscheidung einzelner Anzeigenmärkte einige Erläuterungen zu finden sind, lässt auch die für diesen Bereich vorgenommene Marktabgrenzung einen Bezug zu den weiteren, den Anzeigenmärkten nahestehenden Medienwerbemärkten, vermissen. Dies verwundert insbesondere, da an anderer Stelle, bei der Darstellung der wettbewerblichen Situation nach dem Zusammenschluss des geplanten Vorhabens, eindringlich auf die Randsubstitution auf dem bundesweiten Fernsehwerbemarkt, die von der im Hause *Springer* beheimateten *BILD Zeitung* ausgeht, hingewiesen wird.[735] Dass das Bestehen eines Randsubstitutionswettbewerbes in diesem Rahmen erläutert wird, erscheint nicht falsch, da es sich in diesen Fällen gerade um Waren oder Güter handelt, die mit den Waren oder Gütern des betroffenen Marktes nicht marktgleichwertig sind. Allerdings spielt Wettbewerb durch Randsubstitution in der fusionsrechtlichen Kontrolle insbesondere bei besonders eng abgegrenzten Märkten eine Rolle.[736] Vor diesem Hintergrund wäre es wünschenswert gewesen, dass das Bundeskartellamt bereits in der sachlichen Marktabgrenzung, die nach dem Bedarfsmarktkonzept und damit nach dem Grad der Austauschbarkeit der betroffenen Güter vorgenommen wurde, auf die Substitutionsbeziehung zwischen Fernsehwerbemarkt und *BILD Zeitung* bzw. dem bundesweiten Anzeigenmarkt für Zeitungen eingegangen wäre. Wenn auch mit dem Ergebnis, dass eine unvollkommene Substituierbarkeit vorliege und es somit an der Marktgleichwertigkeit fehlt. Allerdings spricht das Vorliegen von Randsubstitution dafür, dass die Märkte in einem vergleichsweise engen Verhältnis zueinander stehen und dies auch bei der Abgrenzung des sachlich relevanten Marktes Erwähnung finden sollte bzw. die Einordnung in getrennte sachlich relevante

---

735 BKartA Beschluss v. 19.01.2006 – B6 – 92292 – Fa – 103/05 – „Springer/ProSiebenSat.1", S. 39.

736 Kahlenberg/Peter in Loewenheim/Meessen/Riesenkampff, GWB, § 36 Rn. 92.

Märkte zumindest hinreichend begründet werden sollte, um so auch im nächsten Schritt das Bestehen von Wettbewerb durch Randsubstitution stringenter vertreten zu können. Ansonsten besteht die Gefahr, dass die vorab vorgenommen Marktabgrenzung als unvollständig verstanden werden könnte. Insbesondere im vorliegenden Fall, in dem die *BILD Zeitung* laut Bundeskartellamt zum Zeitpunkt des geplanten Vorhabens „die alleinige Ausweichmöglichkeit – außerhalb des relevanten Marktes – hinsichtlich der Fernsehwerbung bei Bertelsmann und P7S1“[737] darstelle und somit die Intensität des Substitutionswettbewerbes als verhältnismäßig stark bewertet wird.

Bei der Betrachtung des Beschlusses insgesamt wird erkennbar, dass Medienwerbemärkte nicht unabhängig nebeneinander bestehen, sondern immer in einem engen Zusammenhang stehen und sich gegenseitig beeinflussen. Dennoch blieb das Bundeskartellamt bei der strikten Trennung der Medienwerbemärkte im Rahmen der Marktdefinition. Diese Einordnung scheint vor den zum Zeitpunkt der Entscheidung bestehenden Marktverhältnissen zwar nicht grundsätzlich falsch, dennoch wäre eine Einbeziehung mit einer Analyse, insbesondere der digitalen Medienwerbeangebote und eine Begründung vor dem Hintergrund zunehmender Digitalisierung der Medien und der damit einhergehenden Veränderung der Medienlandschaft, bei einer langfristigen Betrachtungsweise wünschenswert gewesen.[738]

2. Das Vorhaben Amazonas

Vergleichsweise weitblickend ist die Entscheidung des Bundeskartellamtes in Sachen *Amazonas*. Anders als im Fall *Springer/ProSiebenSat.1* standen der geplanten Gründung des Joint Ventures von *RTL interactive* und *ProSiebenSat.1* nicht primär wettbewerbsrechtliche Bedenken bezüglich der bestehenden Medienwerbemärkte entgegen, sondern die angenommene Notwendigkeit des präventiven Schutzes eines sich noch im Aufbau befindenden, neuen Marktes für Video-on-Demand Angebote. Dabei wurden jedoch auch die Auswirkungen der Entwicklungen dieses Zukunftsmarktes auf den Fernsehwerbemarkt berücksichtigt.

Erstmalig rückte das Bundeskartellamt in seinem Beschluss entsprechend den Marktentwicklungen – beurteilt anhand umfangreichen Marktuntersuchungen

737 BKartA Beschluss v. 19.01.2006 – B6 – 92292 – Fa – 103/05 – „Springer/ProSiebenSat.1“, S. 39.

738 Ähnlich: Kuchinke/Schubert „Der Beschluss des Bundeskartellamts in Sachen Springer-ProSiebenSat.1“ in WuW 05/2006, S. 477 (482).

der Beschlussabteilung – von der starren Abgrenzung der Medienwerbemärkte ab und zog Bereiche der Onlinemedienwerbung in die Beurteilung des Vorhabens ausführlich mit ein. Dabei richtete sich die sachliche Marktabgrenzung nach dem Kriterium der Austauschbarkeit aus Nachfragersicht und somit nach dem Bedarfsmarktkonzept.[739] Der Beschluss des Bundeskartellamtes in der Sache *Amazonas* macht deutlich, dass das Bundeskartellamt die Onlinewerbemärkte der Medien in ihrer jetzigen sowie in ihrer zukünftigen Position als feste Größe im Bereich der medialen Werbung akzeptiert hat. Vielmehr noch: das Bundeskartellamt scheint in der Entwicklung der Werbemöglichkeiten im Internet sowie der zunehmenden Reichweite dieser Werbeformen die Chance zu sehen, dass der Onlinewerbemarkt auf die hoch konzentrierten Werbemärkte der klassischen Medien, insbesondere auf den Fernsehwerbemarkt, zumindest einen immer größer werdenden Wettbewerbsdruck ausüben könnte. Dabei bezeichnet das Bundeskartellamt die In-Stream-Video Werbung als mindestens nächstes Substitut zur Fernsehwerbung.[740] Umso erstaunlicher ist es, dass die Beschlusskammer des Bundeskartellamtes letztendlich, trotz umfangreicher Ausführungen zur Relevanz der In-Stream-Video Werbung für den Fernsehwerbemarkt sowie der Bejahung eines verhältnismäßig hohen Grades an Austauschbarkeit zwischen Fernsehwerbung und In-Stream-Video Werbung, zu dem Ergebnis kommt, allein den bundesweiten Fernsehwerbemarkt als sachlich relevanten Markt für das Vorhaben zu definieren, ohne den Markt für In-Stream-Video Werbung mit einzubeziehen.[741] Dies führt im weiteren Verlauf des Beschlusses zu bemerkenswerten Unschärfen, die durch eine Einbeziehung der In-Stream-Video Werbung in den sachlich definierten Markt hätten verhindert werden können. Eine solche Einbeziehung wäre durch die in dem Beschluss enthaltenden weitreichenden Ausführungen zum Grad der Austauschbarkeit hinsichtlich beider Märkte sowie der zunehmenden Relevanz der In-Stream-Video Werbung hinreichend dargelegt und begründet. Betrachtet man die Darlegungen des Bundeskartellamtes zur Austauschbarkeit, so erscheint es argumentativ sogar stringenter, die In-Stream-Video Werbung und den Fernsehwerbemarkt als gemeinsamen sachlich relevanten Markt zu definieren. Dies gilt umso mehr, da das Bundeskartellamt eines seiner wichtigsten Argumente zur mangelnden Austauschbarkeit der beiden Märkte im Laufe des Beschlusses selber weitgehend widerlegt: die geringere Reichweite der In-Stream-Video Werbung im Vergleich

---

739 Vgl. BKartA Beschluss v. 17.03.2011 – B6-91/10 – „Amazonas", S. 15.
740 BKartA Beschluss v. 17.03.2011 – B6-91/10 – „Amazonas", S. 17.
741 BKartA Beschluss v. 17.03.2011 – B6-91/10 – „Amazonas", S. 14/17–22.

zur Fernsehwerbung. Bezeichnet die Beschlusskammer diesen Punkt noch als Unterscheidungsmerkmal zwischen den beiden Werbeformen, führt sie in einem nächsten Schritt im Rahmen der sachlichen Marktabgrenzung aus, dass nicht nur aufgrund der Nutzungsentwicklungen zukünftig mit einem Anstieg der Reichweite und damit einer Angleichung der Werbeformen zu rechnen sei, sondern auch, dass bereits zum Zeitpunkt des Beschlusses die Nachteile der geringeren absoluten Reichweite zu Teilen durch das bei der Onlinewerbung mögliche *Targeting* und die damit verbundene Verringerung von Streuverlusten, ausgeglichen werden könnte.[742]

Indem das Bundeskartellamt den In-Stream-Video Werbemarkt nicht in den sachlich betroffenen Markt miteinbezieht, macht es die Prüfung im weiteren Verlauf unnötig kompliziert. Dies wird insbesondere bei der Darstellung des Fehlens eines wesentlichen Substitutionswettbewerbes deutlich, in dessen Rahmen der In-Stream-Video Werbemarkt aufgrund des angenommen aber wenig begründeten Mangels der Marktgleichwertigkeit von Fernseh- und In-Stream-Video Werbung seine Berücksichtigung findet. Zum einen hat das Bundeskartellamt zu diesem Punkt dargestellt, dass der Substitutionswettbewerb nicht als hinreichende Relativierung der Marktbeherrschung einzustufen ist, gleichzeitig wird jedoch eine Verstärkung der Marktbeherrschung bei einer Einschränkung des vom In-Stream-Video Werbemarkt ausgehenden Substitutionswettbewerbes angenommen. Diese Problematik wäre entfallen, wenn das Bundeskartellamt das Bedarfsmarktkonzept mit einer stärkeren Gewichtung der zu erwartenden Entwicklung und des Wachstums des In-Stream-Video Werbemarktes, das auch von den zu den Marktentwicklungen Befragten angenommen wurde, angewendet hätte und eine Prognoseentscheidung dahingehend angenommen hätte, dass die In-Stream-Videowerbung dem Fernsehwerbemarkt zugerechnet werden kann.[743]

---

742 BKartA Beschluss v. 17.03.2011 – B6-91/10 – „Amazonas", S. 19; Auf die Möglichkeit des *Targetings* und den dadurch zu schaffenden Ausgleich geringer absoluter Reichweiten bezieht sich das Bundeskartellamt zudem auch bei der Begründung der Verstärkung der marktbeherrschenden Stellung, siehe: BKartA Beschluss v. 17.03.2011 – B6-91/10 – „Amazonas", S. 57.

743 Vgl. zu den Einschätzungen der Marktentwicklungen: BKartA Beschluss v. 17.03.2011 – B6-91/10 – „Amazonas", S. 19–21. Die öffentlich-rechtlichen Sendeanstalten planten im selben Jahr (2011) die Gründung einer Video on Demand Plattform. Die fusionskontrollrechtliche Prüfung des Vorhabens wurde mit einer Freigabe abgeschlossen, da die Beteiligten – anders als im Fall Amazonas – auf den betroffenen Märkten nicht marktbeherrschenden waren und durch die Gründung auch nicht geworden wären. Allerdings gab es anderweitige wettbewerbliche Bedenken gegen das Vorhaben, so

Verkannt wurde bei der Beurteilung der Märkte sowie der Prognoseentscheidung über die Entwicklung der neuen Märkte, dass sich die Online-Video Werbung nicht nur, wie vom Bundeskartellamt angeführt, auf den Fernsehwerbemarkt bezieht. Video Werbung wird zunehmend auch in Websites eingebunden, die von ihrem Charakter keine audiovisuellen Angebote zum Inhalt haben, sondern text- und/oder bildbasiert sind. Diese In-Page-Video Werbung vermischt somit audiovisuelle Werbung mit klassischen medialen Darstellungsformen im Internet. In-Page-Video Werbung vermag, anders als in dem Beschluss dargestellt, sehr wohl dieselbe Aufmerksamkeit generieren wie In-Stream-Video Werbung, da sie als *Overlay* den ganzen Bildschirm einnimmt und beispielsweise vor kostenfrei rezipierbare, textbasierte Inhalte geschaltet werden kann, bevor diese vom Rezipienten konsumiert werden können.

Vor dem Hintergrund der Absicht des Bundeskartellamtes, mit dem Beschluss nicht nur eine Verstärkung der Marktbeherrschung der Beteiligten in dem bundesweiten Fernsehwerbemarkt verhindern zu wollen, sondern auch den Zukunftsmarkt Video-on-Demand möglichst offen zu halten, scheint die Untersagung des Vorhabens einem Trugschluss hinsichtlich des Onlinewerbemarktes in diesem Bereich zu unterliegen: Bei dieser Beurteilung wurde anscheinend übersehen, dass eine Untersagung dieser Plattform, die Video-on-Demand Dienste mehrerer Fernsehanbieter bündeln und die Werbezeiten zentral vermarkten wollte, nur scheinbar den Onlinewerbemarkt für andere Anbieter in diesem Bereich offen halten würde. Betrachtet man die aktuelle Situation im Internet so stellt sich in Deutschland im Bereich Video-on-Demand eine *Bottleneck-Problematik* dar: werbefinanzierte, für die Rezipienten kostenfreie Dienste werden fast ausschließlich von den Inhalteanbietern des Fernsehmarktes angeboten. Die großen Fernsehveranstalter verfügen über Mediatheken, die den Rezipienten die im Fernsehen gezeigten Inhalte nach der Ausstrahlung für begrenzte Zeiträume zur Verfügung stellen. In-Stream-Video Werbung wird sowohl vor, während als auch nach der Übermittlung von Inhalten geschaltet. Die Anbieter der Mediatheken und damit auch die Anbieter für Werbekunden sind folglich mittelbar oder unmittelbar je nach gesellschaftsrechtlicher Ausgestaltung gleichzeitig auch Anbieter der Fernsehprogramme sowie der entsprechenden Werbezeiten/ und

dass die Beteiligten (nach Einleitung eines Kartellverwaltungsverfahrens gegen verschiedene kommerzielle Tochtergesellschaften der öffentlich-rechtlichen Senderanstalten ARD und ZDF) ihre Pläne im September 2013 schlussendlich aufgaben (siehe dazu: BKartA, Fallbericht: ARD und ZDF Online-Plattform „Germany´s Gold", B6 – 81/11, abzurufen unter: http://www.bundeskartellamt.de/SharedDocs/Entscheidung/DE/Fallberichte/Kartellverbot/2015/B6-81-11.pdf?__blob=publicationFile&v=2).

-plätze. Indem Anbieter über die Inhalte und deren Verbreitung im Internet verfügen, entsteht eine *Bottelneck-Situation*. Übergeordnete Anbieter, die Inhalte mehrerer Fernsehsender zeigen, sind zwar im Bereich *Over-the-Top* Fernsehen, d.h. der Liveübertragung via Internet tätig, auf diesen Plattformen wird jedoch dieselbe Werbung wie im Fernsehen gezeigt, da es sich um Live-Streaming Dienste handelt. Andere Video-on-Demand Anbieter, wie beispielsweise *Netflix* oder *Amazon,* finanzieren ihre Dienste nicht über In-Stream-Video Werbung, sondern über Abonnements. Damit konkurrieren sie nicht unmittelbar mit den Anbietern der Mediatheken im Bereich Werbung.

Die Realität der Onlinewerbemärkte stellt sich aufgrund der Struktur der Video-on-Demand Plattformen anders dar, als in der Entscheidung des Bundeskartellamtes in der Vergangenheit angenommen. Durch die Untersagung der Gründung des Gemeinschaftsunternehmens *Amazonas* wurde der Markt nicht etwa offen gehalten für neue Anbieter. Vielmehr verlagerten die Fernsehveranstalter mit eigenen Mediatheken ihr Angebot zusätzlich ins Internet, so dass die Anbieter von Werbezeiten im Bereich Video-on-Demand sich zu erheblichen Teilen mit den Anbietern der Fernsehwerbezeiten überschneiden. Diese Entwicklung gilt nicht nur im Bereich Fernsehen und Onlinevideowerbung, sondern auch für die In-Page-Videowerbung. Hier kommen im Gegensatz zum Video-on-Demand Sektor Anbieter textbasierter Medien als zusätzliche Konkurrenten für Werbezeiten audiovisueller Onlinewerbung in den Markt. Allerdings ist dabei zu berücksichtigen, dass die im deutschen Markt erfolgreichsten textbasierten Onlineangebote ebenfalls zu den großen Medienhäusern gehören und ihre Werbezeiten entsprechend vermarktet werden. Immerhin kann man in diesem Bereich annehmen, dass sowohl textbasierte Onlinemedien als auch Videoplattformen zumindest in gewissem Maße bezüglich der Vermarktung von Online-Video-Werbung in Konkurrenz zueinander stehen. In Anbetracht der Strukturen der medialen Angebote im Internet sind die Onlineportale, seien es Video-on-Demand Plattformen der Fernsehsender oder textbasierte Angebote der Printmedien, für die Medienhäuser vor allem ein zusätzlicher, attraktiver Übertragungsweg für audiovisuelle Werbespots.

IV. Bezugnahme des Bundeskartellamtes auf die Konvergenz der Medienwerbemärkte

Im Juni 2016 wies die 6. Beschlussabteilung des Bundeskartellamtes in einem Beschluss im Rahmen eines Fusionskontrollverfahrens noch einmal darauf hin, dass es der ständigen Entscheidungspraxis der Gerichte und des Bundeskartellamtes entspricht, „dass kein allgemeiner, alle Mediengattungen umfassender

Werbemarkt existiert."[744] Da der sachlich relevante Markt in dem Fusionskontrollverfahren der Markt für Anzeigen in Straßenverkaufszeitungen und Anzeigenkombinationen in Straßenverkaufs- und Abonnement-Tageszeitungen ist, geht das Bundekartellamt in dem Beschluss insbesondere auf die Abgrenzung der Werbung in Printobjekten zu der Werbung in anderen Mediengattungen ein.[745] Demnach würden Fernsehwerbung und auch Onlinewerbung im Verhältnis zu der Werbung in den Printobjekten nach dem Bedarfsmarktkonzept grundsätzliche jeweils getrennte sachlich relevante Märkte bilden, da die verschiedenen Werbeträger unterschiedliche Eigenschaften aufweisen und sich zudem auch in ihrem Verwendungszweck unterscheiden.[746] Die Unterschiede lägen dabei insbesondere in den zu erreichenden Zielgruppen, den zu erzielenden Reichweiten in den jeweiligen Zielgruppen und des zur Erreichung der Zielgruppe notwendigen Aufwandes.[747] Darüber hinaus unterscheide sich auch die Wahrnehmung der Konsumenten der einzelnen Werbeträger sowie deren Darstellungsmöglichkeit.[748]

Erstmals geht das Bundeskartellamt in einem Beschluss auf die Veränderung der Rezipientengewohnheiten expliziert ein, indem die 6. Beschlussabteilung anführt, dass die verschiedenen Werbeträger sich gegenseitig ergänzen und die Rezipienten die unterschiedlichen Medien komplementär zur Deckung ihres Informations- oder Unterhaltungsbedürfnisses nutzen.[749] Dies hätte entsprechende Auswirkungen, da aus Sicht der werbenden Wirtschaft ebenfalls „vor allem ein Mediamix (d.h. die Nutzung mehrerer unterschiedlicher Medien als Werbeträger) eine möglichst effektive Vermittlung der Werbebotschaft gewährleistet."[750] Trotz dieser Ausführungen zur komplementären Nutzung der einzelnen Medien bzw. Werbeträger insbesondere hinsichtlich der Onlinemedien sowohl auf Seiten der Rezipienten als auf Seiten der werbenden Wirtschaft, geht

744 BKartA, Beschluss vom 11.06.2016, B 6 – 22/15, „Media Impact", S. 14; In dem Beschluss wird eine Freigabe für ein Joint Venture der *Funke Medien Gruppe GmbH & Co. KGaA* und der *Axel Springer SE* namens *Media Impact* erteilt. Das Gemeinschaftsunternehmen soll für die Medien der *Funke Medien Gruppe GmbH & Co. KGaA* und der *Axel Springer SE* im Zeitungsbereich die nationale Anzeigenvermarktung sowie die Werbevermarktung in den Bereichen Zeitschriften und Online durchführen.

745 BKartA, Beschluss vom 11.06.2016, B 6 – 22/15, „Media Impact", S. 12.

746 BKartA, Beschluss vom 11.06.2016, B 6 – 22/15, „Media Impact", S. 14.

747 BKartA, Beschluss vom 11.06.2016, B 6 – 22/15, „Media Impact", S. 14.

748 BKartA, Beschluss vom 11.06.2016, B 6 – 22/15, „Media Impact", S. 14.

749 BKartA, Beschluss vom 11.06.2016, B 6 – 22/15, „Media Impact", S. 14.

750 BKartA, Beschluss vom 11.06.2016, B 6 – 22/15, „Media Impact", S. 14.

das Bundeskartellamt nicht weiter auf die Auswirkungen dieser Umstände auf die sachliche Marktabgrenzung ein. Vielmehr bezieht es sich im weiteren Verlauf auf die gängige Praxis der Kartellbehörden einschließlich der Europäischen Kommission, demgemäß die verschiedenen Formen der Onlinewerbung gegenüber der Printwerbung einen eigenen sachlich relevanten Markt bilden.[751]

Zwar zeigt das Bundeskartellamt in diesem Beschluss, dass es sich des Problems der Konvergenz der Medien sowie des damit verbundenen Wandels der Nutzungsgewohnheiten für die sachliche Marktabgrenzung bewusst zu sein scheint, dennoch wird die Chance verpasst, bei der Definition des relevanten Marktes klar Stellung zu beziehen und den Onlinewerbemärkten entsprechend ihrer Relevanz für die werbetreibenden Wirtschaft einen Platz im Rahmen der sachlichen Abgrenzung der Medienwerbemärkte einzuräumen.

751 BKartA, Beschluss vom 11.06.2016, B 6 – 22/15, „Media Impact", S. 14; Berücksichtigung finden die Onlinewerbemärkte auch diesem Beschluss im Rahmen der Prüfung des Substitutionswettbewerbes, siehe BKartA, Beschluss vom 11.06.2016, B 6 – 22/15, „Media Impact", S. 42/43.

Teil 4

A. Neubewertung der Medienwerbemärkte vor dem Hintergrund zunehmender Medienkonvergenz und crossmedialer Effekte

Medienmärkte gehören durch ihre enge Verknüpfung mit dem Technologiesektor zu den wohl dynamischsten Märkten unserer Zeit. Für die ökonomischen Akteure spielen Konvergenz der Medien und dadurch bedingte Veränderung des Nutzungsverhaltens der Rezipienten eine zentrale Rolle bei ihren strategischen Überlegungen sowie bei der Positionierung der Unternehmen in den einzelnen Medienmärkten. Die dargestellten Entwicklungen in der Medienlandschaft erfordern eine verhältnismäßig breite Aufstellung der Medienunternehmen, um möglichst flexibel und effizient auf sich verändernde Marktumstände reagieren zu können. Die Digitalisierung setzt immer wieder neue Umsatzpotentiale frei, was den Wettbewerb der Medienkonzerne stetig befeuert. Dabei gilt es, die besonders dynamischen Onlinemedienmärkte möglichst frühzeitig zu besetzen, um so Substitutionswettbewerbern den Zugang zu erschweren.

Die Dynamik der deutschen und europäischen Medienmärkte induziert immer wieder neue Transaktionen. Die Akteure der Medienmärkte haben aus dem *digitalen Urknall*, der insbesondere die Printmedienbranche hart getroffen hat, mittlerweile ihre Lehren gezogen und bemühen sich mit diversifizierten Angeboten auf den weiter stark wachsenden digitalen Medienmärkten Marktanteile zu generieren. Fusionen von Unternehmen, die auf unterschiedlichen Medienmärkten tätig sind, bieten auf Grund der sachlichen Nähe der angebotenen Produkte hohe Synergiepotenziale. Diversifikationen können für Unternehmen im sich stetig weiterentwickelnden Mediensektor eine Streuung bzw. Verteilung der Risikofaktoren bedeuten. Konglomerate Unternehmensfusionen oder Joint Ventures dienen dabei den Unternehmen zur Verbreiterung ihres Portfolios, um sich den Entwicklungen anpassen zu können und zukunftsfähig zu bleiben. Doch gerade bei der Erschließung digitaler Märkte durch externes Wachstum finden viele Transaktionen unterhalb des kartellrechtlichen Radars statt.

Ist der Anwendungsbereich des Kartellrechts eröffnet, haben die Veränderungen der medialen Welt, die sich in der Struktur der Medienmärkte wiederspiegeln, auf die Abgrenzung der sachlich relevanten Werbemärkte einen wesentlichen Einfluss. In der kartellrechtlichen Praxis sollten bereits bei der Abgrenzung des sachlich relevanten Marktes die wirtschaftlichen Realitäten und die Entwicklungen der Märkte nicht außer Acht gelassen werden. Als erster Schritt bei der kartellrechtlichen Prüfung setzt die Abgrenzung der relevanten Märkte den Grundstein für den weiteren Verlauf der Prüfung. Das Ergebnis der Marktabgrenzung hat somit nicht selten einen wesentlichen Einfluss auf den Ausgang des Verfahrens. Die Rechtsprechung sieht im Onlinewerbemarkt bis jetzt einen eigenständigen sachlich relevanten Markt, der von den Werbemärkten der traditionellen Medien zu trennen ist. Die Medienmärkte waren, wie dargelegt, in den letzten Jahrzehnten jedoch starken Einflüssen durch technische Innovationen ausgesetzt. Einheitliche Übertragungstechniken, konvergente Endgeräte, neue Konsummöglichkeiten und sich entsprechend anpassende Nutzungsgewohnheiten der Rezipienten sowie hybride Darstellungsformen führen dazu, dass die Grenzen zwischen den einzelnen Mediengattungen immer mehr verschwimmen und sich zunehmend stärkere Substitutionsbeziehungen entwickeln.

Doch welchen Einfluss haben die Faktoren konkret auf die kartellrechtliche Abgrenzung der Medienwerbemärkte? Ist unter Berücksichtigung der gängigen Marktabgrenzungskriterien die Annahme eines einheitlichen Medienwerbemarktes gerechtfertigt bzw. führen zunehmende Konvergenz der Medien und crossmediale Effekte, die von konglomeraten Unternehmensfusionen ausgehen, zu einer Neubewertung der Medienwerbemärkte im kartellrechtlichen Sinne?

I. Definition der sachlich relevanten Medienwerbemärkte unter Berücksichtigung anerkannter Abgrenzungskriterien

Dass zunehmende Medienkonvergenz und die weitere Zunahme crossmedialer Effekte Einfluss auf die Struktur der Medienwerbemärkte und damit auch auf die kartellrechtliche Prüfung von Vorhaben und Sachverhalten haben, kann in dieser Arbeit nachgewiesen werden. Fraglich ist jedoch, wie diese Umstände bei der Marktabgrenzung unter Berücksichtigung der anerkannten Abgrenzungskriterien, hinreichend miteinbezogen werden können, um zu Ergebnissen zu gelangen, welche die tatsächlichen Gegebenheiten auf den Medienwerbemärkten realistisch wiederspiegeln und den Anforderungen der digitalen Wirtschaft und ihrer Rezipienten gerecht werden können.

Bei der Auswahl bzw. Anwendung der Abgrenzungskriterien sollte zunächst berücksichtig werden, welches Abgrenzungskriterium in dem zu beurteilenden

Bereich/ Wirtschaftszweig sinnvoll und angemessen ist.[752] Die Kartellrechtspraxis hat gezeigt, dass das Bedarfsmarktkonzept, das auf die funktionelle Austauschbarkeit aus Sicht des Abnehmers abstellt, nicht nur bei einseitigen Märkten maßgebliches Kriterium zur Definition des relevanten Marktes ist, sondern auch bei der sachlichen Abgrenzung zweiseitiger Medienmärkte zu sachgerechten Ergebnissen führen kann.[753]

Bei der Anwendung des SSNIP-Tests würde man hingegen bei der Abgrenzung von Medienplattformen auf erhebliche Schwierigkeiten stoßen. Der SSNIP-Test stellt den Preis des angebotenen Produktes in den Mittelpunkt der Marktabgrenzung und stellt die Frage, ob Nachfrager infolge einer hypothetischen Erhöhung des Preises von beispielsweise 5-10 % auf andere Produkte ausweichen würden, ihren Bedarf an dem betroffenen Produkt reduzieren würden oder das Produkt, dessen Preis hypothetisch erhöht wurde, durch andere Produkte substituieren würden. Problematisch ist die Anwendung dieses Tests, der im deutschen Recht bisher in einigen Fällen lediglich ergänzend zum Bedarfsmarktkonzept Berücksichtigung gefunden hat, im Bereich zweiseitiger Medienmärkte, da die Auswirkungen einer Preiserhöhung zu eindimensional beurteilt werden. Medienmärkte sind geprägt von einer dynamischen Preisgestaltung. Durch die zunehmende crossmediale Verflechtung der Anbieter von Werbeflächen/-zeiten werden den Nachfragern oftmals *Werbepakete* geschnürt, die sich über einzelne Mediengattungen erstrecken. Die Preisgestaltung ist somit, isoliert für ein Medium betrachtet, nicht aussagefähig für die Abgrenzung des sachlich oder räumlich relevanten Marktes. Hinzu kommt, dass die enge Beziehung zwischen dem Rezipienten- und dem Werbemarkt und die so implizierten indirekten Netzwerkeffekte bei der Anwendung des originären SSNIP-Tests unberücksichtigt bleiben.[754] Dementsprechend kann der SSNIP-Test zur Erfassung der vorliegenden Umstände auf den Medienwerbemärkten nicht zielführend sein.

---

752 Deutlich wird dies am Beispiel der Märkte für wissenschaftliche Literatur und Fachbücher. In diesem Bereich ist eine Abgrenzung, ausschließlich anhand des sonst prioritär angewendeten Bedarfsmarktkonzeptes, nicht sinnvoll, da der Verbraucher ein bestimmtes Fachbuch in kaum einem Fall als austauschbar mit einem anderen Fachbuch anerkennen wird. Dies würde zu einer unnatürlich engen Marktabgrenzung führen, die nicht annähernd die tatsächlichen Wettbewerbsverhältnisse widerspiegelt. Deswegen wird in diesem Bereich maßgeblich auf das Kriterium der Angebotsumstellungsflexibilität abgestellt, siehe Teil 2 B II. 1

753 Vgl. Teil 2 B.

754 Vgl. Ausführlich zur Anwendung des SSNIP-Test als ergänzendes Marktabgrenzungskriterium bei zweiseitigen Märkten: BKartA, B6-113/15, Arbeitspapier – Marktmacht von Plattformen und Netzwerken, S. 44–46.

Anders die ergänzende Hinzuziehung des Konzeptes der Angebotsumstellungsflexibilität. Im Rahmen dieses Konzeptes wird geprüft, ob Unternehmen ihr Angebot kurzfristig und ohne erhebliche Zusatzkosten und technische Umstände auf Konkurrenzprodukte umstellen können, die nicht den konkreten Nachfragebedarf des Ausgangsproduktes decken. Sofern diese Möglichkeit besteht, werden die Produkte demselben, sachlich relevanten Markt zugerechnet. Eine solche Angebotsumstellungsflexibilität soll, über die Austauschbarkeit aus Nachfragersicht hinaus, Aufschlüsse über einen bestehenden Wettbewerbsdruck geben, der von Produkten ausgeht, die dem Ausgangsprodukt nahestehen aber nicht denselben Bedarf decken. Die ergänzende Prüfung der Produktionsumstellungsflexibilität macht insbesondere auf sich nahestehenden Märkten Sinn. Die sachliche Nähe der angebotenen medialen Produkte, die crossmediale Aufstellung der Medienkonzerne sowie die Mehrfachverwertung von Inhalten induzieren, dass im Bereich der Medienwerbemärkte zur Erfassung der wettbewerblichen Kräfte, denen sich die Unternehmen tatsächlich zu stellen haben, das Kriterium der Angebotsumstellungsflexibilität nicht unberücksichtigt bleiben sollte.

Ausgangspunkt für eine sachgerechte kartellrechtliche Bewertung der Medienwerbemärkte sollte das Bedarfsmarktkonzept unter ergänzender Berücksichtigung des Kriteriums der Angebotsumstellungsflexibilität sein.

II. Einfluss der Medienkonvergenz und crossmedialer Effekte bei konglomeraten Unternehmenszusammenschlüssen auf die sachliche Marktabgrenzung

Betrachtet man nationale und internationale Medienmärkte als Ganzes, so ist unabhängig von der jeweiligen Verbreitungsform der Werbemarkt der strategisch wichtigste Markt, weil er die bei weitem größten Umsatzpotenziale bietet.

Aufgrund der Zweiseitigkeit der Medienmärkte ist bei der Bewertung der Medienmärkte jedoch stets auch die Verknüpfung der Werbe- und Rezipientenmärkte zu berücksichtigen. Eine entscheidende Entwicklung haben Rezipienten- und Werbemärkte gemein: Inhalte lösen sich mehr und mehr von der Übertragungsform. Bei der neuen Generation von Endgeräten, besteht aufgrund der Verbindung mit dem Internet die Möglichkeit, auch alle online verbreiteten Inhalte zu empfangen. Gleichgültig ob es sich um die neue Generation der TV Geräte oder mobile Endgeräte handelt. Diesem Umstand hat auch der deutsche Gesetzgeber bereits Rechnung getragen, indem er den Rundfunkbeitrag über den 15. Rundfunkänderungsstaatsvertrag geräteunabhängig definiert und pro Haushalt oder Betriebsstätte erhebt. Damit soll in Deutschland die Finanzierung des öffentlich-rechtlichen Rundfunks den geänderten technischen Empfangsmöglichkeiten für mediale Inhalte angepasst werden.

Dieser Herausforderung hat sich jetzt auch das Kartellrecht zu stellen, nämlich Entscheidungen auf Grundlagen zu treffen, die offen für den technischen Fortschritt sind. Medienmärkte entwickeln sich auf Grund ihrer Interdependenz mit dem technischen Fortschritt dynamisch. Dabei reagieren Medienunternehmen auf Unsicherheiten der Marktentwicklung mit möglichst multimedialen Angeboten. Fernsehveranstalter verlagern mit eigenen Mediatheken und gebündelten Angeboten ihr eigenes Angebot gleichermaßen als nicht-linear abrufbaren Content ins Internet. Dies hat zur Folge, dass sich Anbieter von Werbezeiten im Bereich Video-on-Demand maßgeblich mit Anbietern der Fernsehwerbezeiten überschneiden. Gleiches gilt für den Bereich Printmedien. Fast jedes erfolgreiche Printformat verfügt mittlerweile über ein entsprechendes Onlineangebot, auf dem individuell konfigurierte Werbung und crossmediale Werbung geschaltet werden kann. Anbieter von Werbeflächen in digitalen Medien mit journalistisch-redaktionell gestalteten Inhalten sind fast ausschließlich Verlagshäuser mit ihren etablierten Printmedien.[755] Die Nähe von digital verbreiteten medialen Produkten zu den klassischen Medienangeboten macht eine Bündelung von Werbung attraktiv. Den Werbekunden können komplette *Werbepakete* geschnürt werden, bei denen ihre Werbung in den unterschiedlichsten Mediengattungen platziert werden kann. Gerade bei komplementären Gütern sind Kopplungsstrategien erfolgsversprechend. Im Gegensatz zu substitutiven Gütern ist der Anreiz bei komplementären Gütern für Unternehmen zur Bündelung groß, da die Marktgegenseite die Produkte kumulativ und nicht alternativ nachfragt. Bei dem kumulativen Erwerb können wiederum Preisvorteile gewährt werden. Dies kann den Effekt haben, dass ein Unternehmen die Bündelung eines Angebotes beispielsweise für den Transfer von Marktmarkt auf den Markt des gekoppelten Gutes nutzt. Nicht zuletzt auf Grund dieser mit der Koppelung von Gütern verbunden Möglichkeit zur Erschließung neuer Märkte und dem Transfer von Marktmacht versuchen die großen Medienhäuser ihr Unternehmensportfolio entsprechend abzurunden. Medienkonzerne bieten gebündelte Leistungen an, die zeitgleich auf mehreren sachlichen Märkten wirksam werden.[756]

Bezieht man diese Entwicklung auf die kartellrechtliche Marktabgrenzung, ist zunächst danach zu fragen, ob unter Anbetracht der medialen Konvergenz und ihren Effekten auf die Medienwerbemärkte, die Anwendung des

---

755 Meist vertreten durch eigens dafür zuständige Tochtergesellschaften oder Mediaagenturen.

756 Fuchs/Möschel in Immenga/Mestmäcker, Wettbewerbsrecht, § 18 GWB, Rn. 50.

Bedarfsmarktkonzeptes zu einer Neubewertung der Medienwerbemärkte kommen muss. Zentrales Element der Abgrenzung des sachlich relevanten Marktes mittels des Bedarfsmarktkonzeptes ist die Frage nach der Substituierbarkeit der Güter aus Sicht der Marktgegenseite. Produkte sollten funktional austauschbar sein, um demselben sachlich relevanten Markt zugeordnet zu werden. Es stellt sich somit die Frage, wie die einzelnen Medienangebote aus Sicht der Werbekunden zu beurteilen sind. Legt man die in der Arbeit diskutierte Entwicklung zu Grunde, handelt es sich bei Werbung in den klassischen Medien und in den Onlinemedien vor allem um komplementär genutzte Güter. Dies gilt nicht nur für Werbemärkte, sondern auch für Rezipientenmärkte, da der Konsument vermehrt zu einem Medienrezipienten wird, unabhängig von der Übertragungsart der Inhalte. Die Nutzungsentwicklungen zeigen, dass insbesondere die *digital natives* einzelne Medien nicht ausschließlich, sondern komplementär zueinander nutzen. Daran passen sich nicht nur die Angebote, sondern, entsprechend der Verknüpfung der zweiseitigen Medienmärkte, auch die Strategien der Werbekunden an. Zur Annäherung an eine realistische Bewertung der Medienwerbemärkte macht es somit Sinn, zunächst einen Blick auf die Entwicklungen der Rezipientenmärkte zu werfen, da diese einen maßgeblichen Einfluss auf die Attraktivität von Angeboten im Medienwerbemarkt haben und Aufschluss darüber geben können, wie sich die Werbemärkte entsprechend entwickeln bzw. reagieren.[757]

Aus Sicht der Medienkonsumenten sind die Grenzen zwischen klassischem Medienkonsum und dem Konsum digitaler Angebote fließend. Der Ausbau des Breitbandkabelnetzes führt dazu, dass immer flächendeckender qualitativ hochwertiger und komplexer digitaler Content, insbesondere in Form von Bewegtbildern, zu den Rezipienten transportiert werden kann. Die Nutzungsgewohnheiten, insbesondere mit Blick auf die jüngeren Generationen, lassen erwarten, dass digitale Medien, mit besonderem Augenmerk auf die Rundfunkformate, auch künftig weiter an Relevanz gewinnen. Die Generation der *digital natives* hat aufgrund der Vertrautheit mit digitalen Angeboten einen starken Bezug zu Onlineangeboten. Solchen Nutzungsentwicklungen folgend wächst das Angebot an Bewegtbildinhalten im Internet und in den Onlineversionen von Printformaten, vermehrt auch in Form von Paid-Content. Mit einer Rückläufigkeit dieser Entwicklung ist bei der Generation der *digital natives* nicht zu

757 Die Relevanz der Rezipientenmärkte wird durch die in der 9. GWB Novelle vorgenommene Ergänzung des § 18 GWB mit der Einführung des Absatzes 2a noch einmal unterstrichen. Demgemäß steht es der Annahme eines Marktes nicht entgegen, dass eine Leistung unentgeltlich erbracht wird.

rechnen. Im Gegenteil. Gerade in dieser Generation – und vermutlich auch in den darauf folgenden – findet eine selbstverständliche Integration der Onlinemedien in den Alltag sowie eine vermehrt komplementäre Nutzung der Medien durch die Rezipienten statt. Dem muss sich auf Grund der Verknüpfung der Medienmärkte auch die Werbeindustrie anpassen. Bei allem Wachstum der Onlinemedien ist in den nächsten Jahren kaum damit zu rechnen, dass das Fernsehen als Leitmedium abgelöst wird, allerdings stellt sich die Frage, über welchem Distributionskanal es rezipiert und ob es in linearer oder nicht linearer Form abgerufen wird.

Der Wandel, der sich in den Nutzungsgewohnheiten der jüngeren Generation zeigt, lässt auch Rückschlüsse auf die Medienwerbemärkte der Zukunft zu. In einer zunehmend mit den digitalen Möglichkeiten vertrauten Gesellschaft kann es schneller zu einem Wandel der Märkte kommen als noch vor wenigen Jahren angenommen.[758] In den sich schnell entwickelnden Medienmärkten sollten somit auch im Rahmen der Anwendung des Bedarfsmarktkonzeptes die digitalen Werbemärkte hinreichend berücksichtigt und in die Marktabgrenzung einbezogen werden, indem die jeweils digitale Darstellungsform des Mediums dem Markt der klassischen Mediengattung hinzugerechnet wird. Funktionell haben digitale Medien nicht nur aus Sicht des Rezipienten bereits heute einen hinreichenden Grad an Austauschbarkeit erreicht. Sie werden auch für den Werbekunden in Eigenschaft und Verwendungszweck den klassischen Medien stetig näher kommen. Eine absolute Austauschbarkeit ist für die Zurechnung zum selben sachlich relevanten Markt auch bei Anwendung des Bedarfsmarktkonzeptes nicht erforderlich.

Allen Konvergenzentwicklungen zum Trotz wird aus Sicht der Werbekunden Fernsehwerbung nicht mit Hörfunk- oder Printwerbung austauschbar sein. Die aktuelle Medienkonvergenz führt nicht zu einer Vereinheitlichung der klassischen Medien. Auch sollte der Onlinewerbemarkt aus Sicht der Nachfrager nicht einheitlich bewertet werden. Berücksichtigt man Angebote sowie Nutzungsentwicklungen, so wird deutlich, dass durch die Digitalisierung ein weiterer Verbreitungsweg für Medien geschaffen worden ist, dessen Bedeutung ständig zunimmt. Dadurch werden klassische Mediengattungen nicht untereinander austauschbar, sie haben lediglich einen zusätzlichen Distributionskanal, den es auch bei der Abgrenzung des kartellrechtlich sachlich relevanten Marktes zu berücksichtigen gilt. Betrachtet man beispielsweise den Fernsehwerbemarkt, so

758 Vgl. Grimme Institut / MMB-Institut für Medien und Kompetenzforschung, Bewegtbild 2020, S. 8.

stellt laut BGH die In-Stream-Video Werbung in den Onlinemedien das nächste Substitut zur Fernsehwerbung dar. Zwar hat der BGH den In-Stream-Video Werbemarkt und den Fernsehwerbemarkt in seinem 2011 getroffenen Urteil noch als jeweils eigene sachlich relevante Märkte abgegrenzt,[759] der Video-on-Demand Markt und damit auch die in ihm geschaltete In-Stream-Video Werbung haben seitdem jedoch an Relevanz aus Sicht der Werbekunden deutlich gewonnen. Online-Programmflächen für die werbetreibende Industrie nehmen kontinuierlich zu und beinhalten mittlerweile Mediatheken, die das Angebot einer ganzen Senderfamilie bündeln. Bei der Abgrenzung nach dem Bedarfsmarktkonzept ist zu berücksichtigen, dass eine vollständige Substituierbarkeit von Produkten nicht gegeben sein muss. Vielmehr wird zur Verhinderung einer zu engen Marktabgrenzung ein hinreichender Grad an Austauschbarkeit im Hinblick auf die gleiche Verwendung als ausreichend angesehen.[760] Dies sollte bei der In-Stream-Video Werbung im Verhältnis zur Fernsehwerbung bereits heute gegeben sein. „Bewegtbild-Inhalte sind im Internet besonders beliebt. Aus diesem Grund weist TV eine deutlich höhere Online-Affinität auf als jedes andere klassische Medium. Gleichzeitig ergänzen sich TV und Internet sowohl hinsichtlich ihrer Werbeintensität als auch hinsichtlich ihrer Nutzerbindung synergetisch.“[761]

Auch bei der Printmedienwerbung kann ein ausreichend starker Rand- bzw. Substitutionswettbewerb ausgehend von der Onlinewerbung in textbasierten journalistisch redaktionell gestalteten Inhalten angenommen werden, um eine Zurechnung zum Printwerbemarkt zu begründen. Zu berücksichtigen ist dabei, dass nicht auf die eigentliche Darstellungsform der Werbung abgestellt werden sollte, sondern auf die Plattform, auf der die Werbung platziert wird. Dank der Digitalisierung sind in Onlinemedien auch hybride Werbeformen möglich. In einem textbasierten Umfeld können *Overlays* in Form von Bewegtbildwerbung geschaltet werden. Werbung kann in derselben Darstellungsform wie in den klassischen Medien auch digital auf dem entsprechenden oder einem komplementären Angebot geschaltet werden. Die dabei in den Onlinemedien erzielte, geringere absolute Reichweite kann durch gezielte und aggressivere Werbeformen ausgeglichen werden. Anders als bei den klassischen Medien kann, beispielsweise auch im Rahmen eines textbasierten Angebots, eine In-Page-Video

759 BKartA Beschluss v. 17.03.2011 – B6-91/10 „Amazonas“.

760 Vgl. Jung in Grabnitz/Hilf/Nettesheim, Recht der Europäischen Union, AUEV, Art. 102 Rn. 38.

761 ProSiebenSat.1 Media SE, Geschäftsbericht 2014, Segmente und Markenportfolio, Strategie und Steuerung, abzurufen unter: http://geschaeftsbericht2014.prosiebensat1.com/konzernlagebericht/unser-konzern-grundlagen/strategie-und-steuerung.html.

Werbung über den Inhalt der Plattform geblendet werden. Versucht der Rezipient die Zwischenschaltung eines Ad-Blockers, der die Werbung ausblendet, haben die meisten Anbieter mittlerweile Programme, die in solchen Fällen ihre Inhalte für den Rezipienten sperren. Damit soll der Rezipient gezwungen werden die Werbung zu konsumieren, bevor er auf den gewünschten Inhalt zugreifen kann. Ein weiterer Vorteil der Onlinewerbung ist, dass auf jeder digitalen Plattform, unabhängig davon, welchen medialen Inhalt sie eigentlichen anbietet, Bewegtbildwerbung geschaltet werden kann. So kann sich die Suggestivkraft dieser Werbeform auch im Rahmen von text- oder standbildbasierten Inhalten zu Nutze gemacht werden. Einer der größten Vorteile der Onlinevideowerbung im Vergleich zur Werbung in den klassischen Medien ist die Möglichkeit für Plattformbetreiber, Daten über Rezipienten zu erheben und so den Werbetreibenden zielgruppengenaue und individuelle Werbungplatzierung zu ermöglichen. Mithilfe dieses *Targetings* können Streuverluste minimiert werden und die Defizite in der absoluten Reichweite der Onlineangebote aus Sicht der Werbekunden weitestgehend kompensiert werden.[762] Dies sollte bei der Beurteilung der Substitutionsbeziehungen im Rahmen der kartellrechtlichen Marktabgrenzung berücksichtigt werden.

Als aussagekräftig für den Bereich, auf den sich wirtschaftliche Macht von Unternehmen auswirkt, der durch die sachliche Marktabgrenzung abzustecken ist, sollten nicht lediglich die Darstellungsformen der Werbung angesehen werden, sondern das wirtschaftliche Gewicht der Plattform, also des Werbeträgers, auf dem die Werbung geschaltet wird. Der Werbeträger bestimmt durch die Attraktivität seines Angebotes und die Qualität sowie die Quantität seiner Rezipienten den Preis für die Werbeflächen und übt schließlich den Wettbewerbsdruck auf anderen Marktteilnehmer aus, unabhängig von der Darstellungsform der digitalen Werbung. Vor diesem Hintergrund scheint es problematisch, Onlinevideowerbung pauschal auf Grund ähnlicher Darstellungsform dem Fernsehwerbemarkt zuzurechnen. Vielmehr sollte das Umfeld, d.h. der Werbeträger auf dem die Werbung platziert wird in den Fokus der kartellrechtlichen Einordnung der Onlinewerbemärkte rücken, da es der Werbeträger selbst ist, der Wettbewerbsdruck auf andere Marktakteure ausübt.

Für eine sachgerechte Marktabgrenzung, die die relevanten Kräfte, denen sich ein Medienunternehmen zu stellen hat, abbilden soll, sollten Onlinewerbemärkte und Werbemärkte der klassischen Medien (Fernsehen, Hörfunk und Print) nicht gänzlich getrennt voneinander betrachtet werden. Die Entwicklung

762 So auch schon BKartA Beschluss v. 17.03.2011 – B6-91/10 – „Amazonas", S. 19.

in den Märkten sowie die Nutzungsgewohnheiten der Rezipienten zeigen, dass Medien nicht mehr allein nach dem Übertragungsweg beurteilt werden sollten, sondern zunehmend nach ihrem Inhalt. So zeigen Bündelung von Angeboten und der komplementäre Konsum unterschiedlichster Medien, dass sich in der aktuellen Debatte eine Lösung vom Übertragungsweg vollzieht und immer häufiger allein auf die Inhalte abgestellt wird. Dieser Zusammenhang sollte gleichermaßen für die kartellrechtliche Bewertung der Medienwerbemärkte gelten. Gerade in den sich rasch wandelnden Medienwerbemärkten sollte eine zu enge Marktabgrenzung vermieden werden. Angebote, von denen ein spürbares Maß an Substitutionswettbewerb unter Berücksichtigung aller Umstände ausgeht, sollten demselben sachlich relevanten Markt zugeordnet werden. In konvergierenden Medienmärkten reagieren Medienunternehmen mit einer möglichst multimedialen Aufstellung auf die Unsicherheiten der Marktentwicklung und die sich verschiebenden Nutzergewohnheiten. Durch eine breite Aufstellung der Unternehmen würde eine isolierte Betrachtung eines Medienwerbemarktes, auf dem das Unternehmen tätig ist, denn Wettbewerbsdruck der tatsächlich auch in anderen Märkten von dem Unternehmen ausgeht, nicht realistisch widerspiegeln. Gerade in sich entwickelnden, innovativen Märkten ist die Marktmacht eines Unternehmens in einem benachbarten Markt meist noch nicht relevant genug, um per Marktanteilsaddition bei der Bestimmung der marktbeherrschenden Stellung als Wertungsfaktor berücksichtigt werden zu können. Dennoch kann von der Summe der Aktivitäten in medienrelevanten benachbarten Märkten des Unternehmens sowie durch Marktmachtverschiebung auf benachbarte Märkte ein spürbarer Wettbewerbsdruck ausgehen. Unternehmen, die crossmedial agieren, können sich Synergien zu Nutze machen und durch Aktivitäten in den benachbarten Märkten ihre bereits bestehende Marktmacht in einem Markt festigen oder sogar weiter ausbauen.[763] Zudem fällt es Ihnen leichter, Wettbewerber in jungen Märkten zu verdrängen. Preissenkungen können taktisch für den Verdrängungswettbewerb auf neuen innovativen Märkten

763 So schreibt bespielweise die ProSiebenSat.1 Media SE in ihrem Geschäftsbericht:"(…) Gleichzeitig ergänzen sich TV und Internet sowohl hinsichtlich ihrer Werbeintensität als auch Nutzerbindung synergetisch. Dieses Potenzial schöpft die ProSiebenSat.1 Group konsequent aus: Das Unternehmen nutzt die Reichweite und Popularität seiner TV-Sender und digitalen Plattformen, um neue Marken aufzubauen und in verwandten Bereichen zu wachsen." Zitat aus ProSiebenSat.1 Media SE, Geschäftsbericht 2014, Segmente und Markenportfolio, Strategie und Steuerung, abzurufen unter: http://geschaeftsbericht2014.prosiebensat1.com/konzernlagebericht/unser-konzern-grundlagen/strategie-und-steuerung.html.

genutzt werden, wobei so entstehende Verluste durch Quersubventionen ausgeglichen werden können. Digitaler Content kann bei dem durch die klassischen Medien zu erreichenden, bereits eroberten Kundenstamm mit verhältnismäßig geringem Aufwand beworben werden. Darüber hinaus können sich crossmedial aufgestellte Unternehmen einen weiteren Effekt der Konvergenzentwicklung zu Nutze machen: Unternehmen, die bereits in den klassischen Medien tätig sind, können die dort vorhanden Strukturen zur Herstellung bzw. zum Erwerb von Inhalten nutzen und verfügen somit im Bereich der Onlinemedien über einen Marktzutritts- bzw. Wettbewerbsvorteil.[764] Auch dieser Aspekt unterstreicht die These, dass es sich bei digitalen Medien lediglich um einen weiteren Distributionskanal von Inhalten, nicht jedoch um eine gesondert zu bewertende Mediengattung aus kartellrechtlicher Sicht handelt. Vor diesem Hintergrund würde es die Beurteilung der Marktmacht im kartellrechtlichen Verfahren nicht nur vereinfachen und belastbarer machen, wenn die jeweiligen Onlinewerbemärkte den entsprechenden Werbemärkten der klassischen Mediengattungen im Rahmen der Marktabgrenzung zugerechnet werden würden. Damit wäre eine realistische Abbildung der Wettbewerbskräfte verbunden, denen sich die beteiligten Unternehmen tatsächlich zu stellen haben.

Wie praxisrelevant die Problematik von crossmedialen Effekten ist, zeigt die im Rahmen der 9. Novellierung des GWB vorgenommene Ergänzung des § 18 GWB, die Beurteilungskriterien für Netzwerkeffekte bei der Marktmachtprüfung aufgreift, die auch zur Erfassung crossmedialer Effekte in den Medienmärkten genutzt werden können. So ist in dem neu eingefügten § 18 Abs. 3a GWB normiert, dass bei der Beurteilung von Marktmacht, insbesondere bei mehrseitigen Märkten, direkte und indirekte Netzwerkeffekte, Größenvorteile im Zusammenhang mit Netzwerkeffekten, der Zugang zu wettbewerbsrelevanten Daten sowie innovationsgetriebener Wettbewerbsdruck zu berücksichtigen sind. Damit geht der Gesetzgeber explizit auf die Herausforderungen der Beurteilung von Marktmacht in der digitalen Ökonomie ein.

Somit überschneiden sich Teile der hier vorgenommenen Marktabgrenzungsüberlegen mit den zu berücksichtigenden Faktoren im Rahmen der Marktmachtprüfung. Es stellt sich daher die Frage, warum die oben genannten Faktoren bereits im Rahmen der Abgrenzung des sachlich relevanten Marktes Berücksichtigung finden sollten und nicht – wie vom Gesetzgeber durch die Einführung des § 18 Abs. 3a GWB impliziert sein könnte – erst bei der Bewertung

764 Vgl. zu den Auswirkungen der Konvergenzentwicklungen auf die einzelnen Stufen der Wertschöpfungskette: Fischer, Medienrecht & Medienmärkte, S. 192 u. 198).

der Marktstellung. Der Fall *Amazonas* hat beispielhaft gezeigt, in welchen Argumentationsstrudel Kartellbehörden und Gerichte geraten können, wenn indirekte Netzwerkeffekte in Form von crossmedialen Effekten und innovationsgetriebenem Wettbewerbsdruck erst auf der zweiten Stufe der Prüfung eines Vorhabens berücksichtigt werden.[765] Es ist davon auszugehen, dass der Gesetzgeber mit der Einführung des § 18 Abs. 3a GWB für den Rechtsanwender eine Möglichkeit schaffen wollte, um für zweiseitige Onlinemärkte, beispielsweise im Bereich von Suchmaschinen, Sozialen Netzwerken oder Handelsplattformen, bei denen zwischen den betroffenen Märkten im Gegensatz zum Mediensektor kein Substitutionsverhältnis besteht, Bedrohungen für den Wettbewerb hinreichend abbilden zu können.[766] Dadurch, dass sich die Medienwerbe- und Rezipientenmärkte jedoch sachlich so nahe stehen, kann in diesem Bereich eine Abbildung des Wettbewerbsdrucks bereits auf der ersten Stufe des kartellrechtlichen Verfahrens, bei der Definition des relevanten Marktes, vorgenommen werden, so dass die in § 18 Abs. 3a GWB genannten Kriterien bei der Marktmachtprüfung nicht zwingend zur Anwendung kommen müssen.

Das in der Kartellrechtspraxis maßgebliche Marktabgrenzungsinstrument, das Bedarfsmarktkonzept, lässt es mitunter zu, Märkte, von denen ein spürbarer Substitutionsdruck ausgeht, mit in den sachlich relevanten Markt einzubeziehen. Zumal die Begründung des Bundeskartellamtes im Fall *Amazonas* eindringlich zeigt, dass bei den sich nahestehenden Medienwerbemärkten argumentativ kaum vertreten werden kann, dass Aktivitäten auf innovativen Märkten so relevant sein sollen, dass diese zwar einerseits eine Verstärkung der Marktmacht auf den klassischen Medienwerbemärkten bedingen aber andererseits im ersten Schritt eine sachliche Marktabgrenzung vorgenommen wird, die entsprechend ihrer Funktion eine belastbare Prognose der künftigen Marktentwicklung darstellt und die Realitäten der Märkte wiederspiegelt, indem sie auch die Märkte miteinbezieht von denen ein spürbarer Substitutionsdruck ausgeht. In den Medienwerbemärkten weisen Produkte sachlich eine große Nähe zueinander auf. Deswegen und auf Grund der zwischen den Mediengattungen bestehenden Synergien verschwimmen die Grenzen zwischen den einzelnen Märkten verhältnismäßig leicht. Die Berücksichtigung von crossmedialen Effekten und innovationsgetriebenem Wettbewerbsdruck im Rahmen der sachlichen

765 Siehe Teil 3 D.III. 2.

766 Vgl. dazu die im Arbeitspapier des Bundeskartellamt genannten Erwägungen zur Marktmacht von Plattformen und Netzwerken: BKartA, B6-113/15, Arbeitspapier – Marktmacht von Plattformen und Netzwerken, S. 5 ff.

Marktabgrenzung bedeutet nicht, dass die in § 18 Abs. 3a GWB genannten Faktoren nicht auch bei der Marktmachtbeurteilung eine Rolle spielen können. Somit widersprechen die genannten Überlegungen zur Marktabgrenzung auch nicht der Systematik des neu eingefügten § 18 Abs. 3a GWB. Allerdings macht es bei Medienwerbemärkten, anders als bei Märkten, in denen ein geringerer Grad an Marktgleichwertigkeit der Produkte vorliegt, Sinn, eine Marktabgrenzung vorzunehmen, welche die in § 18 Abs. 3a GWB genannten Faktoren bereits auf dieser Stufe der kartellrechtlichen Prüfung hinreichend berücksichtigt. Lässt man die crossmedialen Effekte bei der Definition des sachlich relevanten Marktes außer Acht, führt dies dazu, dass bei der Beurteilung der Marktmacht Randsubstitutionen maßgeblich berücksichtigt werden müssen. Gerade im Bereich der Medienwerbemärkte lässt jedoch eine konsequente Anwendung des Bedarfsmarktkonzeptes auf Grund der Nähe der Produkte auch schon die Berücksichtigung dieser Substitutionsbeziehungen auf Ebene der Marktabgrenzung zu. Dadurch wird die in einem zweiten Schritt vorzunehmende Marktmachtbeurteilung vereinfacht. Zudem böte dies ein wünschenswertes Maß an Sicherheit bei der Prüfung von Verfahren: Die Feststellung von Marktmacht in einem klar umrissenen Wirkungsbereich der beteiligten Unternehmen gestaltet sich nachvollziehbarer, wenn weniger Faktoren miteinbezogen werden müssen. Gerade bei den in § 18 Abs. 3a GWB genannten Faktoren stellt sich die Frage, wie stark diese im Rahmen der Marktmachtbewertung jeweils zu gewichten sind und in welchem Umfang sie eine Verstärkung der Marktmacht rechtfertigen.

III. Empfehlung für die kartellrechtliche Praxis

Selbst die in den letzten Jahrzehnten vollzogene digitale Revolution der Medienmärkte und die damit einhergehenden Veränderungen haben bislang weder aus Rezipienten-, noch aus Werbekundensicht eine vollständige Substitution der klassischen Medien bewirkt. Allerdings führen die unterschiedlichen Entwicklungen der Medienmärkte, die in dieser Arbeit dargestellt worden sind, zu einer partiellen Verschmelzung der Medienwerbemärkte und einer Loslösung der Inhalte von der Übertragungsform und ihrer Darstellung. Onlinewerbung im Mediensektor sollte vor diesem Hintergrund in der kartellrechtlichen Bewertung der sachlich relevanten Märkte als ein zusätzlicher Distributionskanal für mediale Werbemittel angesehen werden. Um den Bereich, auf den sich wirtschaftliche Kräfte auswirken, schon im ersten Schritt der kartellrechtlichen Prüfung sachgerecht abzustecken, sollten Onlinemedienwerbemärkte vor diesem Hintergrund nach der Darstellungsform bzw. dem Inhalt der Plattform, auf der geworben wird, und nicht nach der Darstellungsform der Werbung abgegrenzt werden. Das heißt, die Marktzuordnung der Medienwerbung sollte im Onlinesektor nicht nach der Werbeform, sondern nach der Art des Werbeträgers vorgenommen werden. Nur so kann die tatsächliche Wettbewerbssituation in der Marktabgrenzung wiedergespiegelt werden. Da digital alle Werbeformen unabhängig von der Darstellungsart der Trägerplattform möglich sind, sind Werbekunden beispielsweise nicht mehr gezwungen, Bewegtbildwerbung in einem bewegtbildbasierten Umfeld zu platzieren. Zudem gibt es zunehmend hybride Werbeprodukte, die eine Mischung der einzelnen Werbeformen darstellen. Die Austauschbarkeit richtet sich somit bei der Onlinewerbung nicht mehr ausschließlich nach der Art der gezeigten Werbung, sondern primär nach dem Umfeld, in dem die Werbung geschaltet wird. Handelt es sich um ein textbasiertes, journalistisch-redaktionell gestaltetes Onlinemedium, sollten die Werbeaktivitäten des Onlinemediums dem jeweilig einschlägigen Anzeigenmarkt zugeordnet werden. Handelt es sich beispielsweise um eine Video-on-Demand Plattform, die das Programm eines oder mehrerer Fernsehsender wiedergibt, sollten die Werbeaktivitäten dem Fernsehwerbemarkt zugeordnet werden, der vor diesem Hintergrund passender als Bewegtbildwerbemarkt bezeichnet werden sollte. Maßgeblich für die Zuordnung zum relevanten Markt sollte somit in der kartellrechtlichen Praxis nicht die Art der Darstellung der Werbung, sondern die Art der Plattform sein, auf der die Werbung gezeigt wird. So wird die Marktabgrenzung der Medienwerbemärkte den Unterschieden der Mediengattungen gerecht, ohne sich dabei auf eine nicht mehr zeitgemäße Trennung von Onlinemedien und klassischen Medien zu stützen. Ein einheitlicher Medienwerbemarkt wäre hingegen nicht differenziert genug, da die Digitalisierung beispielsweise keinen Einfluss auf die Unterschiede zwischen Hörfunk- und Printwerbung nimmt.

Auch bei der Anwendung des Bedarfsmarktkonzeptes, sofern erforderlich auch unter ergänzender Berücksichtigung weiterer Abgrenzungskriterien, ist immer eine einzelfallbezogene Differenzierung vorzunehmen. Die dargestellte Abgrenzung und Einordnung der Märkte dient dazu, kartellrechtliche Sachverhalte sachgerecht zu beurteilen, bei denen Unternehmen involviert sind, die zum einen in den klassischen Medien vertreten sind und zum anderen über mediale Onlineformate verfügen. Mittels der dargestellten Zuordnung der Onlineformate in den sachlich relevanten Markt des klassischen Mediums, unabhängig von der online gewählten Werbeform, können crossmediale Effekte und Konvergenzen bereits bei der Marktabgrenzung berücksichtigt werden, um, anknüpfend daran, eine belastbare Marktmachtprüfung durchführen zu können, die den Wettbewerbsdruck der von den Unternehmen auf den betroffenen Märkte ausgeübt wird, realistisch wiedergibt.

B. Schlussbetrachtung

Die Bedeutung der Marktabgrenzung im kartellrechtlichen Verfahren kann nicht hoch genug eingeschätzt werden. Die Marktstruktur, deren Rahmen durch die Marktabgrenzung festgelegt wird, ist sowohl im deutschen als auch im europäischen Kartellrecht Ausgangspunkt und wesentlicher Faktor zur Bestimmung der Marktmacht, die von beteiligten Unternehmen ausgeht oder durch ein Vorhaben begründet werden kann. Es ist nicht von der Hand zu weisen, dass die Abgrenzung des relevanten Marktes und die Beurteilung der Marktmacht in einem untrennbaren Verhältnis zueinander stehen. Dennoch sollten die beiden Ebenen bei der Prüfung von Tatbeständen bzw. Vorhaben in der Kartellrechtspraxis nicht vermischt werden. Für eine nachvollziehbare und belastbare Begründung von Entscheidungen der Behörden und Gerichte sollten die Ebenen klar voneinander getrennt werden. Eine stringente, in einem ersten Schritt separat vorgenommene Abgrenzung des relevanten Marktes auf Grundlage darstellbarer Kriterien gewährt für die Beteiligten ein wünschenswertes Maß an Rechtssicherheit. Die Marktakteure sollten mit Blick auf die Funktionsfähigkeit der freien Marktwirtschaft die Möglichkeit haben, ihr Verhalten prognostisch richtig einordnen zu können oder im Falle eines Eingreifens der Kartellbehörden hinreichend überprüfen zu können. Dies ist nur der Fall, wenn die Verfahrensschritte bei der Prüfung der materiellen Tatbestandvoraussetzungen eingehalten werden. In der Fusionskontrolle scheinen bei der Bewertung von Vorhaben die Grenzen zwischen einzelnen Verfahrensschritten gelegentlich zu verschwimmen. Wie die beiden Fälle *Springer/ProSiebenSat.1* und *Amazonas* beispielhaft zeigen, wird durch die Unsicherheit über die genaue Abgrenzung der einzelnen Medienmärkte zunächst eine Marktabgrenzung vorgenommen, die in dem darauf folgenden Schritt bei der Bewertung der marktbeherrschenden Stellung zu Teilen wieder revidiert wird, weil in einem verhältnismäßig hohem Umfang Substitutionsdruck von benachbarten Märkten angenommen wird. Dies muss zwangsläufig Unschärfen in der Begründung zur Folge haben.

Das Kartellrecht muss sich, wie in allen anderen wirtschaftlichen Bereichen, in seiner praktischen Anwendung den dynamischen Entwicklungen der Medienmärkte anpassen. Die 9. Novellierung des GWB zeigt, dass sich das Wettbewerbsrecht neuen Gegebenheiten anpasst und die mit der digitalen Wirtschaft verbundenen Herausforderungen annimmt. Die digitale Wirtschaft hat mittlerweile gesellschaftlich und ökonomisch eine zu große Relevanz, um sie durch das *Wettbewerbsrechtsraster* fallen zu lassen. Dabei sollte es bei der Anwendung des

Kartellrechts als Chance gesehen werden, dass auslegungsbedürftige Rechtsbegriffe, wie der des relevanten Marktes, Möglichkeiten eröffnen, das Kartellrecht in seiner Rechtsanwendung den aktuellen Entwicklungen anpassen zu können. Zumal die bestehenden Konzepte zur Abgrenzung des relevanten Marktes auch in diesen Fällen nicht unanwendbar werden. Vielmehr stellt sich das Bedarfsmarktkonzept als Anknüpfungspunkt für die Marktabgrenzung als ein verlässliches Instrument dar, mit dessen Hilfe gegebenenfalls unter ergänzender Anwendung weiterer Abgrenzungskriterien belastbare Ergebnisse erzielt werden können. Die Abgrenzung des sachlich relevanten Marktes ist ein kartellrechtliches Konstrukt, das es ermöglicht, dynamisch auf besondere Umstände und Marktgegebenheiten einzugehen. Diese Chance sollte von den Rechtsanwendern insbesondere im Bereich der Medien genutzt werden. So muss beispielsweise im Rahmen der Fusionskontrolle eine Prognoseentscheidung getroffen werden. Somit handelt es sich bei der Definition des Marktes im Rahmen der Fusionskontrolle nicht um eine starre Darstellung des Ist-Zustandes, sondern um eine Berücksichtigung der Entwicklung des Marktes, insbesondere mit Blick auf das geplante Vorhaben. Die Vorhaben selbst geben dabei im Mediensektor in großem Maße Auskunft darüber, mit welcher Marktentwicklung zu rechnen ist, was auch anhand der Unternehmensportfolios internationaler Medienhäuser erkennbar ist. Die Transformationen großer Medienkonzerne aus den analogen Techniken in die Welt der digitalen Techniken, insbesondere durch Transaktionen und Fusionen, lässt Schlüsse auf Konzernstrategien und die dahinterstehenden digitalen Zielprojektionen zu. Dabei muss das deutsche Kartellrecht im Bereich der Fusionskontrolle einen Balanceakt vollziehen: zum einen sollten, insbesondere in Anbetracht der Investitionskraft globaler Unternehmen in den europäischen Medienmärkten, inländische Investoren durch das deutsche und europäische Wettbewerbsrecht nicht benachteiligt werden, indem Fusionen und/oder Joint Ventures allzu schnell untersagt werden. Zum anderen sollte der verbleibende Wettbewerb auf den bereits jetzt hochkonzentrierten Medienmärkten hinreichend geschützt werden. Das Ziel, den Wettbewerb zu schützen, sollte jedoch nicht die künstliche Spaltung von Märkten rechtfertigen, die in der ökonomischen Realität von den Akteuren bereits als Einheit oder als zumindest in starkem Maße miteinander verbunden angesehen werden.

In absehbarer Zukunft ist nicht damit zu rechnen, dass digitale Medien die klassischen Medien vollständig substituieren. Das kann mit einiger Sicherheit aus Sicht der Rezipienten aber auch aus Sicht der Werbekunden prognostiziert werden. Zwar muss mit partiellen Verschiebungen, speziell zu Gunsten der digitalen Medien gerechnet werden. Aus den Entwicklungen der vergangenen Jahre lässt sich jedoch ableiten, dass insbesondere die Parallelnutzung der klassischen und der digitalen Medien weiter zunehmen wird, was den komplementären Einsatz von Werbemitteln eher verstärken wird. Übertragungswege werden mehr und mehr in den Hintergrund rücken, Darstellungsformen und Trägerplattform die entscheidenden Differenzierungsmerkmale für die einzelnen Medien sein werden. Für die kartellrechtliche Bewertung der relevanten Märkte bedeutet dies, dass die Abgrenzung zukünftig nicht vordringlich nach dem Übertragungsweg der Medien oder der Art der Darstellung der Werbung vorgenommen werden sollte. Die tatsächlichen Wettbewerbsverhältnisse lassen sich am realistischsten darstellen, wenn als Abgrenzungskriterium der Marktdefinition die primäre Darstellungsform sowie der Anbieter der digitalen Plattform bzw. des dort verbreiteten Inhalts und die Darstellungsform der klassischen Medien dient. Zu diesem Ergebnis kommt man unter Anwendung der von den Behörden und Gerichten anerkannten Abgrenzungskriterien. Mit zunehmender technischer Konvergenz wird es voraussichtlich in Zukunft nicht mehr relevant sein, auf welchem Distributionskanal oder in welcher Darstellungsform die Rezipienten mit der Werbung erreicht werden, sondern von wem, plattform- und angebotsübergreifend.

Bei Rezipientenmärkten im digitalen Sektor ist zu berücksichtigen, dass auch nicht-monetäre Gegenleistungen der Rezipienten in Form von Aufmerksamkeit oder der Preisgabe von persönlichen Daten in der digitalen Ökonomie einer geldwerten Gegenleistung gleichkommen können. Dieser Umstand sollte bei der Marktabgrenzung von Plattformen berücksichtig werden, um auch in diesem Zusammenhang eine Marktmachtprüfung vorzunehmen und Netzwerkeffekte abbilden zu können.

Die Stärken des Wettbewerbsrechts liegen, neben einem belastbaren ordnungspolitischen Rahmen, in dessen Anpassungsfähigkeit an zu beurteilenden Umstände und die jeweiligen Wettbewerbssituationen innerhalb einzelner Wirtschaftszweige. Nur durch diese Dynamik kann der Schutz eines funktionierenden Wettbewerbes gewährleistet werden, der starke und starre Eingriffe durch den Staat vermeiden hilft. Das Kartellrecht liefert den Rechtsanwendern durch die im Rahmen der Tatbestände zu prüfenden, unbestimmten bzw. auslegungsbedürftigen Rechtsbegriffe die Chance, schnell und undogmatisch auf sich verändernde gesellschaftliche und wirtschaftliche Bedingungen zu reagieren und die Rechtsbegriffe des Kartellrechts entsprechen auszulegen. Wie in kaum einem anderen Rechtsgebiet sind die Rechtsgrundlagen des Kartellrechts im Bereich der Internetökonomie unverändert geeignet, ihren Schutzzweck zu erfüllen. Will man den Anschluss an die digitale Wirtschaft in ordnungsrechtlicher Hinsicht nicht verpassen, sollte gleichwohl die Chance genutzt werden, im Kartellrecht nicht erst mit einem angepassten Rechtsrahmen reagieren zu müssen. Die geforderten Modifikationen liegen insbesondere in der praktischen Anwendung. Hier sollte eine dynamische und den veränderten Gegebenheiten angepasste Marktabgrenzung, wie dargestellt, an erster Stelle stehen. Kartellbehörden und Gerichte müssen sich zur realistischen Beurteilung von Wettbewerbskräften trauen, im Rahmen der Marktdefinition Zukunftsmärkte hinreichend einzubeziehen und auf Grundlage eines an den Realitäten orientierten Erkenntnisprozesses bei der Marktabgrenzungen Entscheidungen zu treffen, die der Dynamik dieser Märkte stets gerecht werden.

Literaturverzeichnis

Altendorfer, Otto/Hilmer, Ludwig: Medienmanagement, Band 3, Medienwirtschaftslehre – Marketing, Wiesbaden 2006 (zitiert: Bearbeiter in Altendorfer/Hilmer, Medienmanagement).

Amlung, Robert/Fisch, Martin: Digitale Rundfunkangebote im Netz – Bewegtbild in der digitalen Welt, in Zeitschrift für Urheber- und Medienrecht, Heft 6 2009, S. 442–447 (zitiert: Amlung/Fisch „Digitale Rundfunkangebote im Netz“ in ZUM 2009).

Arndt, Helmut: Die Konzentration in der Wirtschaft, Berlin 1960 (zitiert: Arndt. Die Konzentration in der Wirtschaft).

Axel Springer SE: Quartalsfinanzbericht zum 30. September 2015 Axel Springer Konzern, abzurufen unter http://www.axelspringer.de/dl/21176115/AS_9M_2015_Quartalsfinanzbericht.pdf (Stand 09.10.2017) (zitiert: Axel Springer, Quartalsfinanzbericht zum 30. September 2015).

Axel Springer SE: Quartalsmitteilung zum 30. September 2016, abzurufen unter: http://www.axelspringer.de/dl/25416170/AS_Q3_2016_Quartalsmitteilung.pdf (Stand 09.10.2017) (zitiert: Axel Springer SE, Quartalsmitteilung zum 30. September 2016).

Barnikel, Hans-Heinrich: Probleme der wirtschaftlichen Konzentration, Darmstadt 1975 (zitiert: Barnikel, Probleme der wirtschaftlichen Konzentration).

Bartosch, Andreas: Das Grünbuch über Konvergenz. Ein Beitrag zur Diskussion auf dem Weg in die Informationsgesellschaft, Zeitschrift für Urheber- und Medienrecht, 1998, S. 209–220 (zitiert: Bartosch „Das Grünbuch der Konvergenz“ in ZUM 1998).

Baur, Jürgen F: Der relevante Markt- eine durchaus notwendige Figur des Rechts der Zusammenschlusskontrolle, Recht und Wirtschaft heute, Festgabe zum 65. Geburtstag von Max Kummer, Bern 1980 (zitiert: Baur „Der relevante Markt – eine durchaus notwendige Figur des Rechts der Zusammenschlusskontrolle“, Recht und Wirtschaft heute, Festgabe für Kummer).

Beck, Klaus: Das Mediensystem Deutschlands. Strukturen, Märkte, Regulierung, Wiesbaden 2012 (zitiert: Beck, Das Mediensystem Deutschlands).

Becker, Jörg: Die Digitalisierung von Medien und Kultur, Wiesbaden 2013 (zitiert: Becker, Die Digitalisierung von Medien und Kultur).

Beckmann, Peter: Die Abgrenzung des relevanten Marktes im Gesetz gegen Wettbewerbsbeschränkungen, Bad Homburg 1968 (zitiert: Beckmann, Die Abgrenzung des relevanten Marktes im Gesetz gegen Wettbewerbsbeschränkungen).

Bergmann, Jan: Handlexikon der Europäischen Union, 5. Auflage, Stuttgart 2015 (zitiert: Bearbeiter in Bergmann, Handlexikon der Europäischen Union).

Bertelsmann SE: Unternehmenspräsentation, Oktober 2017, abzurufen unter http://www.axelspringer.de/artikel/Konzernstruktur_40338.html (Stand 13.11.2017) (zitiert: Bertelsmann, Unternehmenspräsentation).

Bertelsmann Stiftung: Forderungskatalog für ein digitales Deutschland, Gütersloh Juni 2017, abzurufen unter: https://www.bertelsmann-stiftung.de/de/publikationen/publikation/did/smart-country-intelligent-vernetzt-digital/ (Stand 20.11.2017) (zitiert: Bertelsmann Stiftung, Forderungskatalog für ein digitales Deutschland).

Biedenkopf, Kurt H./Coing, Helmut/Mestmäcker, Ernst-Joachim: Das Unternehmen in der Rechtsordnung. Festgabe für Heinrich Kronstein, Karlsruhe 1967 (zitiert: Biedenkopf/Coing/Mestmäcker, Das Unternehmen in der Rechtsordnung).

Bomas, Wiebke: Der duale Rundfunk. Seine Bedeutung für die Entwicklung des Rundfunkmarktes, Arbeitspapiere des Instituts für Rundfunkökonomie an der Universität zu Köln, Heft 206, Köln 2005, abzurufen unter http://www.rundfunk-institut.uni-koeln.de/institut/pdfs/20605.pdf (Stand: 09.10.2017) (zitiert: Bomas, Der duale Rundfunk).

Boss, Carina: Technische Konvergenz im Hybrid-TV und divergenter Rechtsrahmen für Fernsehen und Internet, Kassel 2012 (zitiert: Boss, Technische Konvergenz im Hybrid-TV und divergenter Rechtsrahmen für Fernsehen und Internet).

Brautmeier, Jürgen: Schöne neue Medienwelt – Was bringt uns die Digitalisierung, Rede bei den Düsseldorfer Jonges v.08. Juni 2010, abzurufen unter https://www.lfm-nrw.de/fileadmin/lfm-nrw/LfM/Schoene-neue-Medienwelt.pdf (Stand 09.10.2017) (zitiert: Brautmeier, Schöne neue Medienwelt – Was bringt uns die Digitalisierung).

Bretschneider, Harald: Bewertung crossmedialer Verflechtungen im Medienkonzentrationsrecht: Eine rechtvergleichende Untersuchung unter besonderer Berücksichtigung Deutschlands, Großbritanniens sowie der Entwicklung in der EU, Frankfurt 2009 (zitiert: Bretschneider, Bewertung crossmedialer Verflechtungen im Medienkonzentrationsrecht).

Bucholtz, Anne: Gibt es einen Fernsehzuschauermarkt im Sinne des Gesetztes gegen Wettbewerbsbeschränkungen?, Erwiderung auf den gleichnamigen Beitrag von Klaus-Eberhard Schmidt in Zeitschrift für Urheber- und Medienrecht 1998, S. 108–115 (zitiert: Bucholtz „Gibt es einen Fernsehzuschauermarkt im Sinne des Gesetztes gegen Wettbewerbsbeschränkungen" in ZUM 1998).

Bundeskartellamt: Merkblatt zur deutschen Fusionskontrolle, 2005, abzurufen unter http://www.bundeskartellamt.de/SharedDocs/Publikation/DE/Merkbl%C3%A4tter/Merkblatt%20-%20Deutsche%20Fusionskontrolle.pdf?__blob=publicationFile&v=5 (Stand 13.11.2017) (zitiert: Bundeskartellamt, Merkblatt zur deutschen Fusionskontrolle).

Bundeskartellamt: Leitfaden zur Marktbeherrschung in der Fusionskontrolle, Bonn, v. 29. 03. 2012 (zitiert: BKartA, Leitfaden zur Marktbeherrschung in der Fusionskontrolle).

Bundeskartellamt: Konglomerate Zusammenschlüsse in der Fusionskontrolle – Bestandsaufnahme und Ausblick, Diskussionspapier für die Sitzung des Arbeitskreises Kartellrecht am 21. September 2006 (zitiert: BKartA, Konglomerate Zusammenschlüsse in der Fusionskontrolle – Bestandsaufnahme und Ausblick 2006).

Bundeskartellamt: Fallbericht v. 23.02.2015: ARD und ZDF Onlineplattform Germany´s Gold, B6-81/11, abzurufen unter http://www.bundeskartellamt.de/SharedDocs/Entscheidung/DE/Fallberichte/Kartellverbot/2015/B6-81-11.pdf?__blob=publicationFile&v=2 (Stand: 13.11.2017) (zitiert: BKartA, Fallbericht vom 23.02.2015: ARD und ZDF Onlineplattform Germany´s Gold, B6-81/11).

Bundeskartellamt: Merkblatt zum Anwendungsbereich der EU-Fusionskontrolle (Stand: Juli 2004), abzurufen unter http://www.bundeskartell amt.de/SharedDocs/Publikation/DE/Merkbl%C3%A4tter/Merkblatt%20-%20Europ%C3%A4ische%20Fusionskontrolle.html (Stand 13.11.2017) (zitiert: Bundeskartellamt, Merkblatt zum Anwendungsbereich der EU-Fusionskontrolle).

Bundeskartellamt: Marktbeherrschung- und SIEC-Test, Eine Bestandsaufnahmen, Tagung des Arbeitskreises Kartellrecht am 24. September 2009, Hintergrundpapier (zitiert: BKartA, Marktbeherrschungs- und SIEC-Test (Hintergrundpapier)).

Bundeskartellamt: Think Tank Internet. Arbeitspapier – Marktmacht von Plattformen und Netzwerken, Az. B6-113/15, Juni 2016 (zitiert: BKartA, B6-113/15, Arbeitspapier –Marktmacht von Plattformen und Netzwerken, Juni 2016).

Bundeskartellamt: Digitale Ökonomie – Internetplattformen zwischen Wettbewerbsrecht, Privatsphäre und Verbraucherschutz, Tagung des Arbeitskreises Kartellrecht, Hintergrundpapier, Oktober 2015 (zitiert: BKartA, Hintergrundpapier: Digitale Ökonomie – Internetplattformen zwischen Wettbewerbsrecht, Privatsphäre und Verbraucherschutz).

Bundesministerium für Wirtschaft und Energie: Informationen zum Nationalen Kartell- und Wirtschaftsrecht, Infopapier, abzurufen unter https://www.bmwi.de/Redaktion/DE/Downloads/I/informationen-zum-nationalen-kartell-und-wettbewerbsrecht.html (Stand 13.11.2017) (zitiert: BMWi: Informationen zum Nationalen Kartell- und Wirtschaftsrecht).

Bundesministerium für Wirtschaft und Energie: Zentrale Begriffe der kartellrechtlichen Missbrauchsaufsicht, 2012, abzurufen unter http://www.bmwi.de/Redaktion/DE/Downloads/E/erlaeuterung-zentraler-begriffe-missbrauchsaufsicht.pdf?__blob=publicationFile&v=1 (Stand 13.11.2017) (zitiert: BMWi, Zentrale Begriffe der kartellrechtlichen Missbrauchsaufsicht).

Bundesverband Deutscher Zeitungsverleger e.V./Schickler: Trends der Zeitungsbranche 2017, Berlin 2017, abzurufen unter https://www.bdzv.de/fileadmin/bdzv_hauptseite/aktuell/bdzv_branchendienste/bdzv_intern/2017/2_2017/BDZV_Schickler_Zeitungsbranche_Trends_2017_Pr%C3%A4sentation_2017-02-01.pdf (Stand 07.11.2017) (zitiert: BDZV/Schickler, Trends der Zeitungsbranche 2017).

Bundesverband Deutscher Zeitungsverleger e.V.: Die deutschen Zeitungen in Zahlen und Daten 2016, Berlin 2016, abzurufen unter https://www.bdzv.de/fileadmin/bdzv_hauptseite/aktuell/publikationen/2016/ZDF_2016.pdf (Stand 09.10.2017) (zitiert: BDZV, Die deutschen Zeitungen in Zahlen und Daten 2016).

Bundeszentrale für politische Bildung: Neue Medien und Nutzungsformen, Berlin 2017, abzurufen unter http://www.bpb.de/gesellschaft/medien/deutsche-fernsehgeschichte-in-ost-und-west/246237/neue-medien-und-nutzungsformen (Stand: 07.11.2017) (zitert: bpb, Neue Medien und Nutzungsformen v. 28.07.2017).

Bunte, Hermann-Josef/Langen, Eugen: Kommentar zum deutschen und europäischen Kartellrecht, Band 2, Europäisches Kartellrecht, 11. Auflage, Köln 2010 (zitiert: Bearbeiter in Langen/Bunte, Kartellrecht).

Bunte, Hermann-Josef: Marktabgrenzung und Marktbeherrschung auf Mobilfunkmärkten, Multimedia und Recht, 2002, Beilage Heft 1 S. 1–48 (zitiert: Bunte „Marktabgrenzung und Marktbeherrschung auf Mobilfunkmärkten" in MMR-Beil 2002).

Calliess, Christian/Ruffert, Matthias: EUV / AUEV, Das Verfassungsrecht der Europäischen Union mit Europäischer Grundrechtscharta, Kommentar, 4. Auflage, München 2011 (zitiert: Bearbeiter in Calliess/Ruffert, EUV/AUEV).

CISCO Cisco Visual Networking Index: Forecast and Methodology, 2016 – 2021, White Paper v. 27. 05. 2015, abzurufen unter http://www.cisco.com/c/en/us/solutions/collateral/service-provider/ip-ngn-ip-next-generation-network/

white_paper_c11-481360.pdf (Stand: 13.11.2017) (zitiert: CISCO, Cisco Visual Networking Index: Forecast and Methodology).

Daniel, Ute/Schildt, Axel: Massenmedien im Europa des 20. Jahrhunderts, Köln 2010 (zitiert: Daniel/Schildt, Massenmedien im Europa des 20. Jahrhunderts).

Deutsche Bank Research: Konvergenzmärkte. Smartphones und Triple Play öffnen Branchengrenzen weiter, v. 06. 06. 2011, abzurufen unter https://www.db.com/fk/de/docs/Konvergenzmaerkte_Smartphones_und_Triple_Play_oeffnen_Branchengrenzen.pdf (Stand 13.11.2017) (zitiert: Deutsche Bank Research „Konvergenzmärkte" v. 06.06.2011).

Dewenter, Ralf/Rösch, Jürgen/Terschüren, Anna: Abgrenzung zweiseitiger Märkte am Beispiel von Internetsuchmaschinen, Diskussionspapier Nr. 151, Helmut Schmidt Universität Hamburg, Oktober 2015 (zitiert: Dewenter/Rösch/Terschüren: Abgrenzung zweiseitiger Märkte am Beispiel von Internetsuchmaschinen).

Dimitrakopoulou, Katerina: Medienkonvergenz und der Relevante Produktmarkt in der europäischen Fusionskontrolle. Eine Untersuchung im Bereich der konvergierenden Telekommunikationsmärkte im Hinblick auf die Innovationsförderung, Hamburg 2006 (zitiert: Dimitrakopoulou, Medienkonvergenz und der Relevante Produktmarkt der europäischen Fusionskontrolle).

die Medienanstalten: Direktorenkonferenz der Landesmedienanstalten, Tagungsbericht zum DLM-Symposium 2015 v. 19. 03. 2015 „Moderne Regulierung für die Medienzukunft: Kommissionen ringen mit der Konvergenz", abzurufen unter https://www.die-medienanstalten.de/fileadmin/user_upload/die_medienanstalten/Veranstaltungen/DLM_Symposium/Symposium_2015/Dokumentation/20150319_Tagungsbericht.pdf (Stand 13.11.2017) (zitiert: Tagungsbericht zum DLM-Symposium 2015 „Moderne Regulierung für die Medienzukunft: Kommissionen ringen mit der Konvergenz").

Dörr, Dieter/Kreile, Johannes/Cole, Mark D.: Handbuch Medienrecht. Recht der elektronischen Massenmedien, 2. Auflage, Frankfurt am Main, 2011 (zitiert: Bearbeiter in Dörr/Kreile/Cole, Handbuch Medienrecht).

Dörr, Dieter: Die Zukunft des umkämpften „Medienmarkts" – Wie das Feld der Presse und des Rundfunks abgesteckt werden kann, Zeitschrift für Rechtspolitik, 2008, S. 133–134 (zitiert: Dörr „Die Zukunft des umkämpften „Medienmarkts" in ZRP, 2008).

Deutsche Presseagentur: ProSiebenSat1-Chef Ebeling erhält 23 Millionen Euro Bonus, Manager Magazin v. 13. 08. 2014, abzurufen unter http://www.manager-magazin.de/finanzen/artikel/a-985872.html (Stand 09.10.2017) (zitiert: dpa „ProSiebenSat1-Chef Ebeling erhält 23 Millionen Euro Bonus" in Manager Magazin vom 13.08.2014).

Dreher, Meinrad/Kulka, Michael/Rittner, Fritz: Wettbewerbs- und Kartellrecht. Eine systematische Darstellung des deutschen und europäischen Rechts, 8. Auflage, Heidelberg 2014 (zitiert: Rittner/Dreher/Kulka, Wettbewerbs- und Kartellrecht).

Edwards, Corwin D.: Conglomerate Bigness as a Source of Power in Business Concentration and Price Policy, Princeton 1955, S. 331–359 (zitiert: Edwards, Conglomerate Bigness as a Source of Power in Business Concentration and Price Policy).

Ehlermann, Claus-Dieter: Die europäische Fusionskontrolle – erste Erfahrungen" in Wirtschaft und Wissenschaft 1991, S. 535–545 (zitiert: Ehlermann „Die europäische Fusionskontrolle – erste Erfahrungen" in WuW).

Emmerich, Volker: Kartellrecht, 11. Auflage, München 2008 (zitiert: Emmerich, Kartellrecht, Ordnungsziffer).

Europäische Kommission: Bekanntmachung der Kommission über die Definition des relevanten Marktes im Sinne des Wettbewerbsrechts der Gemeinschaft, Amtsblatt C 372 v. 09.12.1997 (zitiert: Bekanntmachung der Kommission über die Definition des relevanten Marktes im Sinne des Wettbewerbsrechts der Gemeinschaft, 97/C 372/ 03).

Europäische Kommission: Pluralismus und Medienkonzentration im Binnenmarkt: Bewertung der Notwendigkeit einer Gemeinschaftsaktion, Grünbuch der Kommission, Luxemburg 1992 (zitiert: Europäische Kommission, Pluralismus und Medienkonzentration 1992).

Europäische Kommission: Grünbuch über die Vorbereitung auf die vollständige Konvergenz der audiovisuellen Welt: Wachstum, Schöpfung und Werte, Brüssel 2013 (zitiert: Europäische Kommission, Grünbuch über die Vorbereitung auf die vollständige Konvergenz der audiovisuellen Welt).

Europäische Kommission: Press Release Database „Elektronischer Geschäftsverkehr: Kommissar Bolkestein begrüßt Verabschiedung der Richtlinie", IP/00/442, Brüssel 04.05.2000, abzurufen unter http://europa.eu/rapid/press-release_IP-00-442_de.htm?locale=de (Stand 13.11.2017) (zitiert: Europäische Kommission, Press Release Database„ Elektronischer Geschäftsverkehr: Kommissar Bolkestein begrüßt Verabschiedung der Richtlinie", IP/00/442, Brüssel 04.05.2000).

Europäische Kommission: Standard Eurobarometer 84, Herbst 2015, Die Mediennutzung in der Europäischen Union, Dezember 2015 (zitiert: Europäische Kommission, Standard Eurobarometer 84 – Media use).

Europäische Kommission: Leitlinien zur Bewertung nichthorizontaler Zusammenschlüsse gemäß der Ratsverordnung über die Kontrolle von Unternehmenszusammenschlüssen, Amtsblatt der Europäischen Union 2008/C 265/07 (zitiert: Europäische Kommission, Leitlinien zur Bewertung nichthorizontaler Zusammenschlüsse).

Fett, Torsten/Spering, Christoph: Handbuch Joint Venture, 2. Auflage, München 2015 (zitiert: Bearbeiter in Fett/Spering, Handbuch Joint Venture).

Fischer, Joerg K.: Medienrecht und Medienmärkte, Berlin 2008 (zitiert: Fischer, Medienrecht und Medienmärkte).

Frees, Beate: Konvergentes Fernsehen: TV auf unterschiedlichen Zugangswegen. Ergebnisse der ARD/ZDF–Onlinestudie 2014, Media Perspektiven 7-8/2014, S. 417–419 (zitiert: Frees „Konvergentes Fernsehen: TV auf unterschiedlichen Zugangswegen. Ergebnisse der ARD/ZDF-Onlinestudie" in Media Perspektiven 7-8/2014).

Frenz, Walter: Handbuch Europarecht, Band 2, Europäische Kartellrecht, Aachen 2006 (zitiert: Frenz, Handbuch Europarecht).

Gersdorf, Hubertus/Paal, Boris P.: Beckscher Online-Kommentar, Informations- und Medienrecht, Edition 7, München (zitiert: Bearbeiter in BeckOK, InfoMedienR).

Gloy, Wolfgang/Loschelder, Michael/Erdmann, Willi: Handbuch des Wettbewerbsrechts, 4. Auflage, München 2010 (zitiert: Bearbeiter in Gloy/Loschelder/Erdmann, Handbuch des sWettbewerbsrechts).

Golz, Tillmann: Der sachlich relevante Markt bei Verlagserzeugnissen, Heidelberg 2003 (zitiert: Golz, Der sachliche relevante Markt bei Verlagserzeugnissen).

Gounalakis, Georgios/Zagouras, Georgios: Plädoyer für ein europäisches Medienkonzentrationsrecht, Zeitschrift für Urheber- und Medienrecht, 2006, S. 716–725 (zitiert: Gounalakis/Zagouras „Plädoyer für ein europäisches Medienkonzentrationsrecht" in ZUM).

Gounalakis, Georgois/Zagouras, Georgios: Konglomerate Medienkonzerne und die Wettbewerbsaufsicht – Eine Nachlese zum Fall Springer/ProSiebenSat.1, Neue Juristische Wochenschrift, 1624–1627 (zitiert: Gounalakis/Zagouras „Konglomerate Medienkonzerne und die Wettbewerbsaufsicht – Eine Nachlese zum Fall Springer/ProSiebenSat.1" in NJW).

Grabitz, Eberhard/Hilf, Meinhard/Nettesheim, Martin: Das Recht der Europäischen Union, Band I., 53 Ergänzungslieferung, München 2014 (zitiert: Bearbeiter in Grabitz/Hilf/Nettesheim, Das Recht der Europäischen Union).

Grabitz, Eberhard/Hilf, Meinhard/Nettesheim, Martin/Krenzler, Günther/Herrmann, Christoph: Das Recht der Europäischen Union, Band V, 40. Ergänzungslieferung Oktober 2009, München 2009 (zitiert: Bearbeiter in Grabitz/Hilf, Das Recht der Europäischen Union).

Grimme Institut/MMB Institut für Medien- und Kompetenzforschung: Bewegtbild 2020, Eine Studie zu Strategien der Content-Produzenten, Essen/Marl Juli 2013 (zitiert: Grimme Institut/MMB-Institut für Medien- und Kompetenzforschung, Bewegtbild 2020).

Handelsblatt: ProSiebenSat.1 nach Investoren-Ausstieg auf Dax-Kurs, Handelsblatt v. 17.01.2014, abzurufen unter: http://www.handelsblatt.com/finanzen/maerkte/aktien/finanzinvestoren-prosiebensat-1-nach-investoren-ausstieg-auf-dax-kurs/9347118.html (Stand 13.11.2017) (zitiert: Handelsblatt v. 17.01.2014 „ProSiebenSat.1 nach Investoren-Ausstieg auf Dax-Kurs“).

Hans-Bredow-Institut: Medien von A-Z, 1. Auflage, Wiesbaden 2006, (zitiert: Hans-Bredow-Institut, Medien von A-Z).

Hasebrink, Uwe/Schulz, Wolfgang/Deterding, Sebastian/Schmidt, Jan-Hinrik Schröder/Hermann-Dieter/Sprenger, Regine: Leitmedium Internet? Mögliche Auswirkungen des Aufstiegs des Internets zum Leitmedium für das deutsche Mediensystem. Gutachten für den Deutschen Bundestag. Arbeitspapiere des Hans-Bredow-Instituts Nr. 27, Hamburg 2013 (zitiert: Hasebrink/Schulz/Deterding/Schmidt/Schröder/Sprenger, Leitmedium Internet?, Arbeitspapiere des Hans-Bredow-Instituts Nr. 27).

Haucap, Justus: Abgrenzung des relevanten Marktes – Heilige Kuh oder effizientes Arbeitspferd, Wirtschaft und Wettbewerb, Heft 1 2012, S. 3 (zititert: Haucap „Abgrenzung des relevanten Marktes – Heilige Kuh oder effizientes Arbeitspferd“ in WuW).

Hinrichsen, Jan: Crossmediale Konzentration und Sicherung der Meinungsvielfalt. Eine medien- und kartellrechtliche Untersuchung, Hamburg 2013 (zitiert: Hinrichsen, Crossmediale Konzentration und Sicherung der Meinungsvielfalt).

Hirsch, Günter/Montag, Frank/Säcker, Jürgen: Münchener Kommentar zum Europäischen und deutschen Wettbewerbsrecht (Kartellrecht), Kartellrecht Missbrauchs- und Fusionskontrolle, Band 2, Gesetz gegen Wettbewerbsbeschränkungen (GWB), München 2008 (zitiert: Bearbeiter in Müko, Bd. 2, Gesetz gegen Wettbewerbsbeschränkungen).

Hirsch, Günter/Montag, Frank/Säcker, Franz Jürgen: Münchener Kommentar zum Europäischen und Deutschen Wettbewerbsrecht (Kartellrecht), Kartellrecht Missbrauchs- und Fusionskontrolle, Band 1, Europäisches Wettbewerbsrecht, München 2007 (zitiert: Bearbeiter in MüKo, Bd. 1, Europäisches Wettbewerbrecht).

Hoeren, Thomas/Sieber, Ulrich/Holznagel, Bernd: Handbuch Multimedia-Recht. Rechtsfragen des elektronischen Rechtsverkehrs, 41. Ergänzungslieferung, München 2015 (zitiert: Bearbeiter in Hoeren/Sieber/Holznagel, Multimedia-Recht).

Holznagel, Bernd: Konvergenz der Medien – Herausforderung an das Recht, Neue Juristische Wochenschrift 2002, S. 2351–2356 (zitiert: Holznagel „Konvergenz der Medien – Herausforderungen an das Recht“ in NJW 2002).

Holznagel, Bernd: Grünbuch der Konvergenz der Medien 2013 – Verpasste Chance oder gangbarer Weg aus dem Globalisierungsdilemma?, Multimedia und Recht 2014, S. 18–24 (zitiert: Holznagel „Grünbuch der Konvergenz der Medien 2013 – Verpasste Chance oder gangbarer Weg aus dem Globalisierungsdilemma?“ in MMR 2014).

Hubert Burda Media KG: Geschäftsabschluss 2016, abzurufen unter: https://www.burda.com/de/mediathek/konzernabschluss-2016/ (Stand 13.11.2017) (zitiert: Hubert Burda Media KG, Geschäftsabschluss 2014).

Hubert Burda Media KG: Burdas zentrale M&A Einheit, Pressemitteilung v. 22.12.015, abzurufen unter: https://www.burda.com/de/news/burdas-zentrale-m-einheit/ (Stand 13.11.2017) (zitiert: Hubert Burda Media KG „Burdas zentrale M&A Einheit“ Pressemitteilung vom 22.12.2015).

Iken, Matthias: Der Webfehler, Hamburger Abendblatt v. 15.12.2009, abzurufen unter: http://www.abendblatt.de/kultur-live/article107604409/Der-Webfehler.html (Stand 09.10.2017) (zitiert: Iken, „Der Webfehler“ in Hamburger Abendblatt vom 15.12.2009).

Immenga, Ulrich/Mestmäcker, Ernst-Joachim: Wettbewerbsrecht, Band 2/Teil 1, GWB, 5. Auflage, München 2014 (zitiert: Bearbeiter in Immenga/Mestmäcker, GWB).

Immenga, Ulrich/Mestmäcker, Ernst Joachim: Wettbewerbsrecht, EU Wettbewerbsrecht, Band 1/Teil 1, 5. Auflage, München 2014 (zitiert: Bearbeiter in Immenga/Mestmäcker, EU).

Institut für Medien- und Kommunikationspolitik: Mediendatenbank, Deutsche Medienkonzerne, abzurufen unter: http://www.mediadb.eu/datenbanken/deutsche-medienkonzerne.html (Stand: 18.10.2017) (zitiert: IfM, Mediendatenbank, Datenbanken, Deutsche Medienkonzerne, Unternehmen).

Janott, Dirk/Frodermann, Jürgen: Handbuch der Europäischen Aktiengesellschaft – Societas Europea: Eine umfassende und detaillierte Darstellung für die Praxis unter Berücksichtigung sämtlicher Mitgliedsstaaten der EU und des EWR, 2. Auflage, Heidelberg 2014 (zitiert: Bearbeiter in Janott/Frodermann, Handbuch der Europäischen Aktiengesellschaft – Societas Europea).

Kehder, Christiane: Konzepte und Methoden der Marktabgrenzung und ihre Anwendung auf zweiseitige Märkte, Baden-Baden 2016 (zitiert: Kehder: Konzepte und Methoden der Marktabgrenzung und ihre Anwendung auf zweiseitigen Märkten).

Kessler, Wolfgang/Köhler, Stefan/Kröner, Michael: Konzernsteuerrecht, National – International, 2. Auflage, München 2008 (zitiert: Bearbeiter in Kessler/Köhler/Kröner, Konzernsteuerrecht).

Klusmann, Martin: Marktabgrenzung und –Feststellung im europäischen Kartellrecht am Beispiel des Gastransportes auf der Verbundstufe, Bochum 1993 (zitiert: Klusmann, Marktabgrenzung und – Feststellung im europäischen Kartellrecht am Beispiel des Gastransportes auf der Verbundstufe).

Kluth, Winfried/Schulz, Wolfgang: Konvergenz und regulatorische Folgen. Gutachten im Auftrag der Rundfunkkommission der Länder, Arbeitspapier des Hans-Bredow-Instituts Nr. 30, Hamburg Oktober 2014 (zitiert: Kluth/Schulz, Konvergenz und regulatorische Folgen).

Knauss, Pamela: Die räumliche Marktabgrenzung in der Fusionskontrolle und Missbrauchsaufsicht über marktbeherrschende Unternehmen im deutschen und europäischen Recht, Tübingen 2003 (zitiert: Knauss, Die räumliche Marktabgrenzung in der Fusionskontrolle und Missbrauchsaufsicht).

Koch, Wolfgang/Frees Beate: ARD/ZDF-Onlinestudie 2017: Neun von zehn Deutschen online in Media Perspektiven 9/2017 (zitiert: Koch/Frees, ARD/ ZDF Onlinestudie 2017 in Media Perspektiven 9/2017).

Koch, Wolfgang/Liebholz, Bernd: Bewegtbildnutzung im Internet und Funktionen von Videoportalen im Vergleich zum Fernsehen, Ergebnisse der ARD/ZDF-Onlinestudie 2014 in Media Perspektiven 7–8/2014, S. 397–407 (zitiert: Koch/Liebholz „Bewegtbildnutzung im Internet und Funktionen von Videoportalen im Vergleich zum Fernsehen" in Media Perspektiven 7-8/2014).

Kommission zur Ermittlung der Konzentration im Medienbereich: Meinungsbildung und Meinungsvielfalt in Zeiten der Konvergenz. Dokumentation des Symposiums der Kommission zur Ermittlung der Konzentration im Medienbereich (KEK), Berlin 2016 (zitiert: KEK, Meinungsbildung und Meinungsvielfalt in Zeiten der Konvergenz).

Kommission zur Ermittlung der Konzentration im Medienbereich: Fünfter Medienkonzentrationsbericht: Von der Fernsehzentrierung zur Medienfokussierung – Anforderungen an eine zeitgemäße Sicherung medialer Vielfalt, Berlin 2015 (zitiert: KEK, Fünfter Medienkonzentrationsbericht).

Kommission zur Ermittlung der Konzentration im Medienbereich: Von der Fernsehzentrierung zur Medienfokussierung – Anforderungen an eine zeitgemäße Sicherung medialer Meinungsvielfalt. Bericht der Kommission zur Ermittlung der Konzentration im Medienbereich (KEK) über die Entwicklung der Konzentration und über die Maßnahmen zur Sicherung der Meinungsvielfalt im privaten Rundfunk, Berlin 2015 (zitiert: KEK, Von der Fernsehzentrierung zur Medienfokussierung – Anforderungen an eine zeitgemäße Sicherung medialer Meinungsvielfalt).

Kopp, Gisela: Behavioral Targeting: Identifizierung verhaltensorientierter Zielgruppen im Rahmen der Onlinewerbung, Hamburg 2014 (zitiert: Kopp, Behavioral Targeting).

Krautscheid, Andres/ Schwartmann, Rolf: Fesseln für die Vielfalt? Das Medienkonzentrationsrecht auf dem Prüfstand, Heidelberg 2010 (zitiert: Krautscheid/Schwartmann, Fesseln für die Vielfalt?).

Krone, Jan: Zwischen Information und Unterhaltung: Publizistische Divergenz in der Medienkonvergenz, CARTA v. 12. 06. 2014, abzurufen unter: http://www.carta.info/73020/zwischen-information-und-unterhaltung-publizistische-divergenz-in-der-medienkonvergenz/ (Stand 18.10.2017) (zitiert: Krone in CARTA vom 12.06.2014 „Zwischen Information und Unterhaltung: Publizistische Divergenz in der Medienkonvergenz").

Krzywicki, Tomasz: Crossmediale Zusammenschlüsse als Sonderform der Konzentration im Medienbereich. Rechtsvergleichende Untersuchung nach dem deutschen, polnischen und europäischen Medienkonzentrationsrecht, Baden-Baden 2014 (zitiert: Krzywicki, Crossmediale Zusammenschlüsse als Sonderform der Konzentration im Medienbereich).

Kubala, Birge: Medienkonzentration im Internet, München 2004 (zitiert: Kubala, Medienkonzentration im Internet).

Kuchinke, Björn A./Schubert, Jens M.: Der Beschluss des Bundeskartellamtes in Sachen Springer – ProSiebenSat.1, Wirtschaft und Wettbewerb, Heft 05/2006, S. 477–485 (zitiert: Kuchinke/Schubert „Der Beschluss des Bundeskartellamtes in Sachen Springer – ProSiebenSat.1" in WuW, Heft 05/2006).

Kühling, Jürgen/Schall, Tobias/Biendl, Michael: Telekommunikationsrecht, 2. Auflage, Heidelberg 2014 (zitiert: Kühling/Schall/Biendl, Telekommunikationsrecht).

Lenßen, Markus: Der kartellrechtlich relevante Markt. Prinzip – Konzeption – Methode, Baden-Baden 2009 (zitiert: Lenßen, Der kartellrechtlich relevante Markt).

Loewenheim, Ulrich/Meessen, Karl M./Riesenkampff, Alexander: Kartellrecht, Kommentar, 23Auflage, München 2016 (Bearbeiter in Loewenheim/Meessen/Riesenkampff).

Mederer, Wolfgang/Schröter, Helmut/Jakob, Thinam/Klotz, Robert: Europäisches Wettbewerbsrecht, Großkommentar, 2. Auflage, Baden-Baden 2014 (zitiert: Bearbeiter in Schröter/Jakob/Klotz/Mederer, Europäisches Wettbewerbsrecht).

Mestmäcker, Ernst-Joachim/Schweitzer, Heike: Europäisches Wettbewerbsrecht, 3. Auflage, München 2014 (zitiert: Mestmäcker/Schweitzer, Europäisches Wettbewerbsrecht).

Neveling, Kirsten: Die sachliche Marktabgrenzung bei der Fusionskontrolle im deutschen und europäischen Recht, Tübingen 2003 (zitiert: Neveling, Die sachliche Marktabgrenzung bei der Fusionskontrolle im deutschen und europäischen Recht).

Nothhelfer, Wolfgang: Wann behindern konglomerate Fusionen den Wettbewerb?, Europäische Zeitschrift für Wirtschaftsrecht 2007, S. 332–336 (zitiert: Nothhelfer „Wann behindern konglomerate Fusionen den Wettbewerb?“ in EuZW 2007).

OMS: Pressemitteilung „Neues Video Engagement Ad der OMS bietet Werbekunden interaktive Nutzereinbindung“, Pressemitteilung v. 10.08.2015, abzurufen unter: http://www.oms-kombi.de/unternehmen/presse/neues-video-engagement-ad-der-oms-bietet-werbekunden-interaktive-nutzereinbindung (Stand 13.11.2017) (zitiert: OMS, Pressemitteilung vom 10.08.2015 „Neues Video Engagement Ad der OMS bietet Werbekunden interaktive Nutzereinbindung“).

Ott, Alfred Eugen: Grundzüge der Preistheorie, 3. Auflage, Göttingen 1992 (zitiert: Ott, Grundzüge der Preistheorie).

Paal, Boris P.: Medienvielfalt und Wettbewerbsrecht, Tübingen 2010 (zitiert: Paal, Medienvielfalt und Wettbewerbsrecht).

Palzer, Carmen: Marktdefinition im Bereich der audiovisuellen Medien nach dem Wettbewerbsrecht der Europäischen Gemeinschaft, Zeitschrift für Urheber und Medienrecht, 2004, S. 279 (zitiert: Palzer „Marktdefinition im Bereich der audiovisuellen Medien nach dem Wettbewerbsrecht der Europäischen Gemeinschaft“ in ZUM 2004).

Pepels, Werner: Marketing, Lehr- und Handbuch, 4. Auflage, München 2004 (zitiert: Pepels, Marketing).

Pointner, Nicola: In den Fängen der Ökonomie? Kritischer Blick auf die Berichterstattung über Medienunternehme in der deutschen Tagespresse, München 2010 (zitiert: Pointner, In den Fängen der Ökonomie?).

Price Waterhouse Coopers: M&A trends in the European Entertainment & Media Industry, Reshaping Europe´s media landscape, Pinpointing the drivers of media M&A, Januar 2015, abzurufen unter: https://www.pwc.de/de/technologie-medien-und-telekommunikation/assets/reshaping-europes-media-landscape-pinpointing-the-drivers-of-media-manda.pdf (Stand 13.11.2017) (zitiert: PWC, M&A trends in the European Entertainment & Media Industry, Reshaping Europe´s media landscape, Pinpointing the drivers of media M&A).

Pricewaterhouse Coopers: German Entertainment and Media Outlook 2014-2018, Executive Summary, abzurufen unter: https://www.pwc.de/de/managementberatung/assets/wirtschaftswoche_pwc-gewinnt-in-der-kategorie-business-excellence.pdf (Stand 13.11.2017)(zitiert: PWC, Executive Summary German Entertainment and Media Outlook 2014-2018).

Prohaska, Bernd: Targeting als Effektivitätstreiber bei performance-orientierter Onlinewerbung, Hamburg 2014 (zitiert: Prohaska, Targeting als Effektivitätstreiber bei performance-orientierter Onlinewerbung).

ProSiebenSat.1 Media SE: Unternehmensporträt, abzurufen unter: http://www.prosiebensat1.de/unternehmen/unternehmensportraet (Stand 13.11.2017) (zitiert: ProSiebenSat.1 Media Groups SE, Unternehmensporträt).

ProSiebenSat.1 Media SE: Geschäftsbericht 2014, abzurufen unter: http://geschaeftsbericht2014.prosiebensat1.com/konzernlagebericht/unser-konzern-grundlagen/strategie-und-steuerung.html (Stand 13.11.2017) (zitiert: ProSiebenSat.1 Media SE, Geschäftsbericht 2014).

Pürer, Heinz: Medien in Deutschland. Presse – Rundfunk – Online, Konstanz 2015 (zitiert: Pürer, Medien in Deutschland).

Reed Smith: Wired up: The convergence of technology, media and entertainment, 15.06.2015, abzurufen unter: https://www.reedsmith.com/en/perspectives/2015/06/wired-up-the-convergence-of-technology-media-and-e (Stand 13.11.2017) (zitiert: Reed Smith. Wired up: The convergence of technology, media and entertainment).

Robinson, Joan: The Economics of Imperfect Competition, London 1933 (zitiert: Robinson, The Economics of Imperfect Competition).

Rösler, Patrick: Der relevante Markt in der Europäischen Fusionskontrolle, Neue Zeitschrift für Gesellschaftsrecht, 2000, S. 761 (zitiert: Rösler „Der relevante Markt in der Europäischen Fusionskontrolle“ in NZG).

Roßnagel, Alexander/Scheuer, Alexander: Das europäische Medienrecht, MultiMedia und Recht, Heft 5 2005, S. 271 – 278 (zitiert: Roßnagel/Scheuer „Das europäische Medienrecht in MMR 5/2005).

Sabel, Simon Christian: Neue Entwicklungen in der europäischen und deutschen Kontrolle konglomerater Unternehmenszusammenschlüsse, München 2010 (zitiert: Sabel, Neue Entwicklungen in der europäischen und deutschen Kontrolle konglomerater Unternehmenszusammenschlüsse).

Sánchez Weickgenannt, Fiona Anne: Multimediale, multimodale Programmangebote in der Perspektive von Ökonomie und Sozialisation. Eine empirische Betrachtung von Popstars – Das Duell, Kassel 2006 (zitiert: Sánchez Weickgenannt, Multimediale, multimodale Programmangebote in der Perspektive von Ökonomie und Sozialisation).

Sandrock, Otto: Grundbegriffe des Gesetzes gegen Wettbewerbsbeschränkungen, München 1968 (zitiert: Sandrock: Grundbegriffe des Gesetztes gegen Wettbewerbsbeschränkungen).

Sandrock Otto: Grundprobleme der sachlichen Marktabgrenzung, Recht und Wirtschaft heute, Festgabe zum 65. Geburtstag von Max Kummer, Bern 1980 (zitiert: Sandrock: „Grundprobleme der sachlichen Marktabgrenzung" in Recht und Wirtschaft heute).

Schaarschmidt, Ulrich: Cross-Promotion durch Medienkonglomerate. Schranken des Kartell und Medienrecht, Münster 2005 (zitiert: Schaarschmidt, Cross-Promotion durch Medienkonglomerate).

Schmidt, Ingo: Wettbewerbspolitik und Kartellrecht: eine interdisziplinäre Einführung, 9. überarbeitet Auflage, München 2012 (zitiert: Schmidt, Wettbewerbspolitik und Kartellrecht: eine interdisziplinäre Einführung).

Schmidt, Ingo: US-amerikanische und deutsche Wettbewerbspolitik gegenüber Marktmacht, Berlin 1998 (zitiert: Schmidt, US-amerikanische und deutsche Wettbewerbspolitik gegenüber Marktmacht).

Schmidt, Klaus-Eberhard: Gibt es einen Fernsehzuschauermarkt im Sinne des Gesetztes gegen Wettbewerbsbeschränkungen?, Zeitschrift für Urheber- und Medienrecht, 1997, S. 472 – 478 (zitiert: Schmidt „Gibt es einen Fernsehzuschauermarkt im Sinn des Gesetztes gegen Wettbewerbsbeschränkungen?" in ZUM 1997).

Schögel, Markus/Herhausen, Dennis/Mrkwicka, Kirsten: Virales Marketing, Social Media Magazin, Nr. 2011-IV (zitiert: Schögel/Herhausen/Mrkwicka „Virales Marketing" in Social Media Magazin, Nr. 2011-IV).

Schulz, Wolfgang/Hasebrink, Uwe (Hans-Bredow Institut für Medienforschung): Internationales Handbuch Medien, 28. Auflage, Baden-Baden 2009, (zitiert: Bearbeiter in Internationales Handbuch Medien).

Schulz, Wolfgang: Medienkonvergenz light – Zur neuen Europäischen Richtlinie über audiovisuelle Mediendienste, Europäische Zeitschrift für Wirtschaftsrecht 2008, S. 107 – 111 (zitiert: Schulz „„Medienkonvergenz light – Zur neuen Europäischen Richtlinie über audiovisuelle Mediendienste" in EuZW 2008).

Schwalbe, Ulrich/Zimmer, Daniel: Kartellrecht und Ökonomie. Moderne ökonomische Ansätze in der europäischen und deutschen Zusammenschlusskontrolle, 2. Auflage, Frankfurt am Main 2011 (zitiert: Schwalbe/Zimmer, Kartellrecht und Ökonomie).

Schwarze, Jürgen: EU – Kommentar, 3. Auflage, München 2012 (zitiert: Bearbeiter in Schwarze).

Schwarze, Jürgen: Medienfreiheit und Medienvielfalt im Europäischen Gemeinschaftsrecht, Zeitschrift für Urheber- und Medienrecht, 2000,

S. 779 – 801 (zitiert: Schwarze „ Medienfreiheit und Medienvielfalt im Europäischen Gemeinschaftsrecht“ in ZUM 2000).

Siebenhaar, Hans-Peter: Das goldene TV-Zeitalter neigt sich dem Ende zu, Handelsblatt v. 13.04.2015, abzurufen unter:http://www.handelsblatt.com/unternehmen/it-medien/medienkommissar/der-medien-kommissar-das-goldene-tv-zeitalter-neigt-sich-dem-ende-zu/11626762.html (Stand 18.10.2017) (zitiert: Siebenhaar „Das goldene TV-Zeitalter neigt sich dem Ende zu“ in Handelsblatt vom 13.04.2015).

Spindler, Gerald/Schuster, Fabian: Recht der elektronischen Medien, Kommentar, 3. Auflage, München 2015 (zitiert: Bearbeiter in Spindler/Schuster, Recht der elektronischen Medien).

Springer Gabler Verlag: Gabler Wirtschaftslexikon, abzurufen unter: http://wirtschaftslexikon.gabler.de (Stand: 18.10.2017) (zitiert: Gabler Wirtschaftslexikon, Stichwort, Version).

Streinz, Rudolph: EUV/AUEV, 2. Auflage, München 2012 (zitiert: Bearbeiter in Streinz, EUV/AUEV).

Theilmann, Timm: Medienwirtschaft und Kartellrecht, Der Begriff des relevanten Marktes im deutschen und europäischen Medienkartellrecht, Hamburg 2007 (zitiert: Theilmann, Der Begriff des relevanten Marktes im deutschen und europäischen Medienkartellrecht).

Thiesing, Jochen: Abgrenzung des relevanten Marktes in der Rechtsprechung des Europäischen Gerichtshofs zu Art. 85 und 86 EWGV, Wettbewerbsordnung im Spannungsfeld von Wirtschafts- und Rechtswissenschaft, Festschrift für Gunther Hartmann, Köln 1976 (zitiert: Thiesing „Abgrenzung des relevanten Marktes in der Rechtsprechung des Europäischen Gerichtshofs zu Art. 85 und 86 EWGV“ in Wettbewerbsordnung im Spannungsfeld von Wirtschafts- und Rechtswissenschaft).

Trafkowski, Armin: Die sachliche Abgrenzung der Märkte im Internet, Multimedia und Recht 1999, S. 630 – 636 (zitiert: Trafkowski „Die sachliche Abgrenzung der Märkte im Internet“ in MMR 1999).

van Eimeren, Birgit/ Frees, Beate: 79 Prozent der Deutschen online – Zuwachs bei mobiler Internetnutzung und Bewegtbild, Ergebnisse der ARD/ZDF Onlinestudie 2014 in Media Perspektiven, Heft 7–8 2014, S. 378 – 396 (zitiert: van Eimeren/Frees ARD/ZDF Onlinestudie 2017 in Media Perspektiven).

Veltrup, Bernard: Ansätze einer ressourcenorientierten Erfassung wirtschaftlicher Macht in Helmut Gutzler/Wolfgang Herion/Joseph H. Kaiser: Wettbewerb im Wandel, Festschrift für Eberhard Günther, Baden-Baden 1976, S. 207 ff. (zitiert: Veltrup „Ansätze einer ressourcenorientierten Erfassung wirtschaftlicher Macht“ in Gutzler/Herion/Kaiser, Wettbewerb im Wandel).

Verband Deutscher Zeitschriftenverleger: VDZ, VDZ-Trend-Umfrage 2017, Berlin 2017, abzurufen unter http://www.vdz.de/fileadmin/vdz/upload/branche/branchendaten/VDZ_Jahrespressekonferenz_2017_FINAL.pdf (zitiert: VDZ: VDZ-Trend-Umfrage 2017).

von der Groeben, Hans/Schwarze, Jürgen: Kommentar zum Vertrag der Europäischen Union und zur Gründung der europäischen Gemeinschaft, 6. Auflage, Baden-Baden 2003 (zitiert: Bearbeiter in Groeben, von der / Schwarze, EGV).

von der Groeben, Hans/Schwarze, Jürgen/Hatje, Armin: Europäisches Unionsrecht, 7. Auflage, München 2015 (zitiert: Bearbeiter in von der Groeben/Schwarze/Hatje, Europäisches Unionsrecht).

Wandtke, Artur-Axel: Medienrecht. Praxishandbuch, Bd. 1 Europäisches Medienrecht und Durchsetzung des geistigen Eigentums, 2. Auflage, Berlin 2011 (zitiert: Bearbeiter in Wandtke, Medienrecht, Praxishandbuch, Bd. 1).

Wandtke, Artur-Axel/Bullinger, Winfried: Praxiskommentar zum Urheberrecht, 4. Auflage, München 2014 (zitiert: Bearbeiter in Wandtke/Bullinger, Praxiskommentar zum Urheberrecht).

Wandtke, Artur-Axel/ Ohst, Claudia: Medienrecht. Praxishandbuch, Bd. 4 Persönlichkeitsrecht und Medienstrafrecht, 3. Auflage, Berlin 2014 (zitiert: Wandtke/Ohst, Medienrecht, Praxishandbuch, Bd. 4).

Wiedemann, Gerhard: Handbuch des Kartellrechts, 3. Auflage, München 2016 (zitiert: Bearbeiter in Wiedemann, Handbuch des Kartellrechts).

Wirtz, Bernd W.: Medien- und Internetmanagement, 9. Auflage, Wiesbaden 2016 (zitiert: Wirtz, Medien- und Internetmanagement).

Zeidler, Maximilan: Medienfusionen und zweiseitige Märkte. Die deutsche Zusammenschlusskontrolle im Mediensektor unter Beachtung der ökonomischen Theorien zweiseitiger Märkte, Baden-Baden 2016 (zitiert: Zeidler, Medienfusionen und zweiseitige Märkte).

Zimmerlich, Antje: Marktmacht in dynamischen Märkten, Frankfurt am Main 2007 (zitiert: Zimmerlich, Marktmacht in dynamischen Märkten).

www.ingramcontent.com/pod-product-compliance
Ingram Content Group UK Ltd.
Pitfield, Milton Keynes, MK11 3LW, UK
UKHW021935290926
8980IPUK00016B/1629

9 783631 791592